Christoph Schmitt, Martin Stange
Allgemeine Verkaufs- und Lieferbedingungen (B2B)
De Gruyter Praxishandbuch

ristoph Schmitt, Martin Stange

Allgemeine Verkaufs- und Lieferbedingungen (B2B)

Musterklauseln für die unternehmerische Praxis

DE GRUYTER

ISBN 978-3-11-035471-3
e-ISBN (PDF) 978-3-11-035522-2
e-ISBN (EPUB) 978-3-11-038355-3

Library of Congress Cataloging-in-Publication Data
A CIP catalog record for this book has been applied for at the Library of Congress.

Bibliografische Information der Deutschen Nationalbibliothek
Die Deutsche Nationalbibliothek verzeichnet diese Publikation in der Deutschen Nationalbibliografie; detaillierte bibliografische Daten sind im Internet über http://dnb.d-nb.de abrufbar.

Einbandabbildung: Kerkez/iStock/thinkstock
Datenkonvertierung/Satz: jürgen ullrich typosatz, Nördlingen
Druck: CPI books GmbH, Leck
∞ Gedruckt auf säurefreiem Papier
Printed in Germany

www.degruyter.com

Vorwort

Auch im B2B-Verkehr besteht das Bedürfnis, durch vorformulierte Vertragsbedingungen standardisiert eine Vielzahl von nicht individuellen Kauf- und Liefergeschäften gleichmäßig zu regeln und unter gleichartigen Vertragsbedingungen ablaufen zu lassen. Dabei muss sich jedes Unternehmen und jeder Unternehmer jedoch der Herausforderung des AGB-Rechts und der hierzu ausufernd ergangenen Rechtsprechung stellen, will er sein Klauselwerk rechtswirksam gestalten oder gar Abmahnungen von Wettbewerbern wegen einer wettbewerbswidrigen Handlung vermeiden. Die genannte Aufgabe wird umso schwieriger, als die Rechtsprechung vor dem Hintergrund ihrer Annahme, der Unternehmer sei ganz überwiegend gleich schutzwürdig wie der Verbraucher, weitgehend indikativ AGB-rechtliche Verbraucherschutzvorschriften wertend auch im B2B-Bereich anwendet.

Dieses Buch soll den Versuch unternehmen, durch die Vorgabe von Musterklauseln und die jeweils hierauf bezogene Darstellung der Rechtslage sowie der maßgeblichen AGB-Rechtsprechung, einen ersten Inhalt für die Erstellung von Allgemeinen Verkaufs- und Lieferbedingungen für Unternehmen zu schaffen. Das Werk ist dabei gleichermaßen für Nichtjuristen als auch für Juristen aufgebaut, indem die Rechtslage für die Nichtjuristen zu jeder Klausel erläutert wird und für die Juristen weitergehende Vertiefungs- und Optimierungshinweise gegeben werden.

Jeder Verwender muss allerdings daran erinnert werden, dass es der Charakter eines Musters mit sich bringt, dass die Übernahme eines solchen Musters stets im Hinblick auf die individuelle Regelungssituation reflektiert und überprüft geschehen muss. Darüber hinaus kann ein Muster niemals auf jede noch so spezielle Unternehmenssituation passen, die daher stets gesondert zu reflektieren ist.

Düsseldorf, im Dezember 2015

Christoph Schmitt — Martin Stange

Inhaltsübersicht

Inhaltsverzeichnis — **IX**
Abkürzungsverzeichnis — **XV**
Literaturverzeichnis — **XIX**
Autorenverzeichnis — **XXI**

Kapitel 1
Mustertext: Allgemeine Verkaufs- und Lieferbedingungen — **1**

Kapitel 2
Einführung in das AGB-Recht — **13**

Kapitel 3
Einzelne Klauseln im Fokus — **35**

Stichwortverzeichnis — **195**

Inhaltsverzeichnis

Abkürzungsverzeichnis — **XV**
Literaturverzeichnis — **XIX**
Autorenverzeichnis — **XXI**

Kapitel 1
Mustertext: Allgemeine Verkaufs- und Lieferbedingungen — 1

Kapitel 2
Einführung in das AGB-Recht

A. Grundzüge des AGB-Rechts — **13**
 I. Anwendungsbereich — **13**
 II. Merkmale — **15**
 III. Ablauf der AGB-Kontrolle — **16**
 IV. Rechtsfolgen und Risiko unwirksamer Klauseln — **18**
B. Abgrenzung zwischen Individualvereinbarung und AGB — **20**
C. Leitbilder des AGB-Rechts — **22**
 I. Verbot überraschender Klauseln — **22**
 II. Transparenzgebot — **24**
 III. Umgehungsverbot — **26**
D. Einbeziehung von AGB — **26**
 I. Einbeziehung im nationalen Rechtsverkehr — **27**
 II. Einbeziehung im internationalen Rechtsverkehr — **29**
E. Besonderheiten bei Allgemeinen Verkaufs- und Lieferbedingungen — **30**
 I. Kollision von Allgemeinen Geschäftsbedingungen — **30**
 II. Ausgestaltung als Rahmenbedingung — **32**

Kapitel 3
Einzelne Klauseln im Fokus

A. Geltungsbereich der Allgemeinen Verkaufs- und Lieferbedingungen — **35**
 I. Mustertext — **35**
 II. Erläuterungen — **35**
  1. Persönlicher Geltungsbereich — **36**
  2. Sachlicher Geltungsbereich — **36**
  3. Abwehrklausel — **37**
  4. Ersatz vergeblicher Aufwendungen — **38**
  5. Verhältnis zu anderen Verträgen — **39**

B. Auskünfte, Beratung, Eigenschaften der Produkte und Leistungen — **39**
I. Mustertext — **39**
II. Erläuterungen — **40**
1. Auskünfte hinsichtlich der Produkte und Leistungen — **40**
2. Wirksamkeit der Klausel — **42**
3. Beratungspflicht — **43**
4. Übernahme einer Garantie — **44**
5. Mitwirkungspflichten des Kunden — **44**
C. Probeexemplare und Muster — **45**
I. Mustertext — **45**
II. Erläuterungen — **45**
1. Einbeziehung von Angebotsunterlagen in den Vertrag — **45**
2. Verbot der Verwertung und Weitergabe von Mustern — **47**
3. Abweichungen von Mustern — **47**
4. Eigentums- und Urheberrechte — **49**
D. Kostenanschläge — **50**
I. Mustertext — **50**
II. Erläuterungen — **51**
1. Bedeutung — **51**
2. Vergütungspflicht — **51**
3. Vereinbarung in AGB — **52**
4. Eigentums- und Urheberrechte — **52**
E. Vertragsschluss, Liefer- und Leistungsumfang — **53**
I. Mustertext — **53**
II. Erläuterungen — **54**
1. Vertragsschluss — **54**
2. Liefer- und Leistungsumfang — **56**
a) Annahme- und Leistungsfrist — **56**
b) Änderungsvorbehalt — **56**
c) Nichtverfügbarkeit der Leistung — **57**
F. Beschaffungsrisiko und Garantien — **57**
I. Mustertext — **57**
II. Erläuterungen — **57**
1. Übernahme des Beschaffungsrisikos — **57**
2. Garantie — **59**
G. Lieferung, Lieferzeit, Lieferverzug und Verpackung — **60**
I. Mustertext — **60**
II. Erläuterungen — **61**
1. Bestimmung der Lieferzeit — **61**
2. Beginn der Liefer-/Leistungsfristen — **63**
3. Verpflichtung zur Abladung — **65**
4. Abnahme, Transport und Verpackung — **65**

5. Mitwirkungspflichten des Kunden — 67
6. Lieferverzug — 70
7. Verzugsentschädigung — 74
H. Höhere Gewalt und Selbstbelieferung — 77
I. Mustertext — 77
II. Erläuterungen — 77
1. Höhere Gewalt — 77
2. Selbstbelieferung — 78
3. Klare Begriffsdefinitionen — 79
4. Informationspflicht — 80
5. Beachtung der Dauer des Leistungshindernisses — 81
6. Ausnahme bei Beschaffungsrisiko, Liefergarantie und Unzumutbarkeit — 82
7. Erhöhte Kollisionsgefahr — 83
I. Gefahrübergang und Versand — 83
I. Mustertext — 83
II. Erläuterungen — 84
1. Die gesetzliche Regelung — 84
2. Regelung der Lieferart in AGB — 87
3. Regelungen zum Versand in AGB — 87
4. Gefahrübergang — 90
5. Gefahrübergang bei Zurückbehaltungsrecht und sonstigem Verschulden — 92
J. Abnahme — 93
I. Bedeutung der Abnahme — 93
II. Rechtliche Rahmenbedingungen für die Wirksamkeit von Abnahmeklauseln — 94
1. Formularvertragliche Abweichungen zugunsten des Werkunternehmers — 94
2. Formularvertragliche Abweichungen zugunsten des Kunden (Bestellers) — 95
K. Mängelrüge, Sachmängelhaftung und Gewährleistung — 96
I. Mustertext — 96
II. Erläuterungen — 97
1. Pflichtverletzung wegen Mängeln – Mangelbegriff — 97
2. Mängelrüge — 103
3. Zusätzliche Mängelrüge gegenüber dem Transportunternehmen — 108
4. Gewährleistung — 108
a) Nacherfüllung — 109
b) Rücktritt — 112
c) Minderung — 113

d) Schadens- und Aufwendungsersatz — 114
e) Selbstvornahme — 117
5. Gewährleistungsfrist — 118
6. Ausschluss der Gewährleistung — 122
7. Gewährleistungsausschluss bei Lieferantenregress — 124
8. Anerkennung von Sachmängeln — 126
L. Preise, Zahlungsbedingungen und Unsicherheitseinrede — 126
I. Mustertext — 126
II. Erläuterungen — 128
1. Preise — 128
2. Zahlungsmethoden und Erfüllungswirkung — 130
3. Abschlagszahlungen — 132
4. Fälligkeit der Zahlung — 132
5. Preisanpassungen nach Vertragsschluss — 134
6. Frachtkosten — 137
7. Zahlungsfristen und Verzug — 137
8. Unsicherheitseinrede — 140
9. Zurückbehaltungsrecht und Aufrechnung des Kunden — 141
10. Wechsel und Diskontierung — 144
11. Tilgungsbestimmungen — 145
M. Eigentumsvorbehalt und Pfandrechte — 146
I. Mustertext — 146
II. Erläuterungen — 148
1. Art des Eigentumsvorbehalts — 149
2. Pflicht zur Versicherung — 150
3. Eingeräumte und verwehrte Verfügungsbefugnisse — 150
4. Abtretung künftiger Zahlungsansprüche — 152
5. Einzugsermächtigung und Widerruf — 152
6. Aufnahme eines weiteren Kontokorrentenverhältnisses — 153
7. Factoring — 153
8. Abwicklung bei Rücktritt — 155
9. Übersicherungsklausel — 157
10. Verarbeitungs- und Verbindungsklausel — 158
11. Auslandsbezug des Vertrags — 160
12. Pfändung — 161
N. Haftungsausschluss und -begrenzung — 162
I. Mustertext — 162
II. Erläuterungen — 163
1. Grundsätzliches — 163
2. Enthaftung — 164
3. Zwingend vorzusehende Ausnahmen von der Enthaftung — 166

O. Erfüllungsort — 169
I. Mustertext — 169
II. Erläuterungen — 169
1. Gesetzliche Regelung — 169
2. Regelung in AGB — 170
3. Prozessuale Auswirkungen — 171
P. Gerichtsstand und anwendbares Recht — 171
I. Mustertext — 171
II. Erläuterungen — 172
1. Gerichtsstand — 172
a) Gesetzeslage — 172
b) Gerichtsstandsklausel — 173
2. Rechtswahl/Anwendbares Recht — 173
Q. Schutzrechte — 174
I. Gewerbliche Schutzrechte — 175
II. Umfang und Reichweite von Schutzrechten — 175
III. Regelungsbedarf und -möglichkeiten in AGB — 176
R. Exportkontrolle und Produktzulassung — 178
I. Mustertext — 178
II. Erläuterungen — 179
1. Inverkehrbringen der Ware im Erstlieferland — 179
2. Kundenseitige Ausfuhr und Exportkontrolle — 180
3. Kostentragung und Freistellung — 182
S. Lösung vom Vertrag — 182
I. Gesetzliche Lösungsmöglichkeiten — 183
II. Regelungsmöglichkeiten in AGB — 183
III. Sonderkündigungsrecht bei Insolvenz des Vertragspartners — 186
T. Incoterms — 187
I. Mustertext — 187
II. Erläuterungen — 187
U. Schriftform — 190
I. Mustertext — 190
II. Erläuterungen — 190
1. Verschiedene Arten von Schriftformklauseln — 190
2. Verhältnis der Schriftformklausel zur Individualabrede — 191
V. Salvatorische Klausel — 192
I. Mustertext — 192
II. Erläuterungen — 193
1. Notwendigkeit einer salvatorischen Klausel — 193
2. Grenzen der Gestaltung von salvatorischen Klauseln — 194

Stichwortverzeichnis — 195

Abkürzungsverzeichnis

%	Prozent
§	Paragraph
a.A.	anderer Ansicht
a.a.O.	an angegebenem Ort
a.E.	am Ende
a.F.	alte Fassung
Abs.	Absatz
AEUV	Vertrag über die Arbeitsweise der Europäischen Union
AG	Aktiengesellschaft
AG *Ort*	Amtsgericht *des Ortes*
AGB	Allgemeine Geschäftsbedingungen
AGG	Allgemeines Gleichbehandlungsgesetz
AktG	Aktiengesetz
Alt.	Alternative
amtl. Begr.	amtliche Begründung
ÄndG	Änderungsgesetz
Anh.	Anhang
Anm.	Anmerkung
Anm. d. Verf.	Anmerkung des Verfassers
Art.	Artikel
aufgeh.	aufgehoben
Aufl.	Auflage
Az	Aktenzeichen
B2B	engl. *business to business*, Unternehmer zu Unternehmer
B2C	engl. *business to customer*, Unternehmer zu Verbraucher
BAG	Bundesarbeitsgericht
BB	Betriebs-Berater (Zeitschrift)
BeckRS	Beck'sche Rechtsprechungssammlung (Online-Zeitschrift)
Beschl. v.	Beschluss vom
BGB	Bürgerliches Gesetzbuch
BGBl.	Bundesgesetzblatt
BGH	Bundesgerichtshof
BGHZ	Entscheidungen des Bundesgerichtshofs in Zivilsachen
BR-Drucks.	Bundesrats-Drucksache
bspw.	beispielsweise
BT-Drucks.	Bundestags-Drucksache
BVerfG	Bundesverfassungsgericht
bzw.	beziehungsweise
CISG	engl. *United Nations Convention on Contracts for the International Sale of Goods*; UN-Kaufrecht
COM	engl. *Commission*; Europäische Kommission
DesignG	Designgesetz
d.h.	das heißt

EGBGB	Einführungsgesetz zum BGB
EGV	Vertrag zur Gründung der Europäischen Gemeinschaft
Einf	Einführung
Einl.	Einleitung
EL	Ergänzungslieferung
EU	Europäische Union
EuGH	Europäische Gerichtshof
EUV	Vertrag über die Europäische Union
f./ff.	folgende/fortfolgende
Fn	Fußnote
GebrMG	Gebrauchsmustergesetz
Gem.	gemäß
GeschmMG	Geschmacksmustergesetz
GG	Grundgesetz
ggf.	gegebenenfalls
GmbH	Gesellschaft mit beschränkter Haftung
GmbHG	Gesetz betreffend die Gesellschaft mit beschränkter Haftung
grds.	grundsätzlich
GWB	Gesetz gegen Wettbewerbsbeschränkungen
GWR	Gesellschafts- und Wirtschaftsrecht (Zeitschrift)
h.M.	herrschende Meinung
HGB	Handelsgesetzbuch
Hs.	Halbsatz
i.d.F.	in der Fassung
i.d.R.	in der Regel
i.E.	im Einzelnen
i.e.S.	im engeren Sinne
i.S.	im Sinne
i.S.d.	im Sinne des
i.S.e.	im Sinne einer
i.S.v.	im Sinne von
i.V.m.	in Verbindung mit
insb.	insbesondere
InsO	Insolvenzordnung
Kap.	Kapitel
KG	Kommanditgesellschaft
KG Berlin	Kammergericht Berlin
krit.	kritisch
LG	Landgericht
lit.	lat. *littera* = Buchstabe
LL	Leitlinien

m.a.W.	mit anderen Worten
m.w.M.	mit weiteren Meinungen
m.w.N.	mit weiteren Nachweisen
m.W.v.	mit Wirkung vom
m.z.N.	mit zahlreichen Nachweisen
MarkenG	Markengesetz
max.	maximal
MDR	Monatsschrift für Deutsches Recht (Zeitschrift)
MMR	Multimedia und Recht (Zeitschrift)
MüKo	Münchener Kommentar
NdsRpfl	Niedersächsische Rechtspflege
n.F.	neue Fassung
n.v.	nicht veröffentlicht
NJOZ	Neue Juristische Online-Zeitschrift
NJW	Neue Juristische Wochenschrift (Zeitschrift)
NJW-RR	Neue Juristische Wochenschrift-Rechtsprechungs-Report
Nr.	Nummer
NZA	Neue Zeitschrift für Arbeitsrecht
NZBau	Neue Zeitschrift für Baurecht und Vergaberecht
NZM	Neue Zeitschrift für Miet- und Wohnungsrecht
o.g.	oben genannt
OLG	Oberlandesgericht
PatentG	Patentgesetz
PrKG	Preisklauselgesetz
Rn.	Randnummer
RGZ	Entscheidungen des Reichsgerichts in Zivilsachen
Rs	Rechtssache
Rspr.	Rechtsprechung
S./s.	Seite/siehe
s.o.	siehe oben
s.u.	siehe unten
sog.	sogenannt
u.a.	unter anderem/und andere
u.ä.	und ähnliches
u.E.	unseres Erachtens
UKlaG	Gesetz über Unterlassungsklagen bei Verbraucherrechts- und anderen Verstößen (Unterlassungsklagengesetz)
u.U.	unter Umständen
u.v.a.	und viele andere
Urt.	Urteil
UWG	Gesetz gegen den unlauteren Wettbewerb

v.	von
v.g.	vorher genannt
v.H.	von Hundert
vgl.	vergleiche
VO	Verordnung
VOB/A	Vergabe- und Vertragsordnung für Bauleistungen, Teil A
VOB/B	Vergabe- und Vertragsordnung für Bauleistungen, Teil B
Vorbem.	Vorbemerkung
WM	Wertpapiermitteilungen (Zeitschrift)
z.B.	zum Beispiel
z.T.	zum Teil
Ziff.	Ziffer
ZIP	Zeitschrift für Wirtschaftsrecht
zit.	zitiert
zzt.	zurzeit
ZPO	Zivilprozessordnung

Literaturverzeichnis

Ahlberg, Hartwig/Götting, Horst-Peter, Beck'scher Online-Kommentar zum Urheberrecht, Stand: 1.10.2015, Edition: 10 (zit.: BeckOK/*Bearbeiter* UrhG)

Bamberger, Heinz G./Roth, Herbert, Beck'scher Online-Kommentar zum BGB, Stand: 1.8.2015, Edition: 38 (zit.: BeckOK/*Bearbeiter* BGB)

Baumbach, Adolf/Hopt, Klaus J., Beck'scher Kurzkommentar, Band 9, Handelsgesetzbuch, 36. Auflage 2014 (zit.: Baumbach/Hopt/*Bearbeiter* HGB)

Dauner-Lieb, Barbara/Langen, Werner, Bürgerliches Gesetzbuch: BGB Band 2/2 §§ 241–853, 2. Auflage, Baden-Baden 2012 (zit.: Dauner-Lieb/Langen/*Bearbeiter*, BGB/Schuldrecht)

Dreier, Thomas/Schulze, Georg, Urheberrechtsgesetz, 5. Auflage, Karlsruhe/München 2015 (zit.: Dreier/Schulze/*Bearbeiter* UrhG)

Ebenroth, Thomas Carsten/Boujong, Karlheinz/Joost, Detlev/Strohn, Lutz, Handelsgesetzbuch Band 2 §§ 343–475h, 3. Auflage, München 2015 (zit.: Ebenroth/Boujong/Joost/Strohn/*Bearbeiter* HGB)

Graf von Westphalen, Friedrich, Vertragsrecht und AGB-Klauselwerke, 36. Ergänzungslieferung März 2015, München (zit.: *Bearbeiter* in: Graf von Westphalen, Vertragsrecht und AGB-Klauselwerke)

Hasselblatt, Gordian N., Münchener Anwaltshandbuch Gewerblicher Rechtsschutz, 4. Auflage, München 2012 (zit.: Hasselblatt/*Bearbeiter* GewRS)

Jauernig, Kommentar zum BGB, 16. Auflage 2015 (zit.: Jauernig/*Bearbeiter* BGB)

Kapellmann, Klaus/Messerschmidt, Burkhard, Beck'scher Kommentar VOB-Kommentar, Teile A und B, 5. Auflage, München 2015 (zit.: Kapellmann/Messerschmitt/*Bearbeiter* VOB Teile A und B)

Köhler, Helmut/ Bornkamm, Joachim, Beck'scher Kurzkommentar, Gesetz gegen den unlauteren Wettbewerb, 33. neu bearbeitete Auflage, München 2015 (zit. Köhler/Bornkamm/*Bearbeiter* UWG)

Münchener Kommentar zum Bürgerlichen Gesetzbuch, Band 1, Allgemeiner Teil §§ 1–240, 7. Auflage, München 2015 (zit.: MüKo/*Bearbeiter* BGB)

Münchener Kommentar zum Bürgerlichen Gesetzbuch, Band 2, Schuldrecht Allgemeiner Teil §§ 241–432, 7. Auflage, München 2016 (zit.: MüKo/*Bearbeiter* BGB)

Münchener Kommentar zum Bürgerlichen Gesetzbuch, Band 3, Schuldrecht Besonderer Teil §§ 433–610, 7. Auflage, München 2016 (zit.: MüKo/*Bearbeiter* BGB)

Münchener Kommentar zum Bürgerlichen Gesetzbuch, Band 4, Schuldrecht Besonderer Teil II §§ 611–704, 6. Auflage, München 2012 (zit.: MüKo/*Bearbeiter* BGB)

Münchener Kommentar zum Bürgerlichen Gesetzbuch, Band 6, Sachenrecht §§ 854–1296, 6. Auflage, München 2013 (zit.: MüKo/*Bearbeiter* BGB)

Münchener Kommentar zum Handelsgesetzbuch, Band 5, Viertes Buch Handelsgeschäfte §§ 343–406, 3. Auflage, München 2013 (zit.: MüKo/*Bearbeiter* HGB)

Oetker, Hartmut, Kommentar zum Handelsgesetzbuch, 4. Auflage, Kiel 2015 (zit.: Oetker/*Bearbeiter* HGB)

Palandt, Otto, Bürgerliches Gesetzbuch, 75. Auflage, München 2016 (zit.: Palandt/*Bearbeiter* BGB)

Schmitt, Christoph, Praxishandbuch Gestaltung von Wirtschaftsverträgen, 1. Auflage, Düsseldorf 2015 (zit.: Schmitt/*Bearbeiter* Gestaltung von Wirtschaftsverträgen)

Staudinger, BGB Kommentar zum Bürgerlichen Gesetzbuch, Buch 2, Recht der Schuldverhältnisse, §§ 305–310, UKlaG (Recht der Allgemeinen Geschäftsbedingungen), 15. neubearbeitete Auflage 2013; Berlin (zit.: Staudinger/*Bearbeiter* BGB)

Staudinger, BGB Kommentar zum Bürgerlichen Gesetzbuch, Buch 2, Recht der Schuldverhältnisse, §§ 433–480 (Kaufrecht), 15. neubearbeitete Auflage 2014, sowie §§ 631–651 (Werkvertragsrecht), 15. neubearbeitete Auflage 2013; Berlin (zit.: Staudinger/*Bearbeiter* BGB)

Stoffels, Markus, AGB-Recht, 3. neubearbeitete Auflage, Heidelberg 2015 (zit.: Stoffels AGB-Recht)
Umnuß, Karsten, Corporate Compliance Checklisten, 2. Auflage, München 2012
(zit.: Umnuß/*Bearbeiter*)
Walchshöfer, Alfred, Leistungsfristen in Allgemeinen Geschäftsbedingungen, in: WM 1986, 1541

Autorenverzeichnis

Christoph Schmitt, Jg. 1963; Studium der Rechtswissenschaften an der Universität Köln; zunächst 1990–1992 als Unternehmensberater tätig, danach seit 1993 Rechtsanwalt im nationalen und internationalen Handels-, Gesellschafts- und Vertragsrecht, seit 1999 Partner bei Hoffmann Liebs Fritsch & Partner Rechtsanwälte mbB; Mitglied der „Deutschen Vereinigung für Gewerblichen Rechtsschutz und Urheberrecht e.V." (GRUR), der „Deutsch Indischen Handelskammer" und der „DCW Deutsch-Chinesische Wirtschaftsvereinigung e.V."; Autor mehrerer Fachbücher u.a. zur rechtssicheren Gestaltung von Wirtschaftsverträgen und AGB, darüber hinaus langjähriger Referent beim FORUM Institut für Management, der Beck Akademie und dem Otto Schmidt Verlag.

Martin Stange, Jg. 1980; Studium der Rechtswissenschaften in Münster, Referendariat in Münster, Prag und München; 2009 bis 2010 Contract-Manager eines städtischen Unternehmens in Mönchengladbach; Rechtsanwalt seit 2010 bei Hoffmann Liebs Fritsch & Partner Rechtsanwälte mbB im Bereich des Handels-, Gesellschafts-, Vertriebsrechts sowie im Gewerblichen Rechtsschutz; Fachveröffentlichungen u.a. im „AnwaltKommentar AGB-Recht" (Hrsg. Niebling; 2. Auflage 2014) und „Praxishandbuch Gestaltung von Wirtschaftsverträgen (Hrsg. Schmitt, 1. Auflage 2015) sowie Vorträge im Bereich des Vertriebs- und Wettbewerbsrechts.

Kapitel 1
Mustertext: Allgemeine Verkaufs- und Lieferbedingungen

Muster

1. Geltungsbereich/Allgemeines 1

1.1 Diese Allgemeinen Auftrags-, Liefer- und Leistungsbedingungen (AGB) gelten ausschließlich gegenüber Unternehmern im Sinne von § 14 des Deutschen Bürgerlichen Gesetzbuches (BGB), das heißt natürlichen oder juristischen Personen, welche die Ware oder Leistung zur gewerblichen oder beruflichen Verwendung erwerben.

1.2 Für die Geschäftsbeziehung mit unseren Kunden, auch für Auskünfte und Beratung, gelten ausschließlich die nachfolgenden Bedingungen (AGB).

[Etwaig Fortgeltung für weitere Geschäfte regeln]

Abweichende Bedingungen des Käufers und/oder Bestellers – nachstehend „Kunde/n" genannt – gelten nur, wenn und soweit wir sie ausdrücklich schriftlich anerkennen. Unser Schweigen auf derartige abweichende Bedingungen gilt insbesondere nicht als Anerkennung oder Zustimmung, auch nicht bei zukünftigen Verträgen.

Unsere AGB gelten anstelle etwaiger Einkaufsbedingungen des Kunden auch dann, wenn nach diesen die Auftragsannahme als bedingungslose Anerkennung der Einkaufsbedingungen vorgesehen ist, oder wir nach Hinweis des Kunden auf die Geltung seiner Allgemeinen Einkaufsbedingungen liefern, es sei denn, wir haben ausdrücklich auf die Geltung unserer AGB verzichtet. Der Ausschluss der Allgemeinen Geschäftsbedingungen des Kunden gilt auch dann, wenn die Allgemeinen Geschäftsbedingungen zu einzelnen Regelungspunkten keine gesonderte Regelung enthalten. Der Kunde erkennt durch Annahme unserer Auftragsbestätigung ausdrücklich an, dass er auf seinen aus den Einkaufsbedingungen abgeleiteten Rechtseinwand verzichtet.

1.3 Soweit im Folgenden von Schadensersatzansprüchen die Rede ist, sind damit in gleicher Weise auch Aufwendungsersatzansprüche i.S.v. § 284 BGB gemeint.

[Etwaig Rangfolge oder Beziehung zu sonstigen Vertragswerken (Rahmenverträge, andere AGB etc.) regeln]

2. Auskünfte/Beratung/Eigenschaften der Produkte und Leistungen/Mitwirkungshandlungen des Kunden

2.1 Auskünfte und Erläuterungen hinsichtlich unserer Produkte und Leistungen durch uns oder unsere Vertriebsmittler erfolgen ausschließlich aufgrund unserer bisherigen Erfahrung. Sie stellen keinerlei Eigenschaften oder Garantien in Bezug auf unsere Produkte dar. Die hierbei angegebenen Werte sind als Durchschnittswerte unserer Produkte anzusehen.

Wir stehen mangels ausdrücklicher anderweitiger Vereinbarung nicht dafür ein, dass unsere Produkte und/oder Leistungen für den vom Kunden verfolgten Zweck geeignet sind.

[Etwaig Regelungen aufnehmen zur Verbindlichkeit bzw. Unverbindlichkeit von Angaben zu Eigenschaften der Produkte, zum Aussagegehalt von Prospekten, Anleitungen, technische Informationen, im Internet etc.]

2.2 Eine Beratungspflicht übernehmen wir nur ausdrücklich kraft schriftlichem, gesonderten Beratungsvertrag.

2.3 Eine Garantie gilt nur dann als von uns übernommen, wenn wir schriftlich eine Eigenschaft und/oder einen Leistungserfolg als „*rechtlich garantiert*" bezeichnet haben.

[Etwaig Regelungen zu notwendigen Mitwirkungspflichten der Kunden ergänzen]

3. Probeexemplare/überlassene Unterlagen und Daten/Muster/Kostenanschläge

3.1 Die Eigenschaften von Mustern bzw. Probeexemplaren werden nur dann Vertragsbestandteil, wenn dies *ausdrücklich* schriftlich vereinbart wurde. Der Kunde ist zur Verwertung und Weitergabe von Mustern *nicht* berechtigt.

Wird unsererseits aufgrund eines Warenmusters verkauft, so sind Abweichungen hiervon bei der gelieferten Ware zulässig und berechtigen nicht zu Beanstandungen und Ansprüchen uns gegenüber, wenn sie handelsüblich sind und etwaig vereinbarte Spezifikationen durch die gelieferte Ware eingehalten werden, soweit nicht etwas anderes vereinbart wurde.

3.2 An den dem Kunden bekanntgegebenen oder überlassenen Mustern, Abbildungen, Zeichnungen, Daten, Kostenanschlägen und sonstigen Unterlagen über unsere Produkte und Leistungen behalten wir uns alle Eigentums- und Urheberrechte vor. Der Kunde verpflichtet sich, die in vorstehendem Satz aufgeführten Muster, Daten und/oder Unterlagen nicht Dritten zugänglich zu machen, es sei denn, wir erteilen unsere ausdrückliche schriftliche Einwilligung. Diese sind auf Aufforderung an uns zurückzugeben, soweit ein darauf basierender Auftrag an uns nicht erteilt wird.

4. Vertragsschluss/Liefer- und Leistungsumfang/Beschaffungsrisiko und Garantie

4.1 Unsere Angebote erfolgen freibleibend, soweit sie nicht ausdrücklich als verbindlich gekennzeichnet sind oder ausdrücklich verbindliche Zusagen enthalten oder sonst wie die Verbindlichkeit ausdrücklich vereinbart wurde. Sie sind Aufforderungen zu Bestellungen.

Der Kunde ist an seine Bestellung als Vertragsantrag 14 Kalendertage – bei elektronischer Bestellung 5 Werktage (jeweils an unserem Sitz) – nach Zugang der Bestellung bei uns gebunden, soweit der Kunde nicht regelmäßig auch mit einer späteren Annahme durch uns rechnen muss (§ 147 BGB). Dies gilt auch für Nachbestellungen des Kunden.

4.2 Ein Vertrag kommt – auch im laufenden Geschäftsverkehr – erst dann zustande, wenn wir die Bestellung des Kunden schriftlich oder in Textform (d.h. auch per Telefax oder E-Mail) durch Auftragsbestätigung bestätigen. Die Auftragsbestätigung gilt nur unter der Bedingung, dass noch offene Zahlungsrückstände des Kunden beglichen werden und dass eine durch uns vorgenommene Kreditprüfung des Kunden ohne negative Auskunft bleibt.

Bei Lieferung oder Leistung innerhalb der angebotsgegenständlichen Bindungsfrist des Kunden kann unsere Auftragsbestätigung durch unsere Lieferung ersetzt werden, wobei die Absendung der Lieferung maßgeblich ist.

[Etwaig Regelungen zur Möglichkeit von Änderungswünschen des Kunden aufnehmen]

4.3 Der Kunde hat uns rechtzeitig vor Vertragsschluss schriftlich auf etwaige besondere Anforderungen an unsere Produkte hinzuweisen. Solche Hinweise erweitern jedoch nicht unsere vertraglichen Verpflichtungen und Haftung.

Mangels anderweitiger ausdrücklicher Vereinbarung sind wir lediglich verpflichtet, die bestellten Produkte als in der Bundesrepublik Deutschland verkehrs- und zulassungsfähige Ware zu liefern.

4.4 Wir sind lediglich verpflichtet, aus unserem eigenen Warenvorrat zu leisten (Vorratsschuld).

4.5 Die Übernahme eines Beschaffungsrisikos oder einer Beschaffungsgarantie liegt nicht allein in unserer Verpflichtung zur Lieferung einer nur der Gattung nach bestimmten Sache.

4.6 Ein Beschaffungsrisiko im Sinne von § 276 BGB übernehmen wir nur kraft schriftlicher, gesonderter Vereinbarung unter Verwendung der Wendung *„übernehmen wir das Beschaffungsrisiko...“*.

4.7 Verzögert sich die Abnahme der Produkte oder deren Versand aus einem vom Kunden zu vertretenden Grund, sind wir berechtigt, nach Setzung und Ablauf einer 14-tägigen Nachfrist, nach unserer Wahl sofortige Vergütungszahlung zu verlangen oder vom Vertrag zurückzutreten oder die Erfüllung abzulehnen und Schadensersatz statt der ganzen Leistung zu verlan-

gen. Die Fristsetzung muss schriftlich oder in Textform erfolgen. Wir müssen hierin nicht nochmals auf die Rechte aus dieser Klausel hinweisen.
Im Falle des vorstehend geregelten Schadensersatzverlangens beträgt der zu leistende Schadensersatz 20% des Nettolieferpreises bei Kaufverträgen oder 20% der vereinbarten Nettovergütung bei Leistungsverträgen. Der Nachweis einer anderen Schadenshöhe oder des Nichtanfalles eines Schadens bleibt beiden Parteien vorbehalten. Eine Umkehr der Beweislast ist mit den vorstehenden Regelungen nicht verbunden.
[Etwaig Regelung zum Annahmeverzug des Kunden aufnehmen. Diese können mit einer Schadensersatzpauschale z.B. bei notweniger Einlagerung ergänzt werden]

4.8 Bei kundenseitig verspätetem Lieferauftrag oder -abruf sind wir berechtigt, die Lieferung um den gleichen Zeitraum des kundenseitigen Rückstandes zuzüglich einer Dispositionsfrist von 4 Werktagen am Ort unseres Sitzes hinauszuschieben.
[Etwaig Regelungen zur Verlängerung der Lieferfristen bei verspätetem Abruf ergänzen]
[Etwaig Regelungen zur Sprache von Bedienungsanleitungen und sonstigen Anwenderinformationen ergänzen]

4.9 Wir sind zu Mehr- oder Minderlieferungen bis zu 5% der vereinbarten Liefermenge berechtigt.
Wir sind weiterhin berechtigt, Produkte mit handelsüblichen Abweichungen in Qualität, Abmessung, Gewicht, Farbe und Ausrüstung zu liefern. Solche Ware gilt als vertragsgerecht.
[Etwaig Regelung zu Mindestbestellwerten ergänzen]

5. Lieferung/Erfüllungsort/Lieferzeit/Lieferverzug/Verpackung

5.1 Verbindliche Liefertermine und -fristen müssen ausdrücklich und schriftlich vereinbart werden. Bei unverbindlichen oder ungefähren (ca., etwa, etc.) Lieferterminen und -fristen bemühen wir uns, diese nach besten Kräften einzuhalten.

5.2 Liefer- und/oder Leistungsfristen beginnen mit dem Zugang unserer Auftragsbestätigung beim Kunden, mangels solcher binnen 5 Kalendertagen nach Zugang der kundenseitigen Bestellung bei uns, jedoch nicht, bevor alle Einzelheiten der Ausführung des Auftrages geklärt sind und alle sonstigen vom Kunden zu erfüllenden Voraussetzungen vorliegen, insbesondere vereinbarte Anzahlungen oder Sicherheiten und notwendige Mitwirkungsleistungen vollständig geleistet sind. Entsprechendes gilt für Liefertermine und Leistungstermine. Hat der Kunde nach Auftragserteilung Änderungen verlangt, so beginnt eine neue angemessene Liefer- und/oder Leistungsfrist mit der Bestätigung der Änderung durch uns.
[Etwaig Regelung ergänzen, wer zur Abladung der Ware verpflichtet ist]

5.3 Geraten wir in Lieferverzug, muss der Kunde uns zunächst eine angemessene Nachfrist von mindestens – soweit nicht unangemessen – 14 Tagen zur Leistung setzen. Verstreicht diese fruchtlos, bestehen Schadensersatzansprüche wegen Pflichtverletzung – gleich aus welchem Grund – nur nach Maßgabe der Regelung in Ziff. 11.
[Etwaig Regelung zu Mitwirkungspflichten des Kunden ergänzen. Solange diese nicht erbracht sind, kann das verzugshindernd wirken]

5.4 Wird bei der Bestellung kein Abholtermin angegeben, den wir zu bestätigen haben damit dieser verbindlich wird, bzw. erfolgt die Abnahme nicht zum vereinbarten Abholtermin, versenden wir nach unserer Wahl die vertragsgegenständliche Ware mit einem von uns beauftragten Frachtführer oder lagern die vertragsgegenständliche Ware auf Kosten des Kunden ein. Die anfallenden Verpackungs-, Transport- und Versicherungskosten (letztere soweit eine Transportversicherung vereinbart wurde) stellen wir beim Versand dem Kunden zusätzlich in Rechnung.
Bei Einlagerung hat der Kunde eine Lagerpauschale in Höhe von 1% der Nettovergütung je Woche für die eingelagerte Ware zu zahlen. Beiden Parteien bleibt der Nachweis eines gerin-

geren oder höheren Aufwandes, dem Kunden auch der Nachweis eines gänzlich fehlenden Aufwandes, vorbehalten.

5.5 Wenn dem Kunden wegen unseres Verzuges ein Schaden erwächst, so ist er unter Ausschluss weiterer Ansprüche berechtigt, eine Verzugsentschädigung zu fordern. Sie beträgt für jede angefangene Woche des Verzuges 0,5% der Netto-Vergütung für die im Verzug befindliche Warenlieferung und/oder Leistung im Ganzen, aber höchstens 5% der Nettovergütung der Gesamtlieferung und/oder Gesamtleistung, die infolge des Verzuges nicht rechtzeitig oder nicht vertragsgemäß von uns geliefert und/oder geleistet wird. Ein weitergehender Ersatz unsererseits des Verzögerungsschadens ist ausgeschlossen. Dies gilt nicht im Falle eines vorsätzlichen, grob fahrlässigen oder arglistigen Handelns unsererseits, bei Ansprüchen wegen der Verletzung von Leib, Leben oder Gesundheit, bei Verzug sowie im Falle eines vereinbarten fixen Liefertermins im Rechtssinne und der Übernahme einer Leistungsgarantie oder eines Beschaffungsrisikos nach § 276 BGB und bei einer gesetzlich zwingenden Haftung.

6. Höhere Gewalt/Selbstbelieferung

6.1 Erhalten wir aus von uns nicht zu vertretenden Gründen für die Erbringung unserer geschuldeten vertragsgegenständlichen Lieferung oder Leistung Lieferungen oder Leistungen unserer Unterlieferanten trotz ordnungsgemäßer und ausreichender Eindeckung vor Vertragsschluss mit dem Kunden entsprechend der Quantität und der Qualität aus unserer Liefer- oder Leistungsvereinbarung mit dem Kunden (*kongruente Eindeckung*) nicht, nicht richtig oder nicht rechtzeitig oder treten Ereignisse Höherer Gewalt von nicht unerheblicher Dauer (d.h. mit einer Dauer von länger als 14 Kalendertagen) ein, so werden wir unseren Kunden rechtzeitig schriftlich oder in Textform informieren. In diesem Fall sind wir berechtigt, die Lieferung um die Dauer der Behinderung herauszuschieben oder wegen des noch nicht erfüllten Teils vom Vertrag ganz oder teilweise zurückzutreten, soweit wir unserer vorstehenden Informationspflicht nachgekommen sind und nicht das Beschaffungsrisiko oder eine Liefergarantie übernommen haben. Der Höheren Gewalt stehen gleich Streik, Aussperrung, behördliche Eingriffe, Energie- und Rohstoffknappheit, unverschuldete Transportengpässe oder -hindernisse, unverschuldete Betriebsbehinderungen – z.B. durch Feuer, Wasser und Maschinenschäden – und alle sonstigen Behinderungen, die bei objektiver Betrachtungsweise nicht von uns schuldhaft herbeigeführt worden sind.

6.2 Ist ein Liefertermin oder eine Lieferfrist verbindlich vereinbart und wird aufgrund von Ereignissen nach Ziff. 6.1 der vereinbarte Liefertermin oder die vereinbarte Lieferfrist überschritten, so ist der Kunde berechtigt, nach fruchtlosem Verstreichen einer angemessen Nachfrist wegen des noch nicht erfüllten Teils vom Vertrag zurückzutreten. Weitergehende Ansprüche des Kunden, insbesondere solche auf Schadensersatz, sind in diesem Fall ausgeschlossen.

6.3 Vorstehende Regelung gemäß Ziff. 6.2 gilt entsprechend, wenn aus den in Ziff. 6.1 genannten Gründen auch ohne vertragliche Vereinbarung eines festen Liefertermins dem Kunden ein weiteres Festhalten am Vertrag objektiv unzumutbar ist.

7. Versand/Gefahrübergang/Abnahme

7.1 Soweit nichts Abweichendes schriftlich vereinbart wird, erfolgt die Lieferung ex works Incoterms 2010. Bei Hol- und Schickschuld reist die Ware auf Gefahr und zu Lasten des Kunden.

7.2 Die Wahl des Transportweges und des Transportmittels bleibt bei vereinbarter Versendung mangels anderer Vereinbarung uns vorbehalten. Wir werden uns jedoch bemühen, hinsichtlich Versandart und Versandweg Wünsche des Kunden zu berücksichtigen, ohne dass hierauf jedoch ein Anspruch des Kunden besteht. Dadurch bedingte Mehrkosten – auch bei vereinbarter Fracht-Frei-Lieferung – gehen, wie die Transport- und Versicherungskosten, zu Lasten des Kunden.

Wird der Versand auf Wunsch oder aus Verschulden des Kunden gegenüber dem vereinbarten Zeitpunkt verzögert, so lagern wir die Waren auf Kosten und Gefahr des Kunden. Ziff. 5.4 Abs. 2 gilt insoweit entsprechend. In diesem Fall steht die Anzeige der Versandbereitschaft dem Versand gleich.

7.3 Die Gefahr des zufälligen Untergangs oder der zufälligen Verschlechterung geht bei vereinbarter Holschuld mit Übergabe der zu liefernden Produkte an den Kunden, bei vereinbarter Versendungsschuld an den Spediteur, den Frachtführer, oder die sonst zur Ausführung der Versendung bestimmten Unternehmungen, spätestens jedoch mit Verlassen unseres Werkes oder unseres Lagers oder unserer Niederlassung oder des Herstellerwerkes auf den Kunden über, es sei denn, es ist eine Bringschuld vereinbart. Vorstehendes gilt auch, wenn eine vereinbarte Teillieferung erfolgt.

7.4 Verzögert sich die Sendung dadurch, dass wir infolge gänzlichen oder teilweisen Zahlungsverzuges des Kunden von unserem Zurückbehaltungsrecht Gebrauch machen, oder aus einem sonstigen vom Kunden zu vertretenden Grund, so geht die Gefahr spätestens ab dem Datum des Zugangs der Mitteilung der Versand- und/oder Leistungsbereitschaft gegenüber dem Kunden auf den Kunden über.

8. Mängelrüge/Pflichtverletzung wegen Sachmängeln/Gewährleistung

8.1 Erkennbare Sachmängel sind vom Kunden unverzüglich, spätestens jedoch 12 Tage nach Abholung bei Lieferung ab Werk oder Lagerort, ansonsten nach Anlieferung, versteckte Sachmängel unverzüglich nach Entdeckung, Letztere spätestens innerhalb der Gewährleistungsverjährungsfrist nach Ziff. 8.2 uns gegenüber zu rügen. Eine nicht fristgerechte Rüge schließt jeglichen Anspruch des Kunden aus Pflichtverletzung wegen Sachmängeln aus. Dies gilt nicht im Falle vorsätzlichen, grob fahrlässigen oder arglistigen Handelns unsererseits, im Falle der Verletzung von Leib, Leben oder Gesundheit oder der Übernahme einer Garantie der Mängelfreiheit, oder eines Beschaffungsrisikos nach § 276 BGB oder sonstigen gesetzlich zwingenden Haftungstatbeständen. Die gesetzlichen Sondervorschriften bei Endlieferung der Ware an einen Verbraucher (Lieferantenregress, §§ 478, 479 BGB) bleiben unberührt.
[Etwaig Regelung zur Mängelrüge (z.B. Stückzahl, Falschlieferung etc.) gegenüber beauftragten Transportunternehmen ergänzen]

8.2 Für Sachmängel leisten wir – soweit nicht schriftlich oder in Textform ausdrücklich etwas Abweichendes vereinbart ist – über einen Zeitraum von 12 Monaten Gewähr, gerechnet vom Tage des Gefahrübergangs (siehe Ziff. 7.3), im Falle der kundenseitigen An- oder Abnahmeverweigerung vom Zeitpunkt der Bereitstellungsanzeige zur Warenübernahme an. Dies gilt nicht für Schadensersatzansprüche aus einer Garantie, der Übernahme eines Beschaffungsrisikos im Sinne von § 276 BGB, Ansprüchen wegen der Verletzung von Leib, Leben oder Gesundheit, arglistigen, vorsätzlichen, oder grob fahrlässigen Handelns unsererseits, oder wenn in den Fällen der §§ 478, 479 BGB (Rückgriff in der Lieferkette), § 438 Abs. 1 Nr. 2 BGB (Errichtung von Bauwerken und Lieferung von Sachen für Bauwerke) und § 634a Abs. 1 Nr. 2 BGB (Baumängel) oder soweit sonst gesetzlich eine längere Verjährungsfrist zwingend festgelegt ist. § 305b BGB (der Vorrang der Individualabrede in mündlicher oder textlicher oder schriftlicher Form) bleibt unberührt. Eine Umkehr der Beweislast ist mit der vorstehenden Regelung nicht verbunden.

8.3 Unsere Gewährleistung (Ansprüche aus Pflichtverletzung wegen Schlechtleistung bei Sachmängeln) und die sich hieraus ergebende Haftung ist ausgeschlossen, soweit Mängel und damit zusammenhängende Schäden nicht nachweisbar auf fehlerhaftem Material, fehlerhafter Konstruktion, oder auf mangelhafter Ausführung, oder fehlerhaften Herstellungsstoffen oder, soweit geschuldet, mangelhafter Nutzungsanleitung beruhen. Insbesondere ist die Gewährleistung und die sich hieraus ergebende Haftung aufgrund Pflichtverletzung wegen

Schlechtleistung ausgeschlossen für die Folgen fehlerhafter Benutzung, ungeeigneter Lagerbedingungen, und für die Folgen chemischer, elektromagnetischer, mechanischer oder elektrolytischer Einflüsse, die nicht den in unserer Produktbeschreibung oder einer abweichend vereinbarten Produktspezifikation oder dem jeweils produktspezifischen Datenblatt unsererseits oder herstellerseits vorgesehenen, durchschnittlichen Standardeinflüssen entsprechen. Vorstehendes gilt nicht bei arglistigem, grob fahrlässigen oder vorsätzlichem Handeln unsererseits, oder Verletzung von Leib, Leben oder Gesundheit, der Übernahme einer Garantie, eines Beschaffungsrisikos nach § 276 BGB und einer Haftung nach einem gesetzlich zwingenden Haftungstatbestand.

8.4 Wir übernehmen keine Gewährleistung nach §§ 478, 479 BGB (Rückgriff in der Lieferkette – Lieferantenregress), wenn der Kunde die von uns vertragsgegenständlich gelieferten Produkte bearbeitet oder verarbeitet oder sonst verändert hat, soweit dies nicht dem vertraglich vereinbarten Bestimmungszweck der Produkte entspricht.

8.5 Die Anerkennung von Pflichtverletzungen in Form von Sachmängeln bedarf stets der Schriftform.

9. Preise/Zahlungsbedingungen/Unsicherheitseinrede

9.1 Alle Preise verstehen sich ab Werk bzw. Lager und grundsätzlich in EURO netto ausschließlich See- oder Lufttransportverpackung, Fracht, Porto und, soweit eine Transportversicherung vereinbart wurde, Versicherungskosten, zuzüglich vom Kunden zu tragender Mehrwertsteuer (soweit gesetzlich anfallend) in der jeweils gesetzlich vorgeschriebenen Höhe, zuzüglich etwaiger länderspezifischer Abgaben bei Lieferung in andere Länder als die Bundesrepublik Deutschland, sowie zuzüglich Zoll und anderer Gebühren und öffentlicher Abgaben für die Lieferung/Leistung.

[Etwaig Regelung zur Erfüllungswirkung bei Zahlung in anderen Devisen als EURO aufnehmen]

9.2 Andere Zahlungsmethoden als Barzahlung oder Banküberweisung bedürfen gesonderter Vereinbarung zwischen uns und dem Kunden; dies gilt insbesondere für die Begebung von Schecks und Wechseln.

9.3 Bei vereinbarter Überweisung gilt als Tag der Zahlung das Datum des Geldeinganges bei uns oder der Gutschrift auf unserem Konto bzw. auf dem Konto der von uns spezifizierten Zahlstelle.

[Etwaig Regelungen zu Abschlagszahlungen bei Werkleistungen ergänzen]

9.4 Der Kaufpreis wird bei vereinbarter Holschuld mit Zugang der Mitteilung von der Bereitstellung der Ware, bei Versendungsschuld mit Übergabe an den Frachtführer und bei vereinbarter Bringschuld mit Ablieferung der Ware zur Zahlung fällig. Der Kunde ist zum Skonto in Höhe von 3% berechtigt, wenn und soweit die Zahlung binnen 10 Kalendertagen nach Fälligkeit der Vergütung – Eingang des Geldes auf unserem Konto – erfolgt und soweit sich der Kunde nicht mit der Zahlung anderer Rechnungen im Rückstand befindet.

9.5 Wir sind berechtigt, die Vergütung einseitig im Falle der Erhöhung von Materialherstellungs- und/oder Material- und/oder Produktbeschaffungskosten, Lohn- und Lohnnebenkosten, Sozialabgaben sowie Energiekosten und Kosten durch Umweltauflagen, und/oder Währungsschwankungen und/oder Zolländerung, und/oder Frachtsätze und/oder öffentliche Abgaben entsprechend zu erhöhen, wenn diese die Warenherstellungs- oder Beschaffungskosten oder Kosten unserer vertraglich vereinbarten Leistungen unmittelbar oder mittelbar beeinflussen und wenn zwischen Vertragsabschluss und Lieferung mehr als 4 Monate liegen. Eine Erhöhung im vorgenannten Sinne ist ausgeschlossen, soweit die Kostensteigerung bei einzelnen oder aller der vorgenannten Faktoren durch eine Kostenreduzierung bei anderen der genannten Faktoren in Bezug auf unsere Gesamtkostenbelastung für die Lieferung aufgehoben wird.

Reduzieren sich vorgenannte Kostenfaktoren, ohne dass die Kostenreduzierung durch die Steigerung anderer der vorgenannten Kostenfaktoren ausgeglichen wird, ist die Kostenreduzierung im Rahmen einer Preissenkung an den Kunden weiterzugeben.
Liegt der neue Preis auf Grund unseres vorgenannten Preisanpassungsrechtes 20% oder mehr über dem ursprünglichen Preis, so ist der Kunde zum Rücktritt von noch nicht vollständig erfüllten Verträgen berechtigt. Er kann dieses Recht jedoch nur unverzüglich nach Mitteilung des erhöhten Preises geltend machen.

9.6 Tragen wir ausnahmsweise vertragsgemäß die Frachtkosten, so trägt der Kunde die Mehrkosten, die sich aus Tariferhöhungen der Frachtsätze nach Vertragsschluss ergeben.
[Etwaig Regelung zum Beginn von Zahlungsfristen (z.B. Eingang Ware oder Rechnung etc.) ergänzen]

9.7 Mit Eintritt des Verzuges werden Verzugszinsen in Höhe von 9 Prozentpunkten über dem bei Fälligkeit der Zahlungsforderung jeweiligen Basiszinssatz der Europäischen Zentralbank berechnet. Die Geltendmachung eines darüber hinausgehenden Schadens bleibt vorbehalten.
[Etwaig Regelung zur Gesamtfälligkeit und/oder Zurückbehaltungsrechten bei Zahlungsverzug ergänzen]

9.8 Ein Zurückbehaltungs- oder Aufrechnungsrecht des Kunden besteht nur hinsichtlich solcher Gegenansprüche, die nicht bestritten oder rechtskräftig festgestellt sind.

9.9 Ein Zurückbehaltungsrecht kann vom Kunden nur insoweit ausgeübt werden, als sein Gegenanspruch auf dem gleichen Vertragsverhältnis beruht.

9.10 Angebotene Wechsel nehmen wir nur ausnahmsweise kraft ausdrücklicher Vereinbarung und nur erfüllungshalber herein. Wir berechnen Diskontspesen vom Fälligkeitstag der Rechnung bis zum Verfallstag des Wechsels, sowie Wechselkosten. Zinsen und Kosten für die Diskontierung oder die Einziehung von Wechseln hat der Kunde zu tragen. Bei Wechseln und Schecks gilt der Tag ihrer Einlösung als Zahltag. Bei einer Ablehnung der Wechseldiskontierung durch unsere Hausbank, oder bei Vorliegen von vernünftigen Zweifeln daran, dass eine Wechseldiskontierung während der Wechsellaufzeit erfolgt, sind wir berechtigt, unter Rücknahme des Wechsels sofortige Barzahlung zu verlangen.

9.11 Eingehende Zahlungen werden zunächst zur Tilgung der Kosten, dann der Zinsen und schließlich der Hauptforderungen nach ihrem Alter verwendet.

10. Eigentumsvorbehalt, Pfändungen

10.1 Wir behalten uns das Eigentum an allen von uns gelieferten Waren vor (nachstehend insgesamt „**Vorbehaltsware**"), bis alle unsere Forderungen aus der Geschäftsverbindung mit dem Kunden einschließlich der künftig entstehenden Ansprüche aus später abgeschlossenen Verträgen beglichen sind. Dies gilt auch für einen Saldo zu unseren Gunsten, wenn einzelne oder alle Forderungen von uns in eine laufende Rechnung (Kontokorrent) aufgenommen werden und der Saldo gezogen ist.

10.2 Der Kunde hat die Vorbehaltsware ausreichend, insbesondere gegen Feuer und Diebstahl, zu versichern. Ansprüche gegen die Versicherung aus einem die Vorbehaltsware betreffenden Schadensfall werden bereits hiermit in Höhe des Wertes der Vorbehaltsware an uns abgetreten.

10.3 Der Kunde ist berechtigt, die gelieferten Produkte im gewöhnlichen Geschäftsverkehr weiter zu verkaufen. Andere Verfügungen, insbesondere Verpfändungen oder Einräumung von Sicherungseigentum, sind ihm nicht gestattet. Wird die Vorbehaltsware bei Weiterveräußerung vom Dritterwerber nicht sofort bezahlt, ist der Kunde verpflichtet, nur unter Eigentumsvorbehalt weiter zu veräußern. Die Berechtigung zur Weiterveräußerung der Vorbehaltsware entfällt ohne weiteres, wenn der Kunde seine Zahlung einstellt, oder uns gegenüber in Zahlungsverzug gerät.

10.4 Der Kunde tritt uns bereits hiermit alle Forderungen einschließlich Sicherheiten und Nebenrechte ab, die ihm aus oder im Zusammenhang mit der Weiterveräußerung von Vorbehaltsware gegen den Endabnehmer oder gegen Dritte erwachsen. Er darf keine Vereinbarung mit seinen Abnehmern treffen, die unsere Rechte in irgendeiner Weise ausschließen oder beeinträchtigen, oder die Vorausabtretung der Forderung zunichtemachen. Im Falle der Veräußerung von Vorbehaltsware mit anderen Gegenständen gilt die Forderung gegen den Drittabnehmer in Höhe des zwischen uns und dem Kunden vereinbarten Lieferpreises als abgetreten, sofern sich aus der Rechnung nicht die auf die einzelnen Waren entfallenden Beträge ermitteln lassen.

10.5 Der Kunde bleibt zur Einbeziehung der an uns abgetretenen Forderung bis zu unserem jederzeit zulässigen Widerruf berechtigt. Wir verpflichten uns jedoch die Einzugsermächtigung nur bei berechtigtem Interesse zu widerrufen. Ein solches berechtigtes Interesse liegt beispielsweise vor, wenn der Kunde seinen Zahlungsverpflichtungen nicht ordnungsgemäß nachkommt oder in Zahlungsverzug gerät. Auf unser Verlangen ist er verpflichtet, uns die zur Einziehung abgetretener Forderungen erforderlichen Auskünfte und Unterlagen vollständig zu geben und, sofern wir dies nicht selbst tun, seine Abnehmer unverzüglich von der Abtretung an uns zu unterrichten.

10.6 Nimmt der Kunde Forderungen aus der Weiterveräußerung von Vorbehaltswaren in ein mit seinen Abnehmern bestehendes Kontokorrentverhältnis auf, so tritt er einen sich zu seinen Gunsten ergebenden anerkannten Schlusssaldo bereits jetzt in Höhe des Betrages an uns ab, der dem Gesamtbetrag der in das Kontokorrentverhältnis eingestellten Forderung aus der Weiterveräußerung unserer Vorbehaltsware entspricht.

10.7 Hat der Kunde Forderungen aus der Weiterveräußerung der von uns gelieferten oder zu liefernden Produkten bereits an Dritte abgetreten, insbesondere aufgrund echten oder unechten Factorings, oder sonstige Vereinbarungen getroffen, aufgrund derer unsere derzeitigen oder künftigen Sicherungsrechte gemäß Ziff. 10 beeinträchtigt werden können, hat er uns dies unverzüglich anzuzeigen. Im Falle eines unechten Factorings sind wir berechtigt, vom Vertrag zurückzutreten und die Herausgabe bereits gelieferter Produkte zu verlangen. Gleiches gilt im Falle eines echten Factorings, wenn der Kunde nach dem Vertrag mit dem Factor nicht frei über den Kaufpreis der Forderung verfügen kann.

10.8 Bei kundenseitig verschuldetem vertragswidrigem Handeln, insbesondere bei Zahlungsverzug, sind wir nach Rücktritt vom Vertrag zur Rücknahme aller Vorbehaltswaren berechtigt. Der Kunde ist in diesem Fall ohne weiteres zur Herausgabe verpflichtet und trägt die für die Rücknahme erforderlichen Transportkosten. In der Rücknahme der Vorbehaltsware durch uns liegt ein Rücktritt vom Vertrag. Wir sind bei Rücktritt berechtigt die Vorbehaltsware zu verwerten. Der Verwertungserlös wird, abzüglich angemessener Kosten der Verwertung, mit denjenigen Forderungen verrechnet, die uns der Kunde aus der Geschäftsbeziehung schuldet. Zur Feststellung des Bestandes der von uns gelieferten Ware dürfen wir jederzeit zu den normalen Geschäftsstunden die Geschäftsräume des Kunden betreten. Von allen Zugriffen Dritter auf Vorbehaltsware oder uns abgetretener Forderung hat uns der Kunde unverzüglich schriftlich zu unterrichten.

10.9 Übersteigt der Wert der für uns nach vorstehenden Bestimmungen bestehenden Sicherheiten die gesicherten Forderungen insgesamt um mehr als 10%, sind wir auf Verlangen des Kunden insoweit zur Freigabe von Sicherheiten nach unserer Wahl verpflichtet.

10.10 Bearbeitung und Verarbeitung der Vorbehaltsware erfolgt für uns als Hersteller, ohne uns jedoch zu verpflichten. Wird die Vorbehaltsware mit anderen, uns nicht gehörenden Gegenständen verarbeitet oder untrennbar verbunden, so erwerben wir das Miteigentum an der neuen Sache im Verhältnis des Netto-Rechnungsbetrages unserer Ware zu den Netto-Rechnungsbeträgen der anderen verarbeiteten oder verbundenen Gegenstände. Werden unsere Waren mit anderen beweglichen Gegenständen zu einer einheitlichen Sache verbunden, die als Hauptsache anzusehen ist, so überträgt der Kunde uns schon jetzt im gleichen Verhältnis das Miteigentum hieran. Der Kunde verwahrt das Eigentum oder Miteigentum unentgeltlich für uns. Die hiernach entstehenden Miteigentumsrechte gelten als Vorbehaltsware. Auf unser Verlangen ist der Kunde jederzeit verpflichtet, uns die zur Verfolgung unserer Eigentums- oder Miteigentumsrechte erforderlichen Auskünfte zu erteilen.

[Etwaig bei Verträgen mit Auslandsbezug Regelungen ergänzen, die den Kunden verpflichten, im Zielland erforderliche Maßnahmen zu ergreifen, um den Eigentumsvorbehalt so weit wie möglich zu sichern]

10.11 Bei Pfändungen oder sonstigen Eingriffen Dritter hat uns der Kunde unverzüglich schriftlich zu benachrichtigen, damit wir Klage gemäß § 771 ZPO erheben können. Soweit der Dritte nicht in der Lage ist, uns die gerichtlichen und außergerichtlichen Kosten einer Klage gemäß § 771 ZPO zu erstatten, haftet der Kunde für den uns entstehenden Ausfall.

11. Haftungsausschluss/-begrenzung

11.1 Wir haften vorbehaltlich nachstehender Ausnahmen *nicht*, insbesondere nicht für Ansprüche des Kunden auf Schadensersatz oder Aufwendungsersatz – gleich aus welchem Rechtsgrund – bei Verletzung von Pflichten aus dem Schuldverhältnis.

11.2 Vorstehender Haftungsausschluss gemäß Ziff. 11.1 gilt nicht, soweit gesetzlich zwingend gehaftet wird, sowie:

- für eigene vorsätzliche oder grob fahrlässige Pflichtverletzung und vorsätzliche oder grob fahrlässige Pflichtverletzung von gesetzlichen Vertretern oder Erfüllungsgehilfen;
- für die Verletzung von wesentlichen Vertragspflichten; *„wesentliche Vertragspflichten“ sind solche Verpflichtungen, die vertragswesentliche Rechtspositionen des Kunden schützen, die ihm der Vertrag nach seinem Inhalt und Zweck gerade zu gewähren hat; wesentlich sind ferner solche Vertragspflichten, deren Erfüllung die ordnungsgemäße Durchführung des Vertrages überhaupt erst ermöglicht und auf deren Einhaltung der Kunde regelmäßig vertraut hat und vertrauen darf;*
- im Falle der Verletzung von Leib, Leben und Gesundheit, auch durch gesetzliche Vertreter oder Erfüllungsgehilfen;
- im Falle des Verzuges, soweit ein fixer Liefer- und/oder fixer Leistungszeitpunkt vereinbart war;
- soweit wir die Garantie für die Beschaffenheit unserer Ware oder das Vorhandensein eines Leistungserfolges, oder ein Beschaffungsrisiko im Sinne von § 276 BGB übernommen haben;
- bei einer Haftung nach dem Produkthaftungsgesetz oder anderen gesetzlich zwingenden Haftungstatbeständen.

11.3 Im Falle, dass uns oder unseren Erfüllungsgehilfen nur leichte Fahrlässigkeit zur Last fällt und kein Fall vorstehender Ziff. 11.2, dort 4, 5 und 6 Spiegelstrich vorliegt, haften wir auch bei der Verletzung wesentlicher Vertragspflichten nur für den vertragstypischen und vorhersehbaren Schaden.

11.4 Unsere Haftung ist der Höhe nach für jeden einzelnen Schadensfall begrenzt auf eine Haftungshöchstsumme in Höhe von EUR [...]. Dies gilt nicht, wenn uns Arglist, Vorsatz oder grobe Fahrlässigkeit zur Last fällt, für Ansprüche wegen der Verletzung von Leib, Leben oder Gesundheit sowie im Falle einer Forderung, die auf einer deliktischen Handlung oder einer ausdrücklich übernommenen Garantie oder der Übernahme eines Beschaffungsrisikos nach § 276 BGB beruht oder in Fällen gesetzlich zwingend abweichender höherer Haftungssummen. Eine weitergehende Haftung ist ausgeschlossen.

11.5 Die Haftungsausschlüsse bzw. -beschränkungen gemäß der vorstehenden Ziff. 11.1 bis 11.4 und Ziff. 11.6 gelten im gleichen Umfang zu Gunsten unserer Organe, unserer leitenden und nichtleitenden Angestellten und sonstigen Erfüllungsgehilfen sowie unseren Subunternehmern.

11.6 Ansprüche des Kunden auf Schadensersatz aus diesem Vertragsverhältnis können nur innerhalb einer Ausschlussfrist von einem Jahr ab dem gesetzlichen Verjährungsbeginn geltend gemacht werden. Dies gilt nicht, wenn uns Vorsatz oder grobe Fahrlässigkeit zur Last fällt, für Ansprüche wegen der Verletzung von Leib, Leben oder Gesundheit, sowie im Falle einer Forderung, die auf einer deliktischen Handlung oder einer ausdrücklich übernommenen Garantie oder der Übernahme eines Beschaffungsrisikos nach § 276 BGB beruht, oder im Falle, dass gesetzlich zwingend eine längere Verjährungsfrist gilt.

[Etwaig Regelung zur nicht gegebenen Beweislastumkehr ergänzen]

12. Erfüllungsort/Gerichtsstand/Anwendbares Recht

12.1 Erfüllungsort für alle vertraglichen Verpflichtungen ist mit Ausnahme des Falles der Übernahme einer Bringschuld oder anderweitiger Vereinbarung der Sitz unserer Gesellschaft.

12.2 Ausschließlicher Gerichtsstand für alle Streitigkeiten ist – soweit der Kunde Kaufmann im Sinne des Handelsgesetzbuches ist – der Sitz unserer Gesellschaft. Diese Zuständigkeitsregelung der Sätze 1 und 2 gilt klarstellungshalber auch für solche Sachverhalte zwischen uns und dem Kunden, die zu außervertraglichen Ansprüchen im Sinne der VO (EG) Nr. 864/2007 führen können. Wir sind jedoch auch berechtigt, den Kunden an seinem allgemeinen Gerichtsstand zu verklagen.

12.3 Für alle Rechtsbeziehungen zwischen dem Kunden und uns gilt ausschließlich das Recht der Bundesrepublik Deutschland, insbesondere unter Ausschluss des UN-Kaufrechtes (CISG). Es wird ausdrücklich klargestellt, dass diese Rechtswahl auch als eine solche im Sinne von Art. 14 Abs. 1 b) VO (EG) Nr. 864/2007 zu verstehen ist und somit auch für außervertragliche Ansprüche im Sinne dieser Verordnung gelten soll. Ist im Einzelfall zwingend ausländisches Recht anzuwenden, sind unsere AGB so auszulegen, dass der mit ihnen verfolgte wirtschaftliche Zweck weitest möglich gewahrt wird.

[Etwaig Klauseln zur Reichweite und zum Umfang von Schutzrechten und Lizenzen ergänzen]

13. Rücknahme/Exportkontrolle/Produktzulassung/Einfuhrbestimmungen

13.1 Die gelieferte Ware ist mangels abweichender vertraglicher Vereinbarungen mit dem Kunden zum erstmaligen Inverkehrbringen innerhalb der Bundesrepublik Deutschland oder bei Lieferung außerhalb der Bundesrepublik Deutschland ins vereinbarte Land der Erstauslieferung (*Erstlieferland*) bestimmt.

13.2 Die Ausfuhr bestimmter Güter durch den Kunden von dort kann – z.B. aufgrund ihrer Art oder ihres Verwendungszweckes oder Endverbleibs – der Genehmigungspflicht unterliegen. Der Kunde ist selbst verpflichtet, dies zu prüfen und die für diese Güter einschlägigen Ausfuhrvorschriften und Embargos, insbesondere der Europäischen Union (EU), Deutschlands beziehungsweise anderer EU-Mitgliedsstaaten sowie gegebenenfalls der USA oder asiatischer oder arabischer Länder und aller betroffener Drittländer, strikt zu beachten, soweit er die von uns gelieferten Produkte ausführt, oder durch Dritte ausführen lässt.

Zudem ist der Kunde verpflichtet sicherzustellen, dass vor der Verbringung in ein anderes als das mit uns vereinbarte Erstlieferland durch ihn die erforderlichen nationalen Produktzulassungen oder Produktregistrierungen eingeholt werden und dass die im nationalen Recht des betroffenen Landes verankerten Vorgaben zur Bereitstellung der Anwenderinformationen in der Landessprache und auch alle Einfuhrbestimmungen erfüllt sind.

13.3 Der Kunde wird insbesondere prüfen und sicherstellen, und uns auf Aufforderung nachweisen, dass

- die überlassenen Produkte nicht für eine rüstungsrelevante, kerntechnische oder waffentechnische Verwendung bestimmt sind;
- keine Unternehmen und Personen, die in der US-Denied Persons List (DPL) genannt sind, mit US-Ursprungswaren, US-Software und US-Technologie beliefert werden;
- keine Unternehmen und Personen, die in der US-Warning List, US-Entity List oder US-Specially Designated Nationals List genannt sind, ohne einschlägige Genehmigung mit US-Ursprungserzeugnissen beliefert werden;
- keine Unternehmen und Personen beliefert werden, die in der Liste der Specially Designated Terrorists, Foreign Terrorist Organizations, Specially Designated Global Terrorists oder der Terroristenliste der EU oder anderer einschlägiger Negativlisten für Exportkontrollen genannt werden;
- keine militärischen Empfänger mit den von uns gelieferten Produkten beliefert werden;
- keine Empfänger beliefert werden, bei denen ein Verstoß gegen sonstige Exportkontrollvorschriften, insbesondere der EU oder der ASEAN-Staaten vorliegt;
- alle Frühwarnhinweise der zuständigen deutschen oder nationalen Behörden des jeweiligen Ursprungslandes der Lieferung beachtet werden.

13.4 Der Zugriff auf und die Nutzung von unsererseits gelieferten Gütern darf nur dann erfolgen, wenn die oben genannten Prüfungen und Sicherstellungen durch den Kunden erfolgt sind; anderenfalls hat der Kunde die beabsichtigte Ausfuhr zu unterlassen und sind wir nicht zur Leistung verpflichtet.

13.5 Der Kunde verpflichtet sich, bei Weitergabe der von uns gelieferten Güter an Dritte diese Dritten in gleicher Weise wie in den Ziff. 13.1–13.4 zu verpflichten und über die Notwendigkeit der Einhaltung solcher Rechtsvorschriften zu unterrichten.

13.6 Der Kunde stellt bei vereinbarter Lieferung außerhalb der Bundesrepublik Deutschland auf seine Kosten sicher, dass hinsichtlich der von uns zu liefernden Ware alle nationalen Einfuhrbestimmungen des Erstlieferlandes erfüllt sind.

13.7 Der Kunde stellt uns von allen Schäden und Aufwänden frei, die aus der schuldhaften Verletzung der vorstehenden Pflichten gem. Ziff. 13.1–13.6 resultieren.

14. Incoterms/Schriftform/Salvatorische Klausel

14.1 Soweit Handelsklauseln nach den International Commercial Terms (INCOTERMS) vereinbart sind, gelten die INCOTERMS 2010.

14.2 Alle Vereinbarungen, Nebenabreden, Zusicherungen und Vertragsänderungen bedürfen der Schriftform. Dies gilt auch für die Abbedingung der Schriftformabrede selbst. Der Vorrang der Individualabrede in schriftlicher, textlicher oder mündlicher Form (§ 305b BGB) bleibt unberührt.

14.3 Sollte eine Bestimmung dieses Vertrages aus Gründen des Rechtes der Allgemeinen Geschäftsbedingungen nach §§ 305 bis 310 BGB ganz oder teilweise unwirksam/nichtig oder nicht durchführbar sein oder werden, gelten die gesetzlichen Regelungen.

Sollte eine gegenwärtige oder zukünftige Bestimmung des Vertrages aus anderen Gründen als den Bestimmungen betreffend das Recht der Allgemeinen Geschäftsbedingungen nach §§ 305 bis 310 BGB ganz oder teilweise unwirksam/nichtig oder nicht durchführbar sein oder werden, so wird hiervon die Gültigkeit der übrigen Bestimmungen dieses Vertrages nicht berührt, soweit nicht die Durchführung des Vertrages – auch unter Berücksichtigung der nachfolgenden Regelungen – für eine Partei eine unzumutbare Härte darstellen würde. Das Gleiche gilt, wenn sich nach Abschluss des Vertrages eine ergänzungsbedürftige Lücke ergibt.

Entgegen einem etwaigen Grundsatz, wonach eine salvatorische Erhaltensklausel grundsätzlich lediglich die Beweislast umkehren soll, soll die Wirksamkeit der übrigen Vertragsbestimmungen unter allen Umständen aufrecht erhalten bleiben und damit § 139 BGB insgesamt abbedungen werden.

Die Parteien werden die aus anderen Gründen als den Bestimmungen betreffend das Recht der Allgemeinen Geschäftsbedingungen nach §§ 305 bis 310 BGB unwirksame/nichtige/undurchführbare Bestimmung oder ausfüllungsbedürftige Lücke durch eine wirksame Bestimmung ersetzen, die in ihrem rechtlichen und wirtschaftlichen Gehalt der unwirksamen/nichtigen/undurchführbaren Bestimmung und dem Gesamtzweck des Vertrages entspricht. § 139 BGB (Teilnichtigkeit) wird ausdrücklich ausgeschlossen. Beruht die Nichtigkeit einer Bestimmung auf einem darin festgelegten Maß der Leistung oder der Zeit (Frist oder Termin), so ist die Bestimmung mit einem dem ursprünglichen Maß am Nächsten kommenden rechtlich zulässigen Maß zu vereinbaren.

Kapitel 2
Einführung in das AGB-Recht

Im heutigen Wirtschaftsleben treten in nahezu allen unternehmerischen Bereichen Allgemeine Geschäftsbedingungen auf. Diese für eine Vielzahl von Verträgen vorformulierten Klauseln werden dem Gegenüber meist ohne Einflussmöglichkeit unterbreitet. Oftmals nutzt dabei eine Partei ihre überlegene Marktposition oder Verhandlungsmacht, um dem Vertragspartner die eigenen Bedingungen aufzudrängen. Angesichts der fehlenden Richtigkeitsgewähr für vorformulierte Vertragsbedingungen soll der andere Teil vor solchen Gefahren geschützt werden, die sich für ihn dadurch ergeben, dass er sich auf diese Regelungen unter Verzicht auf ein Aushandeln einlässt. Um eine Überrumpelung zu verhindern, grenzt der Gesetzgeber die Vertragsfreiheit in den §§ 305–310 BGB ein und regelt bestimmte Voraussetzungen, die zur Wirksamkeit von AGB-Klauseln erfüllt sein müssen. Diese Normen erfahren durch die stetig wachsende Rechtsprechung zum Thema AGB eine immer differenziertere Ausgestaltung. Auch Allgemeine Verkaufs- und Lieferbedingungen unterfallen regelmäßig dem AGB-Recht, sodass bei Erstellung die Hinzuziehung von hierauf spezialisierten Anwälten und eine regelmäßige Überprüfung angeraten ist. 1

Bevor im Detail einzelne Klauseln typischer Verkaufs- und Lieferbedingungen erläutert werden, soll zunächst das Hauptaugenmerk auf der Grundsystematik des Rechts der Allgemeinen Geschäftsbedingungen liegen. 2

A. Grundzüge des AGB-Rechts

Das Recht der Allgemeinen Geschäftsbedingungen findet häufiger Anwendung, als von vielen vermutet, da öfters der AGB-rechtliche Charakter eines Vertrages oder einer Klausel verkannt wird. Ist der sachliche und persönliche **Anwendungsbereich** des AGB-Rechts eröffnet und erfüllt eine vertragliche Regelung die **Merkmale** von AGB, wird sie zunächst auf Verstöße gegen die **Leitbilder** der §§ 305–310 BGB untersucht. Anschließend wird eine sogenannte **Inhaltskontrolle** vorgenommen und festgestellt, ob die Klausel gegen in **§§ 309, 308 BGB normierte Verbote** verstößt oder eine **unangemessene Benachteiligung** nach § 307 BGB darstellt. 3

I. Anwendungsbereich

Aus § 310 BGB ergibt sich eine sachliche und persönliche Beschränkung der Anwendung AGB-rechtlicher Vorschriften. **Sachlich** finden sie auf die meisten Bereiche des Zivilrechts Anwendung. Davon sind nach § 310 Abs. 4 BGB Verträge im Bereich des Erb-, Familien- und Gesellschaftsrechts sowie Tarifverträge, Betriebs- und 4

Dienstvereinbarungen ausgenommen. Bei der Anwendung auf Arbeitsverträge sind die im Arbeitsrecht geltenden Besonderheiten angemessen zu berücksichtigen.

5 In **persönlicher Hinsicht** gilt das AGB-Recht in allen anderen Bereichen uneingeschränkt gegenüber Nicht-Unternehmern (Verbrauchern). Im Rechtsverkehr zwischen Unternehmern werden theoretisch gemäß § 310 Abs. 1 BGB einige Verbote aus den Katalogen in §§ 309, 308 BGB nicht angewendet:

! **§ 310 BGB Anwendungsbereich**

„(1) § 305 Absatz 2 und 3, § 308 Nummer 1, 2 bis 8 und § 309 finden keine Anwendung auf Allgemeine Geschäftsbedingungen, die gegenüber einem Unternehmer, einer juristischen Person des öffentlichen Rechts oder einem öffentlich-rechtlichen Sondervermögen verwendet werden. § 307 Abs. 1 und 2 findet in den Fällen des Satzes 1 auch insoweit Anwendung, als dies zur Unwirksamkeit von in § 308 Nummer 1, 2 bis 8 und § 309 genannten Vertragsbestimmungen führt; auf die im Handelsverkehr geltenden Gewohnheiten und Gebräuche ist angemessen Rücksicht zu nehmen.
[...]“

---

6 Daraus folgt, dass – jedenfalls nach den Regelungen des Gesetzgebers – für Allgemeine Geschäftsbedingungen **zwischen Unternehmern** der Großteil des Klauselkatalogs in §§ 309, 308 BGB nicht anzuwenden ist. Stattdessen werden sie innerhalb der Inhaltskontrolle lediglich nach der „Generalklausel“ gemäß § 307 BGB auf eine **unangemessene Benachteiligung** hin überprüft. Eine Ausnahme bilden die mit Wirkung vom 27. Juli 2014 hinzugefügten § 308 Nr. 1a BGB (unangemessen lange Zahlungsfrist) und § 308 Nr. 1b BGB (unangemessen lange Überprüfungs- und Annahmefrist), welche im business-to-business-Verkehr (B2B-Verkehr) direkte Anwendung finden.

7 Obwohl der Gesetzgeber mit § 310 Abs. 1 BGB anerkannt hat, dass es zwischen Unternehmern flexiblerer Prüfungskriterien bedarf als bei Verbraucherverträgen,[1] hat die Rechtsprechung diese Wertung immer weiter aufgeweicht.

8 Der Bundesgerichtshof hat im Jahr 2007 entschieden, dass die Unwirksamkeit einer Klausel gegenüber Verbrauchern auch **ein Indiz** für eine unangemessene Benachteiligung im Verhältnis zwischen Unternehmern darstellt, da der Unternehmer gleich schutzwürdig ist wie der Verbraucher.[2] Insofern haben die durch Gesetz ausgenommenen Normen auch im B2B-Verkehr eine praktische Relevanz. Zwar ist laut Gesetz auf die im Handelsverkehr geltenden Gewohnheiten angemessen Rücksicht zu nehmen, jedoch ist ein solcher Handelsbrauch schwer nachweisbar und stellt einen Ausnahmefall dar.[3] Folglich sind alle Klauseln, die nach dem Verbotskatalog der §§ 309, 308 Nr. 1, 2 bis 8 BGB gegenüber Verbrauchern unwirksam sind, tendenziell auch als eine unangemessene Benachteiligung nach § 307 BGB im unternehme-

---

1 BT-Drucks. 14/6857, S. 17.
2 BGH, NJW 2007, 3774.
3 BGH, NJW-RR 1997, 1253.

rischen Geschäftsverkehr anzusehen. Sie können daher auch dort regelmäßig nicht verwendet werden.

II. Merkmale

Das Gesetz definiert Allgemeine Geschäftsbedingungen in § 305 Abs. 1 BGB: 9

---

§ 305 BGB Einbeziehung Allgemeiner Geschäftsbedingungen in den Vertrag !

„(1) Allgemeine Geschäftsbedingungen sind alle **für eine Vielzahl** von Verträgen **vorformulierten Vertragsbedingungen**, die eine Vertragspartei (Verwender) der anderen Vertragspartei bei Abschluss eines Vertrags **stellt**. Gleichgültig ist, ob die Bestimmungen einen äußerlich gesonderten Bestandteil des Vertrags bilden oder in die Vertragsurkunde selbst aufgenommen werden, welchen Umfang sie haben, in welcher Schriftart sie verfasst sind und welche Form der Vertrag hat. Allgemeine Geschäftsbedingungen liegen nicht vor, soweit die Vertragsbedingungen zwischen den Vertragsparteien im Einzelnen ausgehandelt sind.
[...]"

Vertragsbedingungen (**Klauseln**) sind jede den Inhalt des Vertrages bestimmende 10
Regelungen. Sie sind auf die Herbeiführung einer Rechtsfolge gerichtet und unterscheiden sich insofern von unverbindlichen Hinweisen, Bitten oder Informationen ohne rechtlichen Regelungsgehalt.

Unter **vorformulierten Vertragsbedingungen** versteht man jene Vereinbarun- 11
gen, die den Inhalt des Vertrages ausgestalten sollen und vom Verwender selbst oder Dritten schriftlich oder auf sonst eine Weise fixiert sind. Ob sie dabei als „Allgemeine Geschäftsbedingungen“, „Allgemeine Verkaufsbedingungen“ oder sonst wie bezeichnet werden, ist unwesentlich. Der Gesetzgeber hat formalen Kriterien mit dieser Norm eine klare Absage erteilt und stellt materielle Merkmale in den Vordergrund. Auch Standardverträge mit noch auszufüllenden Textlücken[4] oder mündlich eingebrachte Klauseln können vorformuliert sein. Letztlich kann es keinen Unterschied machen, ob der Verwender die Klausel aufschreibt und kopiert oder er sie auswendig lernt und immer neu aus dem Gedächtnis einbringt.[5] Eine Vorformulierung bei Leerstellen in Vertragstexten kann höchstens in solchen Fällen nicht angenommen werden, in denen der Gegenseite nicht nur formell, sondern tatsächlich und unbeeinflusst durch den übrigen vorformulierten Kontext eine freie Wahl gelassen wird.[6] Das Klauselmerkmal der Vorformulierung ergänzt sich insofern mit der Voraussetzung des Nicht-Aushandelns einer Klausel.[7]

---

4 BGH, NJW 2000, 1110.
5 BGH, NJW 1988, 410.
6 BGH, NJW 1999, 2180.
7 Siehe dazu unten „Abgrenzung zwischen Individualvereinbarung und AGB“, Rn. 30 ff.

12 Vorformulierte Vertragsbedingungen gelten als für eine **Vielzahl von Verträgen** erstellt, wenn eine Mehrfachverwendung der formulierten Klauseln beabsichtigt ist. Dieses Merkmal ist auch dann erfüllt, wenn die Vertragsbedingungen zum ersten Mal verwendet werden. Doch diese geringe Zugangsschranke zur Inhaltskontrolle wurde von der Rechtsprechung aufgeweicht. In einem Urteil aus dem Jahr 2005 bestätigte der Bundesgerichtshof, dass AGB auch dann vorlägen, wenn sie von einem Dritten – im konkreten Sachverhalt einem Anwalt – für eine Vielzahl von Verträgen vorformuliert worden sind, obwohl der Verwender selbst – ein Unternehmen – sie nur in einem einzigen Vertrag verwenden wollte. Aus dem Inhalt und der Gestaltung der in dem Vertrag verwendeten Bedingungen kann sich somit ein zu widerlegender Anschein dafür ergeben, dass die Klauseln zur Mehrfachverwendung vorformuliert worden sind.[8]

13 Auch an das **Stellen** der Vertragsbedingungen sind keine hohen Anforderungen zu setzen. Die Klauseln gelten als vom Verwender gestellt, wenn dieser die Einbeziehung der vorformulierten Vertragsregelungen von der anderen Seite verlangt. Dabei kommt es nicht darauf an, ob der Verwender die Einbeziehung in den Vertrag erzwingen kann, sondern ob er den Vorteil der Formulierungsgewalt innehat. Mitunter kann es vorkommen, dass beide Parteien die gleichen Klauseln stellen, indem sie beispielweise beide für einen Bauvertrag auf die VOB/B verweisen. In diesem Falle sind beide Vertragsparteien Verwender. Der Schutz durch die AGB-rechtliche Inhaltskontrolle gilt in diesen Fällen der jeweils in Anspruch genommenen Partei.

III. Ablauf der AGB-Kontrolle

14 Die wirksame Formulierung und Handhabung von Allgemeinen Geschäftsbedingungen ist leichter, wenn man weiß, unter welchen Gesichtspunkten die Klauseln kontrolliert werden.

15 Entsprechend der gesetzlichen Systematik wird zunächst untersucht, ob AGB vorliegen. Dies ist der Fall, soweit der Anwendungsbereich sachlich und persönlich eröffnet ist und die oben genannten Merkmale vorliegen.

16 Sodann wird beleuchtet, ob diese wirksam einbezogen, also Vertragsbestandteil geworden sind. Dies ist der Fall, wenn ein Hinweis auf die AGB erfolgt (§ 305 Abs. 2 Nr. 1 BGB), der Vertragspartner die Möglichkeit der Kenntnisnahme hat (§ 305 Abs. 2 Nr. 2 BGB), einzelne Klauseln nicht überraschend sind (§ 305c BGB) und keine vorrangige Individualabrede greift (§ 305b BGB).[9]

---

8 BGH, NZBau 2005, 590; BGH, BeckRS 2005, 08272.

9 Zur Individualvereinbarung siehe unten „Abgrenzung zwischen Individualvereinbarung und AGB", Rn. 30 ff.; zur Einbeziehung siehe unten „Einbeziehung von AGB (auch im internationalen Rechtsverkehr", Rn. 48 ff.

Liegen diese Voraussetzungen vor, wird die Inhaltskontrolle nach §§ 309, 308 und 307 BGB durchgeführt. Im Rechtsverkehr mit oder zwischen Verbrauchern gelten die §§ 309 und 308 Nr. 1, 2 bis 8 BGB direkt. Zwischen Unternehmern entfalten sie Indizwirkung. **§ 309 BGB** beinhaltet verbotene **Klauseln ohne Wertungsmöglichkeit.** Erfüllt eine Vertragsvereinbarung einen in § 309 BGB geregelten Fall, so ist sie ohne Abwägung unwirksam. **§ 308 BGB** beinhaltet dagegen Klauseln, die eine **Wertungsmöglichkeit beinhalten.** So musste die Rechtsprechung in vielen Einzelfällen entscheiden, wann bspw. eine Frist „unangemessen lang" oder „nicht hinreichend bestimmt" ist oder wann Änderungen oder Abweichungen „unter Berücksichtigung der Interessen des Verwenders für den anderen Vertragsteil zumutbar" sind. Erfüllt eine Klausel keine der Verbotstatbestände aus den §§ 309, 308 BGB oder werden die Allgemeinen Geschäftsbedingungen im B2B-Verkehr verwendet, dann ist noch zu untersuchen, ob der Verwender den Vertragspartner durch die Vertragsregelung entgegen den Geboten von Treu und Glauben **unangemessen benachteiligt i.S.v. § 307 Abs. 1 BGB.** Dies ist gemäß § 307 Abs. 2 BGB im Zweifel anzunehmen: 17

---

§ 307 BGB Inhaltskontrolle

„(1) Bestimmungen in Allgemeinen Geschäftsbedingungen sind unwirksam, wenn sie den Vertragspartner des Verwenders entgegen den Geboten von Treu und Glauben unangemessen benachteiligen. Eine unangemessene Benachteiligung kann sich auch daraus ergeben, dass die Bestimmung nicht klar und verständlich ist.

(2) Eine unangemessene Benachteiligung ist im Zweifel anzunehmen, wenn eine Bestimmung

1. mit wesentlichen Grundgedanken der gesetzlichen Regelung, von der abgewichen wird, nicht zu vereinbaren ist oder
2. wesentliche Rechte oder Pflichten, die sich aus der Natur des Vertrags ergeben, so einschränkt, dass die Erreichung des Vertragszwecks gefährdet ist."

Es ist somit zunächst in einem ersten Gedankenschritt festzustellen, ob die Klausel zu einer **Verschlechterung der Rechtslage** des Vertragspartners im Vergleich mit der gesetzlichen Regelung führt. Sodann wird in einem zweiten Schritt eine **wertende Beurteilung der Angemessenheit** bzw. Unangemessenheit dieser Klausel vorgenommen. 18

Bei dieser Abwägung ist § 305c Abs. 2 BGB zu beachten, wonach **Zweifel** bei der Auslegung Allgemeiner Geschäftsbedingungen **zu Lasten des Verwenders** gehen. Da es oftmals den größten Nachteil für den Verwender darstellen würde, wenn die Klausel unwirksam wäre, ist in diesen Fällen die vertragspartnerfeindlichste Auslegung der Klausel heranzuziehen. 19

Als Beispiel dient folgende Klausel aus einem Gewerberaummietvertrag: 20

Klauselmuster

„Eine Minderung der Miete ist ausgeschlossen, wenn durch Umstände, die der Vermieter nicht zu vertreten hat (z.B. Verkehrsumleitung, Straßensperrungen, Bauarbeiten in der Nachbarschaft usw.), die gewerbliche Nutzung der Räume beeinträchtigt wird (z.B. Umsatz- und Geschäftsrückgang)."

---

21 Nach Ansicht des Bundesgerichtshofs ist diese Klausel mehrdeutig und diese Mehrdeutigkeit auch nicht im Rahmen der objektiven Auslegung zu beseitigen. Sie kann auch dahingehend verstanden werden, dass der Ausschluss der Minderung endgültig sei und dem Mieter nicht das Recht verbleiben solle, die überzahlte Miete nach § 812 BGB zurückzufordern. Diese mieterfeindlichste Interpretation stelle eine unangemessene Benachteiligung nach § 307 Abs. 2 Nr. 1 BGB dar. Folglich sei die Klausel unwirksam.[10]

IV. Rechtsfolgen und Risiko unwirksamer Klauseln

22 Die Rechtsfolgen für unwirksame oder nicht wirksam in den Vertrag einbezogene Allgemeine Geschäftsbedingungen hat der Gesetzgeber in § 306 BGB normiert:

! **§ 306 BGB Rechtsfolgen bei Nichteinbeziehung und Unwirksamkeit**
„(1) Sind Allgemeine Geschäftsbedingungen ganz oder teilweise nicht Vertragsbestandteil geworden oder unwirksam, so bleibt der **Vertrag im Übrigen wirksam.**
(2) Soweit die Bestimmungen nicht Vertragsbestandteil geworden oder unwirksam sind, richtet sich der **Inhalt des Vertrags nach den gesetzlichen Vorschriften.**
(3) Der **Vertrag ist unwirksam**, wenn das Festhalten an ihm auch unter Berücksichtigung der nach Absatz 2 vorgesehenen Änderung eine **unzumutbare Härte** für eine Vertragspartei darstellen würde."

---

23 Diese Norm kehrt somit die Wertung aus § 139 BGB, wonach die Nichtigkeit eines Teils des Rechtgeschäfts die Nichtigkeit des gesamten Rechtsgeschäfts zur Folge hat, für AGB um. Der **Vertrag bleibt** mit Ausnahme der nichtigen Klausel **wirksam.** An ihre Stelle treten die **gesetzlichen Regelungen**. Zur „Herausstreichung" der nichtigen Regelung wird zunächst vorausgesetzt, dass man das Klauselwerk in einen zulässigen und einen unzulässigen Teil aufspalten kann. Dafür notwendig ist, dass eine Zerlegung in jeweils für sich verständliche und **sinnvoll voneinander trennbare Bestandteile** möglich ist.[11]

24 Problematisch wird diese Regelung in jenen Fällen, in denen für den Vertragsschluss wesentliche Punkte (essentialia negotii) betroffen sind. Handelt es sich um einen gesetzlich typisierten Vertrag und beinhaltet er eine streitige Erfüllungsregelung, bspw. eine AGB-rechtlich unwirksame Vergütungsregelung im Werkvertrag, dann hat diese Klausel nicht zwingend leistungsbeschreibenden, sondern einen das gesetzliche Hauptleistungsversprechen „verändernden" Charakter. Auch ohne die unwirksame Regelung kann ein wirksamer Vertrag angenommen werden, da dessen

---

10 BGH, NJW 2008, 2497.
11 BGH, NJW 1995, 2553.

wesentlicher Inhalt bestimmbar ist.[12] So ist im genannten Beispiel die übliche Vergütung nach § 632 Abs. 2 BGB zu zahlen.

Sieht das Gesetz keine der unwirksamen Klausel vergleichbare Regelung vor, 25 lässt sich der Vertrag nicht entsprechend ergänzen. Führt diese Lücke zu einem Ergebnis, das den beiderseitigen Interessen nicht in vertretbarer Weise Rechnung trägt, bedient sich die Rechtsprechung der ergänzenden Vertragsauslegung. An die Position der Regelung tritt dann die Gestaltungsmöglichkeit, die die Parteien bei sachgerechter Abwägung der beiderseitigen Interessen gewählt hätten, wenn ihnen die Unwirksamkeit der Geschäftsbedingungen bekannt gewesen wäre.[13] Lässt sich jedoch nicht feststellen, was die Parteien vereinbart hätten, und stellt das Bestehen des übrigen „Torsovertrages" eine unzumutbare Härte für einen Vertragsteil dar, hat dies die Gesamtnichtigkeit des Vertrages zur Folge.[14] Entscheidend für die Vertragsauslegung durch das Gericht ist das **Verbot der geltungserhaltenden Reduktion.** Es ist nicht Aufgabe der Gerichte eine solche Auslegung zu wählen, die für den Verwender am günstigsten, gleichzeitig aber gerade noch zulässig ist. Für Zweifelsfälle gilt:

---

§ 305c BGB Überraschende und mehrdeutige Klauseln !

„[...]

(2) Zweifel bei der Auslegung Allgemeiner Geschäftsbedingungen gehen zu Lasten des Verwenders."

Der mit dem AGB-Recht verfolgte Schutz von Verbrauchern und dem Freihalten des 26 Rechtsverkehrs von unwirksamen AGB-Klauseln gebietet die vollständige Unwirksamkeit der unverhältnismäßig benachteiligenden Regelung.[15] Die Vorschriften des AGB-Rechts sprechen gegen die Aufrechterhaltung der Klausel mit eingeschränktem Inhalt.

Diese gesetzliche Folge zeigt auch das Risiko unwirksamer AGB-Klauseln. Die 27 an die Stelle der unwirksamen Klausel tretende gesetzliche Regelung kann für den AGB-Verwender unvorteilhafter sein, als eine weniger weit einschneidende und deswegen wirksame Vertragsklausel.

Hinzu kommen über den Vertrag hinausgehende Wirkungen. So können durch 28 Verwendung unbilliger AGB Schadensersatzansprüche auf Seiten des Vertragspartners, aber auch bei Verbänden und Wettbewerbern entstehen. Zudem kann die Verwendung unwirksamer Klauseln eine unlautere Wettbewerbshandlung i.S.d. § 3a

---

12 BGH, NJW 1995, 2637.

13 BGH, NJW 1998, 450.

14 BGH, NJW 2007, 3568.

15 So grundlegend BGH, NJW 1982, 2309; seitdem ständige Rechtsprechung bspw. BGH, NJW 1986, 1610; BGH, NJW 1998, 671; BGH, NJW 2006, 1059; BGH, NJW 2009, 3714.

UWG n.F. (§ 4 Nr. 11 UWG a.F.) darstellen. In dem Falle liefe man Gefahr, von einem Wettbewerber abgemahnt zu werden und bei Nichtabgabe einer Unterlassungserklärung im Anschluss durch einstweilige Verfügung zur Nichtverwendung der AGB gezwungen zu werden. Auch das Gesetz über Unterlassungsklagen bei Verbraucherrechts- und anderen Verstößen sieht in § 1 UKlaG die Möglichkeit vor, Verwender von nach §§ 307, 308 oder 309 BGB unwirksamen Allgemeinen Geschäftsbedingungen auf Unterlassung und im Fall des Empfehlens auch auf Widerruf in Anspruch nehmen zu können.

29 Die Formulierung wirksamer Allgemeiner Verkaufs- und Lieferbedingungen sorgt dagegen für Rechtssicherheit und beschränkt das Risiko eines Prozesses.

B. Abgrenzung zwischen Individualvereinbarung und AGB

30 Das Gegenstück zu Allgemeinen Geschäftsbedingungen ist ein im Einzelnen ausgehandelter Individualvertrag. Ein solcher unterliegt nicht dem AGB-Regime und wird daher keiner Inhaltskontrolle unterzogen. Eine Nichtigkeit oder Unwirksamkeit eines Individualvertrages ergibt sich lediglich nach den allgemeinen Vorschriften des Bürgerlichen Gesetzbuches, bspw. bei Gesetzeswidrigkeit (§ 134 BGB), Sittenwidrigkeit oder Wucher (§ 138 BGB), oder bei Verstoß gegen Treu und Glauben (§ 242 BGB). Doch nicht nur ganze Verträge, sondern auch einzelne Klauseln können als individuell ausgehandelt gelten und deswegen vorrangig sein. In § 305b BGB heißt es dazu:

! § 305b BGB Vorrang der Individualabrede
„Individuelle Vertragsabreden haben Vorrang vor Allgemeinen Geschäftsbedingungen."

31 Die Regelung von Individualvereinbarungen gestaltet sich in der Praxis jedoch häufig schwierig. Wesentliches Merkmal einer Individualvereinbarung ist, dass die Vertragspartner diese tatsächlich zur Disposition stellen und aushandeln. In § 305 Abs. 1 Satz 3 BGB heißt es dazu:

! § 305 Abs. 1 Satz 3 BGB
„Allgemeine Geschäftsbedingungen liegen nicht vor, soweit die Vertragsbedingungen zwischen den Vertragsparteien im Einzelnen ausgehandelt sind."

32 **„Aushandeln"** bedeutet mehr als verhandeln. Es genügt nicht, dass das gestellte Formular dem Verhandlungspartner bekannt ist und nicht auf Bedenken stößt, dass der Inhalt lediglich erläutert oder erörtert wird und den Vorstellungen des Gegenübers entspricht. Von einem Aushandeln in diesem Sinne kann vielmehr nur dann gesprochen werden, wenn der Verwender zunächst den in seinen AGB enthaltenen „gesetzesfremden Kerngehalt", also die den wesentlichen Inhalt der gesetzlichen

Regelung ändernden oder ergänzenden Bestimmungen, **inhaltlich ernsthaft zur Disposition stellt** und dem Verhandlungspartner **Gestaltungsfreiheit** zur Wahrung eigener Interessen einräumt mit zumindest der realen Möglichkeit, die inhaltliche Ausgestaltung der Vertragsbedingungen zu beeinflussen. Das heißt, er muss sich deutlich und ernsthaft zur gewünschten Änderung einzelner Klauseln bereit erklären.[16] Die Form der Individualabrede ist dabei nicht relevant. Sie kann **schriftlich, mündlich** oder auch **stillschweigend** getroffen werden. Dies gilt selbst dann, wenn eine AGB-Klausel die Schriftform für Vertragsänderungen vorsieht.[17] Auch der Zeitpunkt ist nicht erheblich, sodass es den Parteien einvernehmlich möglich ist **vor, während oder nach Vertragsschluss** ergänzende oder abändernde Individualvereinbarungen zu treffen. Dabei kommt es nicht darauf an, ob die Parteien eine Änderung der AGB beabsichtigt haben oder sich der Kollision mit den AGB bewusst geworden sind.[18]

Seit 2005 hat der Bundesgerichtshof die Anforderungen an ein Aushandeln 33
weiter verschärft. Beispielsweise ist die allgemein geäußerte Bereitschaft, Vertragsklauseln auf Anforderung des Vertragspartners zu ändern, nicht ausreichend, um ein Aushandeln im Sinne des § 305b BGB zu bejahen.[19] Eine **tatsächliche Verhandlung** über einzelne Punkte sei notwendig. Zudem gehöre zu einer **realen Möglichkeit, den Inhalt des Vertrages zu beeinflussen**, nach Auffassung des Gerichtes insbesondere bei komplizierten und unübersichtlichen Klauseln dazu, dass der Verwender den Vertragspartner über den Inhalt und die Tragweite der Individualabrede belehrt.[20] Diese drei Kernanforderungen an ein Aushandeln – ernsthaftes zur Disposition stellen, Verhandeln über einzelne Elemente, Belehrung bei komplizierten Vertragstexten – machen die **Vereinbarung einer Individualabrede** im Wirtschaftsalltag **nahezu unmöglich**. In Anbetracht der Tatsache, dass Wirtschaftsverträge einen erheblichen Umfang haben, wird es schlichtweg für Unternehmer zu zeitintensiv und aufwendig, den Vertragspartner über alle Klauseln zu belehren und sicherzustellen, dass dieser die Klauseln verstanden hat. Auch die Tatsache, dass diese Belehrungsrechtsprechung nicht für alle Verträge, sondern nur für solche mit „nicht ganz leicht verständlichem" Text gelten soll, hilft dem Unternehmer nicht, da es sich bei Wirtschaftsverträgen regelmäßig um genau solche Texte handelt.

Den Parteien ist es auch **nicht möglich** im Vertrag bestimmte Klauseln als indi- 34
viduell vereinbart darzustellen, indem **Erklärungen** festgehalten werden wie: „Dieser Abschnitt wurde in seinen einzelnen Elementen ernsthaft zur Disposition ge-

16 BGH, NJW 2000, 1110.
17 BGH, a.a.O.; BGH, NJW 2005, 2543.
18 BGH, NJW 2006, 138.
19 BGH, NJW-RR 2005, 1040.
20 BGH, NJW 2005, 2543.

stellt und anschließend individuell vereinbart." Ein solcher Zusatz wird regelmäßig selbst nach § 309 Nr. 12 lit. b) BGB, beziehungsweise § 307 BGB im unternehmerischen Rechtsverkehr, unwirksam sein. Dort heißt es:

! **§ 309 BGB Klauselverbote ohne Wertungsmöglichkeit**
„Auch soweit eine Abweichung von den gesetzlichen Vorschriften zulässig ist, ist in Allgemeinen Geschäftsbedingungen unwirksam
[...]
Nr. 12 (Beweislast)
eine Bestimmung, durch die der Verwender die Beweislast zum Nachteil des anderen Vertragsteils ändert, insbesondere indem er
a) diesem die Beweislast für Umstände auferlegt, die im Verantwortungsbereich des Verwenders liegen, oder
b) den anderen Vertragsteil bestimmte Tatsachen bestätigen lässt;
[...]"

---

35 Die Beweislast dafür, dass ein Vertrag insgesamt oder ein bestimmter Teil von diesem als Individualvereinbarung geschlossen wurde, trägt derjenige, der sich darauf beruft. Die Gegenseite genügt ihrer Beweispflicht, indem sie einfach behauptet, der Vertrag habe AGB-Charakter. Dem Verwender obliegt es in diesem Falle, den Individualcharakter substantiiert zu belegen. Wie oben dargelegt, kann sich dies als schwierig erweisen. Für die Praxis empfiehlt es sich daher, schon während der Vertragsverhandlungen beweiserhebliche Dokumente für den Fall eines gerichtlichen Streits zu sichern. Schreibprogramme für den Computer bieten zumeist auch die Möglichkeit, ältere Textversionen abzuspeichern und Änderungen nachzuverfolgen. Von dieser Option sollte der Verwender Gebrauch machen, um ein Auszuhandeln nachweisen zu können.

C. Leitbilder des AGB-Rechts

36 Im AGB-Recht finden sich neben der Inhaltkontrolle von Klauseln auch einige Leitlinien zur Gestaltung des Vertrages. So herrscht für vorformulierte Verträge ein Verbot überraschender Klauseln, das Transparenzgebot und das Umgehungsverbot.

I. Verbot überraschender Klauseln

37 Zur Verhinderung einer Überrumpelung des Vertragspartners beinhaltet das Gesetz folgende Regelung:

§ 305c BGB Überraschende und mehrdeutige Klauseln

„(1) Bestimmungen in Allgemeinen Geschäftsbedingungen, die nach den Umständen, insbesondere nach dem äußeren Erscheinungsbild des Vertrags, so ungewöhnlich sind, dass der Vertragspartner des Verwenders mit ihnen nicht zu rechnen braucht, werden nicht Vertragsbestandteil.

[...]“

Diese Vorschrift durchbricht den Grundsatz, dass man bei Eingehung eines Vertrags an diesen gebunden ist. Ist nämlich eine Klausel überraschend i.S.d. § 305c BGB, wird sie gar nicht erst Vertragsbestandteil. Insofern ist auch unerheblich, ob diese Klausel verhältnismäßig ist oder nicht, da sie gar nicht erst der Inhaltskontrolle unterfällt. Dieses Leitbild trägt der Tatsache Rechnung, dass der Vertragspartner des Verwenders aufgrund der oftmals umfangreichen und abstrakt gefassten Vertragsbedingungen gar nicht in der Lage ist, diese in ihrer Bedeutung und Auswirkung für das Rechtsgeschäft zu erfassen und richtig einzuschätzen. Die praktische Bedeutung des AGB-Rechts zum Schutze des Vertragspartners vor der Formulierungshoheit des Verwenders wird an dieser Stelle besonders deutlich. 38

Der Vertragspartner muss darauf vertrauen dürfen, dass die Klausel **nicht allzu weit von den bei Rechtsgeschäften gleicher Art üblichen** und für sie vorstellbaren **Regelungen** abweicht.[21] Der überraschende Charakter einer Klausel kann sich aus unterschiedlichen objektiven und subjektiven Umständen ergeben. Die **Beweislast** trägt dabei derjenige, der sich auf den überraschenden Charakter der Regelung beruft. 39

Allgemein ist eine Klausel überraschend, wenn zwischen dem Inhalt der Vertragsregelung und den berechtigten Erwartungen des Vertragspartners eine solche Diskrepanz liegt, dass der **Vertragspartner billigerweise nicht mit dieser zu rechnen brauchte**. Zu beachtende Umstände sind dabei die übliche Vertragsgestaltung ähnlicher Rechtsgeschäfte, Gang und Inhalt der konkreten Vertragsverhandlungen, Werbung des Verwenders oder auch der Vertragszweck. Das OLG Karlsruhe hat bspw. entschieden, dass die Vergütungspflicht eines Kostenvoranschlages in den Allgemeinen Reparaturbedingungen einer Werkstatt für Werkverträge unüblich ist und der Kunde nicht mit dieser zu rechnen braucht.[22] 40

Zu solchen objektiv ungewöhnlichen Abweichungen muss hinzukommen, dass die Regelung **subjektiv nicht vorhersehbar** war. Denknotwendig kann nur eine solche Klausel überraschend sein, von der der Vertragspartner **keine oder nicht genügende Kenntnis** hat. Kenntnis kann auch dann nicht angenommen werden, wenn der Vertragspartner die Regelungen einmal durchgelesen hat. Überraschende Klauseln sollen gerade deswegen unwirksam sein, weil sich die sofortige Erfassung der Tragweite einer Klausel dem rechtlich ungebildeten Leser entzieht.[23] Ohne einen 41

21 BGH, NJW 1978, 1519.

22 OLG Karlsruhe, NJW-RR 2006, 419.

23 BGH, NJW 1978, 1519.

expliziten Hinweis auf die ungewöhnliche Klausel wird sie nicht Vertragsbestandteil. Überraschend kann die Klausel auch aufgrund der **Gesamtgestaltung des Vertrages** sein. Das OLG Köln entschied 2011 z.B., dass eine **Schriftgröße** von 5,5 Punkt für den Abdruck von AGB innerhalb einer Werbeanzeige in einer Tageszeitung zu klein sei. Dies wurde u.a. mit der mitunter schlechten Qualität des Zeitungsdrucks begründet und der damit verbundenen erhöhten Schwierigkeit für den Vertragspartner, die Bedingungen noch ohne besondere Konzentration und Anstrengung zu lesen.[24] Bei einem hochwertigen Druck und guter Lesbarkeit soll eine Klausel auch in dieser kleinen Schriftgröße Vertragsbestandteil werden können. Darüber hinaus kann eine **irreführende Positionierung** der Klausel deren überraschenden Charakter begründen. Dies ist bspw. der Fall, wenn die Regelung unter einer irreführenden Überschrift abgedruckt wird[25] oder sich auf der Vorderseite des Vertrages Bestimmungen befinden, die in den rückwärtig abgedruckten Klauseln relativiert werden. So wurde in einem Vertrag über Anzeigen-Wiederholungsaufträge auf der Vorderseite eine Vertragslaufzeit von „jeweils 1 Jahr" bestimmt, wohingegen auf der Rückseite eine automatische Vertragsverlängerung bei nicht rechtzeitiger Kündigung geregelt wurde. Der Bundesgerichtshof entschied, dass der Vertragspartner vernünftigerweise nicht mit einer solchen automatischen Verlängerung rechnen musste und erachtete die Klausel für überraschend.[26]

II. Transparenzgebot

42 Hinter den Überlegungen zum AGB-Recht steht letztlich immerzu das Transparenzgebot. Die Formulierungshoheit des Verwenders soll dem Vertragspartner nicht zum Nachteil werden, indem diesem die Erfassung der vertraglichen Regelungen möglichst einfach gemacht wird. Das Verbot überraschender Klauseln stellt dabei eine besondere Ausprägung des Transparenzgebotes dar. Gesetzlich verankert ist das Transparenzgebot in erster Linie in § 307 Abs. 1 Satz 2 BGB:

! **§ 307 BGB Inhaltskontrolle**

„(1) Bestimmungen in Allgemeinen Geschäftsbedingungen sind unwirksam, wenn sie den Vertragspartner des Verwenders entgegen den Geboten von Treu und Glauben unangemessen benachteiligen. Eine unangemessene Benachteiligung kann sich auch daraus ergeben, dass die Bestimmung **nicht klar und verständlich** ist.

[...]"

---

24 OLG Köln, GRUR-RR 2012, 32.
25 BGH, NJW 1978, 1519.
26 BGH, NJW 1989, 2255.

Hinsichtlich der Reichweite des Transparenzgebotes ist zu festzuhalten, dass es auch dort zu beachten ist, wo die AGB-rechtliche Inhaltskontrolle nicht greift, nämlich im Bereich der **Leistungsbeschreibung** und der **Preisbestimmung**. Eine wohlbedachte Leistungsbeschreibung dient heutzutage als moderne Form der Haftungsbegrenzung. Gerade dabei ist jedoch wichtig, auf Basis des hier dargestellten Maßstabes den Inhalt der vertraglich geschuldeten Leistung klar und bestimmt zu erfassen. Eine Klausel ist dann zu unbestimmt und intransparent, wenn sie vermeidbare Unklarheiten und Spielräume enthält.[27] Bezüglich der Frage, wie klar und verständlich die Regelungen formuliert sein müssen, ist auf den **nicht juristisch vorgebildeten Durchschnittsvertragspartner** abzustellen.[28] Dies gilt auch im B2B-Verkehr.[29] 43

Letztlich darf aber auch bei allem notwendigen Schutz des Vertragspartners der Verwender selbst nicht überfordert werden. Die mit dem Transparenzgebot einhergehende Verpflichtung, klar und verständlich zu formulieren, besteht nur im **Rahmen des Möglichen.**[30] Der Verwender soll einerseits nicht dazu gezwungen werden, zu jeder Klausel einen umfassenden Kommentar zu verfassen, der aufgrund seines Umfanges selbst wieder zu intransparent wird. Andererseits soll er dazu angehalten werden, unter mehreren Formulierungsmöglichkeiten diejenige zu wählen, die für den Durchschnittsvertragspartner die Verständlichste ist.[31] 44

Einige Fehler finden sich jedoch immer wieder in Allgemeinen Geschäftsbedingungen, obwohl sie bei der Formulierung vermieden werden könnten. 45

- So ist es für eine bessere Übersichtlichkeit und zur Vermeidung überraschender Klauseln geboten, **einheitliche Regelungskreise** unter einheitlichen Überschriften zusammenzufassen. Ein „Verstecken“ von Klauseln unter fremden Überschriften sollte vermieden werden.
- Die Verweisung auf andere Vertragsunterlagen oder ähnliche **Kettenverweisungen** von AGB auf andere AGB können im Einzelfall als intransparent gelten.
- Solche Regelungen, die sich nur aus dem Zusammenhang erschließen oder deren Bedeutung durch Auslegung zu ermitteln sind, gilt es zu vermeiden. Stattdessen ist eine klar und verständlich formulierte Klausel vorzuziehen. Auch Phrasen wie „soweit gesetzlich zulässig“ oder „soweit sich nicht aus zwingendem Recht etwas anderes ergibt“ sind unklar und von der Rechtsauffassung des Vertragspartners abhängig.
- Oftmals werden Bedingungen oder Fristen in den Vertrag aufgenommen, aus denen sich nicht erschließt, wann die Bedingung eintritt bzw. wann die Frist zu

27 BAG, NJW 2012, 552.
28 BGH, NJW 2007, 2176.
29 BGH, NJW 2013, 291.
30 BGH, NZM 2004, 903.
31 BGH, NJW 1990, 2383.

laufen beginnt oder endet. Beispielsweise fehlt bei der Formulierung, dass „in der Regel" zu einem bestimmten Zeitpunkt geliefert werde, jeder Anhaltspunkt, wann denn nun geliefert wird bzw. in welchen Fällen sich die Lieferung verzögert.[32] Ebenso intransparent ist eine Klausel, welche die Lieferung „gleichwertiger" Produkte erlaubt. Daraus wird nicht klar, unter welchen Aspekten eine Gleichwertigkeit vorliegt oder nicht.[33]

III. Umgehungsverbot

46 Eine individualvertragliche oder klauselartige Regelung wie: „Das AGB-Recht findet keine Anwendung.", ist unwirksam. Solchen Versuchen hat der Gesetzgeber in Form von § 306a BGB vorgebeugt:

! **§ 306a BGB Umgehungsverbot**
„Die Vorschriften dieses Abschnitts finden auch Anwendung, wenn sie durch anderweitige Gestaltungen umgangen werden."

47 Eine echte Individualvereinbarung an sich stellt noch keine Umgehung der AGB-Regelungen dar. Ein Verstoß gegen das Umgehungsverbot liegt aber dann vor, wenn eine als AGB-unwirksame Regelung bei gleicher Interessenlage durch eine andere rechtliche Gestaltung erreicht werden soll, die nur den Sinn haben kann, dem gesetzlichen Verbot zu entgehen.[34]

D. Einbeziehung von AGB

48 Allgemeine Geschäftsbedingungen werden grundsätzlich nur dann Vertragsbestandteil, wenn sie von den Vertragsparteien in den Vertrag einbezogen wurden. Unter Einbeziehung versteht man, dass sich der Vertragspartner mit der Geltung der AGB des Verwenders einverstanden erklärt hat. Mangelt es ganz oder teilweise an einer Einbeziehung, dann kann sich der Verwender nicht auf die Allgemeinen Geschäftsbedingungen berufen. Dabei sind abhängig davon, ob es sich um ein nationales oder internationales Rechtsgeschäft handelt, verschiedene Anforderungen zu beachten.

---

32 KG Berlin, NJW 2007, 2266.
33 BGH, NJW 2005, 3420.
34 BGH, NJW 2005, 1645.

I. Einbeziehung im nationalen Rechtsverkehr

In § 305 Abs. 2 BGB heißt es zur Einbeziehung: 49

§ 305 BGB Einbeziehung Allgemeiner Geschäftsbedingungen in den Vertrag
„[...]
(2) Allgemeine Geschäftsbedingungen werden nur dann Bestandteil eines Vertrags, wenn der Verwender bei Vertragsschluss
1. die andere Vertragspartei ausdrücklich oder, wenn ein ausdrücklicher Hinweis wegen der Art des Vertragsschlusses nur unter unverhältnismäßigen Schwierigkeiten möglich ist, durch deutlich sichtbaren Aushang am Orte des Vertragsschlusses auf sie hinweist und
2. der anderen Vertragspartei die Möglichkeit verschafft, in zumutbarer Weise, die auch eine für den Verwender erkennbare körperliche Behinderung der anderen Vertragspartei angemessen berücksichtigt, von ihrem Inhalt Kenntnis zu nehmen,

und wenn die andere Vertragspartei mit ihrer Geltung einverstanden ist.
[...]"

Nach § 310 Abs. 1 Satz 1 BGB gelten diese erheblichen Anforderungen jedoch nicht für Unternehmen: 50

§ 310 BGB Anwendungsbereich
„(1) § 305 Absatz 2 und 3, § 308 Nummer 1, 2 bis 8 und § 309 finden keine Anwendung auf Allgemeine Geschäftsbedingungen, die gegenüber einem Unternehmer, einer juristischen Person des öffentlichen Rechts oder einem öffentlich-rechtlichen Sondervermögen verwendet werden. [...]"

51 Nichtsdestotrotz können im unternehmerischen Rechtsverkehr Allgemeine Geschäftsbedingungen nur kraft **rechtsgeschäftlicher Vereinbarung** Vertragsbestandteil werden. Folglich bedarf es einer ausdrücklichen oder stillschweigenden Willensübereinstimmung. Ausreichend ist aber insofern schon, dass der Verwender bei Vertragsschluss auf die Allgemeinen Geschäftsbedingungen hinweist und der Vertragspartner der Geltung nicht widerspricht.[35] Im Zweifel ist entscheidend, ob sich die vertragliche Einigung der Parteien auf die Einbeziehung der AGB erstreckt.

52 Eine Einbeziehung von Allgemeinen Geschäftsbedingungen kann auch bestehen, wenn dem Rechtsgeschäft schon andere Rechtsgeschäfte unter Einbeziehung der AGB vorhergehen. Ein stillschweigender Einbeziehungswille kann dann gegeben sein, wenn Kaufleute im Rahmen einer **laufenden Geschäftsbeziehung** stets Verträge zu den Geschäftsbedingungen der einen Seite abgeschlossen haben und der Verwender unmissverständlich zu erkennen gegeben hat, dass er regelmäßig nur Geschäfte auf Grundlage seiner eigenen Geschäftsbedingungen tätigen will.[36]

35 BGH, NJW 1990, 1232; BGH, NJW-RR 2003, 754.
36 BGH, NJW-RR 2003, 754.

Auch ist es den Parteien möglich mittels **Rahmenvereinbarung** die Geltung von bestimmten Allgemeinen Geschäftsbedingungen für die Zukunft zu vereinbaren. Gerade bei Allgemeinen Verkaufs- und Lieferbedingungen sind diese beiden Einbeziehungsvarianten häufig anzutreffen.

53 In der Praxis lässt sich jedoch beobachten, dass während den Vertragsverhandlungen unangenehme Themen, wie die Einbeziehung der eigenen oder fremden AGB, nicht thematisiert werden und die Parteien sodann versuchen, ihre eigenen AGB „durch die Hintertür" einzubeziehen, bspw. über ein zeitlich eng nachfolgendes Rechtsgeschäft, durch kaufmännisches Bestätigungsschreiben oder kraft Auftragsbestätigung.

54 Entgegen weit verbreiteter Ansicht ist es für die Einbeziehung von AGB **nicht ausreichend**, wenn in **enger zeitlicher Nachfolge** ein Rechtsgeschäft abgeschlossen wird, welches einem anderen mit der gleichen Partei zuvor abgeschlossenen Geschäft ähnlich ist und unter Einbeziehung der AGB geschlossen wurde. Vielmehr ist in solchen Fällen auf sonstige aussagekräftige Anhaltspunkte abzustellen, wie bspw. die zuvor erwähnten laufenden Geschäftsbeziehungen oder sonstigen Handlungen und Erklärungen. Im Einzelfall wird ein solcher Nachweis nicht einfacher sein als eine gewöhnliche Einbeziehung.

55 Der Versuch, mittels eines **kaufmännischen Bestätigungsschreibens** die eigenen AGB doch noch „ins Rennen zu schicken" kann nur mittels eines **ausdrücklichen Einbeziehungshinweises** gelingen. Der Vertragspartner dürfte zudem der Einbeziehung der AGB nicht widersprechen. Nicht ausreichend dürfte es sein, wenn die eigenen AGB dem kaufmännischen Bestätigungsschreiben kommentarlos beigefügt oder lediglich auf dessen Rückseite abgedruckt werden. Zu beachten ist auch die grundsätzliche Voraussetzung von kaufmännischen Bestätigungsschreiben, dass der Inhalt des Schreibens nicht so erheblich vom zuvor mündlich Vereinbarten abweichen darf, dass der AGB-Verwender nicht mit einer widerspruchslosen Hinnahme durch den Vertragspartner rechnen und daher dessen Schweigen nach Treu und Glauben nicht als stillschweigende Zustimmung ansehen durfte.[37] Dies gilt zum Beispiel in den Fällen, in denen der Klauselverwender und Versender des kaufmännischen Bestätigungsschreibens von einer AGB-Abwehrklausel des Vertragspartners weiß.

! **Praxistipp**
Es lässt sich folglich festhalten, dass die Frage um die Einbeziehung von Allgemeinen Geschäftsbedingungen zu Gunsten der Rechtssicherheit aller Beteiligten am Verhandlungstisch nicht vermieden werden sollte.

---

37 BGH, NJW 1982, 1751.

Erhebliche **Nachweisschwierigkeiten** ergeben sich insbesondere bei der Einbeziehung von **Allgemeinen Geschäftsbedingungen im Internet**. In dieser Situation kann zum einen streitig sein, welche Version der Allgemeinen Geschäftsbedingungen zu welchem Zeitpunkt vom Vertragspartner wahrgenommen wird und dieser als Vertragsinhalt akzeptiert hat. Zum anderen obliegt es dem Verwender nachzuweisen, dass der Vertragspartner die AGB auch auf seinem EDV-Equipment darstellen konnte. 56

Es empfiehlt sich eine solche Gestaltung der Internetseite, dass der Vertragspartner vor Abschluss **deutlich auf die AGB hingewiesen** wird. Kürzere Klauseltexte können bspw. am Kopf der Seite angeführt werden, sodass der Vertragspartner die AGB sehen muss, bevor er durch hinunterscrollen zum Bestellformular gelangt. Besonders beliebt ist auch eine solche Gestaltung, die zum Absenden des Bestellformulars das Setzen eines Hakens vor dem Satz: „Ich habe die Allgemeinen Geschäftsbedingungen gelesen und akzeptiert.", voraussetzt. Dadurch tritt klar das Einverständnis zur Einbeziehung hervor. Die vollständigen AGB sollten dabei unbedingt mittels verständlicher Verlinkung für den Vertragspartner einsehbar sein. Optional kann auch eine Möglichkeit zur Abspeicherung auf der Festplatte und zum Ausdruck angeboten werden. Im unternehmerischen Verkehr reicht es, wenn durch eine solche Gestaltung der Einbeziehungswille des Verwenders klar hervortritt. Unternimmt der Vertragspartner nicht die Mühe, die verlinkten AGB abzurufen und fordert er auch nicht den Verwender dazu auf, ihm die AGB schriftlich zu schicken, so liegt darin ein bewusster Verzicht auf die Kenntnisnahme der AGB.[38] Im unternehmerischen Verkehr kann auch vom Vertragspartner erwartet werden, dass er aktiv zur Klärung der Geschäftsbeziehungen beiträgt. 57

Die Publikation Allgemeiner Geschäftsbedingungen im Internet birgt darüber hinaus das erhöhte Risiko einer Abmahnung. Anderen Nutzern fällt es mittels Suchmaschinen leichter, fehlerhafte AGB zu entdecken und nach dem Gesetz gegen unlauteren Wettbewerb (UWG) oder dem Gesetz über Unterlassungsklagen bei Verbraucherrechts- und anderen Verstößen (UKlaG) abzumahnen. Gegen dieses Risiko hilft es, die Website so zu organisieren, dass der Nutzer erst Zugang zu den AGB erhält, wenn er sich identifiziert hat. Dadurch wird eine „geschlossene Benutzergruppe" generiert und der Zugang zu den AGB mittels Suchmaschinen erschwert. 58

II. Einbeziehung im internationalen Rechtsverkehr

Unter welchen Voraussetzungen Allgemeine Geschäftsbedingungen im internationalen Rechtsverkehr wirksam einbezogen werden und unter welchen Aspekten sie auf ihre Wirksamkeit hin geprüft werden, ist davon abhängig, welchem Recht der 59

38 OLG Bremen; NJOZ 2004, 2854.

geschlossene Vertrag unterfällt. Bei internationalen Vertragsbeziehungen ist es daher essentiell, sich frühzeitig auf die Rechtswahl und Verhandlungssprache zu einigen.[39] Nur wenn der Vertrag deutschem Recht unterliegt, gelten die hier dargestellten Einbeziehungsvoraussetzungen. Der Vertragspartner ist sodann in der Verhandlungssprache oder im Zweifel in der Weltsprache Englisch verständlich auf die Einbeziehung der AGB hinzuweisen.

60 Die Allgemeinen Geschäftsbedingungen müssen zudem im internationalen Rechtsverkehr vor Vertragsschluss dem Vertragspartner **zwingend körperlich zugänglich gemacht** werden, um wirksam einbezogen zu werden.[40] Im internationalen Handelsgeschäft kann nicht in gleicher Weise wie im nationalen Verkehr vom Vertragspartner verlangt werden, dass er sich Kenntnis von den fremden AGB verschafft oder diese vom Verwender ausgehändigt verlangt. Dabei reiche auch der Hinweis auf online einsehbare Allgemeine Geschäftsbedingungen nicht aus.[41] Ungeeignet sind zudem Telefaxempfangsbestätigungen oder E-Mail-Empfangsbestätigungen, da sie weder den Zugang des Faxes noch den Inhalt noch die Lesbarkeit des übersandten Textes beweisen. In der Praxis wird dies so gehandhabt, dass dem Vertragspartner zwei Ausführungen der Allgemeinen Geschäftsbedingungen übergeben und eine mit unterschriebener Empfangsbestätigung dem Verwender zurückgegeben wird, oder aber bei Übermittlung per Fax eine Telefaxquittung mit Lesbarkeitsbestätigung verlangt wird, die der potentielle Vertragspartner rechtsverbindlich unterschrieben zurücksendet.

E. Besonderheiten bei Allgemeinen Verkaufs- und Lieferbedingungen

61 Allgemeine Verkaufs- und Lieferbedingungen sind sich oftmals im Aufbau ähnlich und unterscheiden sich in Details hinsichtlich der zu verkaufenden bzw. der zu liefernden Waren. So treten in AGB-rechtlicher Hinsicht oftmals die gleichen Probleme auf, die es als Gestalter der Klauseln zu umschiffen gilt.

I. Kollision von Allgemeinen Geschäftsbedingungen

62 Gerade im unternehmerischen Verkehr versuchen häufig beide Seiten, ihre jeweiligen eigenen AGB durchzusetzen. So treffen oftmals Allgemeine Verkaufsbedingun-

39 Zur wirksamen Ausgestaltung einer Gerichtsstand- und Rechtswahlklausel siehe Kap. 3 Rn. 406 ff.
40 BGH, NJW 2002, 370, 372.
41 OLG Celle, NJW-RR 2010, 136.

gen auf Allgemeine Einkaufsbedingungen. Wie solche Kollisionsfälle zu behandeln sind und welche Regelungen nun gelten, ist zunächst davon abhängig, ob es sich um ein nationales, dem deutschen Recht unterfallendes Geschäftsverhältnis handelt, oder ob der Vertrag ein internationales Rechtsgeschäft darstellt.

Bei sich gegenseitig widersprechenden Allgemeinen Geschäftsbedingungen im 63
nationalen Verkehr herrscht bezüglich der Einbeziehung der sich widersprechenden Klauseln keine Einigung. Sie werden nicht Vertragsbestandteil. Beginnen die Parteien gleichwohl mit der Vertragsdurchführung, bleibt der übrige Vertrag nach § 306 Abs. 1 BGB wirksam. Anstelle der kollidierenden Klauseln gelten die **gesetzlichen Regelungen**. In der Praxis können dadurch im Konfliktfalle erhebliche Nachteile für beide Parteien entstehen, bspw. in Bezug auf die nun geltenden gesetzlichen Haftungsregelungen mit unbegrenzter Haftung.

Besonderheiten gelten für den **Eigentumsvorbehalt** bei kollidierenden Klau- 64
seln.[42] Unter Kaufleuten gilt § 346 HGB:

---

§ 346 HGB Handelsbräuche !
„Unter Kaufleuten ist in Ansehung der Bedeutung und Wirkung von Handlungen und Unterlassungen auf die im Handelsverkehr geltenden Gewohnheiten und Gebräuche Rücksicht zu nehmen."

Werden Verträge in einem bestimmten Geschäftszweig für gewöhnlich nur unter 65
Eigentumsvorbehalt abgeschlossen, kann dies einen gutgläubigen Eigentumserwerb verhindern.[43] Liegt ein solcher Handelsbrauch jedoch nicht vor oder scheitert er an einer Abwehrklausel des Vertragspartners, so ist nichtsdestotrotz nicht von einem unbedingten Eigentumserwerb auszugehen, sondern zwischen der **schuldrechtlichen und der sachenrechtlichen Ebene** zu unterscheiden. Die für eine Eigentumsübertragung notwendigen Willenserklärungen können einseitig ausgeschlossen werden und somit eine wirksame Eigentumsübertragung verhindern. Der Vertragspartner hätte als Folge der Unwirksamkeit der Eigentumsvorbehaltsklausel einen Anspruch auf die unbedingte Übereignung der Kaufsache. Der Verwender hätte jedoch durch seine Allgemeinen Lieferbedingungen kein unbedingtes Übereignungsangebot abgegeben. Der Vertragspartner hätte somit auch bei Übergabe der Kaufsache kein unbedingtes Eigentum erworben. Eine Übergabe der Kaufsache von Verkäufer an Käufer stellt zwar regelmäßig auch ein konkludentes oder stillschweigendes Angebot zur unbedingten Eigentumsübertragung dar. Dies sei aber dann nicht der Fall, wenn dem Vertragspartner bekannt ist, dass die Lieferbedingungen des Verkäufers einen Eigentumsvorbehalt enthalten. Die Unwirksamkeit der Klausel aus den Lieferbedingungen sei kein Hindernis, deren Inhalt bei der Auslegung der sachenrechtlichen Willenserklärungen des Verwenders zu berücksichti-

---

42 BGH, NJW 1988, 1774.
43 BGH, NJW-RR 2004, 555.

gen. Unter solchen Voraussetzungen setzt sich ein einfacher Eigentumsvorbehalt unabhängig vom Inhalt des Verpflichtungsgeschäfts durch.

66 Bei **Kollision von AGB auf internationaler Ebene** gilt häufig das Prinzip **„last shot rules"**. Demnach gelten die AGB als vereinbart, die als Letzte in die Vertragsverhandlungen eingebracht worden sind. Zunächst sind aber einige juristische Vorfragen zu klären: Welches Recht liegt dem Vertrag zugrunde? Gilt das Übereinkommen der Vereinten Nationen über internationale Warenkaufverträge (CISG) zwischen den Parteien? Inwieweit ist die Europäische Verordnung über die gerichtliche Anerkennung und Vollstreckung in Zivil- und Handelssachen einschlägig? Diese und andere relevante Problematiken des internationalen Privatrechts würden an dieser Stelle jedoch zu weit führen.

! **Praxistipp**

Für internationale Rechtsgeschäfte lässt sich festhalten, dass es ebenso wie im nationalen Recht wichtig und ratsam ist, sich **im Vorhinein** auf das für den Vertrag geltende Recht, die Verhandlungssprache, den Gerichtsstand und **wesentliche Punkte** des Vertrages zu einigen, anstatt es auf eine Kollision und mögliche Unwirksamkeit ankommen zu lassen. Darüber hinaus ist zu beachten, dass je nach geltendem Recht ein Schweigen auch als Zustimmung gewertet werden kann. Daher sollte man angebotenen Vertragsregelungen, die man nicht annehmen möchte, stets **ausdrücklich widersprechen**, sodass das eigene Verhalten nicht als Zustimmung interpretiert werden kann. Zudem ist darauf hinzuweisen, dass durch die schlichte Klausel, es sei deutsches Recht anwendbar, die Geltung des UN-Kaufrechts (CISG) nicht abbedungen ist, da das CISG Teil des deutschen Rechts ist. Wird von anwaltlicher Seite zur Abbedingung des UN-Kaufrechts geraten, ist dies ausdrücklich in den Vertragstext aufzunehmen.

II. Ausgestaltung als Rahmenbedingung

67 Für den Verwender besteht die Möglichkeit, Allgemeine Verkaufs- und Lieferbedingungen für eine unbestimmte Anzahl von Verträgen mit unbestimmten Vertragspartnern zu formulieren oder auch die Bedingungen als Rahmenvertrag auszugestalten. Als solche sind sie weiterhin für eine Vielzahl von Verträgen vorformuliert und **unterfallen mithin dem AGB-Recht**. Sie sind jedoch stärker auf die **vertragliche Beziehung zu einem bestimmten Vertragspartner** ausgelegt. Darin werden grundsätzliche Vertragsbedingungen mit dem Vertragspartner abgeklärt. Künftige Geschäfte können sodann lediglich Detailfragen klären und im Übrigen auf den Rahmenvertrag verweisen. Bei regelmäßigen Geschäftsbeziehungen führt dies zu besserer Übersichtlichkeit, Flexibilität, Beschleunigung der Abwicklung und Einsparung von Verwaltungsaufwand. Aus dem Rahmenvertrag selbst entstehen keine unmittelbaren Zahlungs- oder Leistungspflichten. Je nach Ausgestaltung kann sich allerdings ein Anspruch auf Abschluss von künftigen Verträgen ergeben, wenn bspw. eine bestimmte Anzahl an abzuschließenden Verträgen vereinbart worden ist. Ist kein aus dem Rahmenvertrag entstehendes einseitiges **Abrufrecht** erwünscht, sollte dies ausdrücklich klargestellt werden. Die Rechtsprechung tendiert

ansonsten nicht selten zur Annahme eines solchen Rechtes. Typischerweise enthalten Rahmenverträge Angaben zur Art der künftigen Verträge, z.B. Verkauf von Waren und deren Preise bzw. Preisberechnung. Zudem werden darin Vertragsdauer, Beendigungsmöglichkeiten, Kündigungsfristen und Fragen zur Haftung, Leistungsstörungen und Vertragsstrafen geregelt, sowie Grundsätzliches zu Rechtswahl und Gerichtsstand. Je nach Bedarf kann der Rahmenvertrag Qualitätsanforderungen oder Liefer-, Leistungs- und Abnahmepflichten festlegen. Abhängig von den Eigenschaften der zu verkaufenden Ware, kann es jedoch auch von Vorteil sein, gerade solche Detailfragen im einzelnen Kaufvertrag zu klären.

Kapitel 3
Einzelne Klauseln im Fokus

A. Geltungsbereich der Allgemeinen Verkaufs- und Lieferbedingungen

I. Mustertext

Klauselmuster

1. Geltungsbereich, Allgemeines 1

1.1 Diese Allgemeinen Auftrags-, Liefer- und Leistungsbedingungen (AGB) gelten ausschließlich gegenüber Unternehmern im Sinne von § 14 des Deutschen Bürgerlichen Gesetzbuches (BGB), das heißt natürlichen oder juristischen Personen, welche die Ware oder Leistung zur gewerblichen oder beruflichen Verwendung erwerben.

1.2 Für die Geschäftsbeziehung mit unseren Kunden, auch für Auskünfte und Beratung, gelten ausschließlich die nachfolgenden Bedingungen (AGB).
[Etwaig Fortgeltung für weitere Geschäfte regeln]
Abweichende Bedingungen des Käufers und/oder Bestellers – nachstehend „Kunde/n“ genannt – gelten nur, wenn und soweit wir sie ausdrücklich schriftlich anerkennen. Unser Schweigen auf derartige abweichende Bedingungen gilt insbesondere nicht als Anerkennung oder Zustimmung, auch nicht bei zukünftigen Verträgen.
Unsere AGB gelten anstelle etwaiger Einkaufsbedingungen des Kunden auch dann, wenn nach diesen die Auftragsannahme als bedingungslose Anerkennung der Einkaufsbedingungen vorgesehen ist, oder wir nach Hinweis des Kunden auf die Geltung seiner Allgemeinen Einkaufsbedingungen liefern, es sei denn, wir haben ausdrücklich auf die Geltung unserer AGB verzichtet. Der Ausschluss der Allgemeinen Geschäftsbedingungen des Kunden gilt auch dann, wenn die Allgemeinen Geschäftsbedingungen zu einzelnen Regelungspunkten keine gesonderte Regelung enthalten. Der Kunde erkennt durch Annahme unserer Auftragsbestätigung ausdrücklich an, dass er auf seinen aus den Einkaufsbedingungen abgeleiteten Rechtseinwand verzichtet.

1.3 Soweit im Folgenden von Schadensersatzansprüchen die Rede ist, sind damit in gleicher Weise auch Aufwendungsersatzansprüche i.S.v. § 284 BGB gemeint
[Etwaig Rangfolge oder Beziehung zu sonstigen Vertragswerken (Rahmenverträge, andere AGB etc.) regeln]

II. Erläuterungen

Aufgrund rechtlicher und praktischer Erwägungen kann es sich anbieten, die Gel- 2
tung der Allgemeinen Verkaufs- und Lieferbedingungen einzugrenzen. Dies ist zum einen mit Bezug auf verschiedene Vertragspartner möglich, als auch in sachlicher Hinsicht, z.B. auf spezielle Leistungen oder besondere Zeiträume. Zudem ist stets an die Formulierung einer Abwehrklausel zu denken, um die Fremdeinbindung von Einkaufsbedingungen des Vertragspartners zu vermeiden.

1. Persönlicher Geltungsbereich

3 Die Anforderungen an die Einbeziehung sowie die Wirksamkeit einzelner Klauseln bzw. Klauselgestaltungen hängt maßgeblich davon ab, ob der **Vertragspartner Unternehmer** (§ 14 Abs. 1 BGB) **oder Verbraucher** (§ 13 BGB) ist. Im unternehmerischen Verkehr wird dem Verwender ein **größerer Gestaltungsspielraum** gewährt, als gegenüber Verbrauchern.[1] Daher verwenden Unternehmen meist gesonderte Allgemeine Verkaufs- und Lieferbedingungen für den B2B-Verkehr einerseits und für den B2C-Verkehr andererseits. Dies ermöglicht eine gezielte Schwerpunktsetzung und verbessert die Übersichtlichkeit der Vertragsbedingungen. In Anbetracht des AGB-rechtlichen Transparenzgebotes ist es insoweit wichtig, den Begriff des „Unternehmers" eindeutig zu definieren.

2. Sachlicher Geltungsbereich

4 Die meisten Allgemeinen Verkaufs- und Lieferbedingungen erfassen ungeachtet der Vertragsart sämtliche Lieferungen und Leistungen des Verwenders. Die Anwendbarkeit der AGB kann aber auch auf bestimmte Vertragsarten begrenzt werden, z.B. auf Kaufverträge, Werkverträge, Werklieferungsverträge oder Dienstverträge. Alternativ kann die Anwendbarkeit der AGB auch auf den Bezug bestimmter Produkte bzw. Leistungen beschränkt werden.

5 Häufig sehen Allgemeine Verkaufs- und Lieferbedingungen ferner eine Geltung der für alle **zukünftig mit dem Kunden abgeschlossenen Geschäfte** (verwandter Art) vor und somit eine **Rahmenvereinbarung.** Hier zeigt sich wieder der abhängig vom Vertragspartner variierende Gestaltungsspielraum bei Allgemeinen Geschäftsbedingungen, denn gegenüber Verbrauchern sind solche Klauseln wegen § 305 Abs. 2 und 3 BGB nur wirksam, wenn die Geltung für künftige Verträge in einer individualvertraglichen Rahmenvereinbarung geregelt wird. Dagegen kann gegenüber Unternehmern unter bestimmten Voraussetzungen auch eine AGB-rechtliche Geltungsvereinbarung für künftige Geschäfte geregelt werden. Wesentlich ist dabei jedoch nicht nur, dass der **Einbeziehungswille für künftige Geschäfte unmissverständlich zum Ausdruck gebracht** wird und der Vertragspartner sich zumindest stillschweigend oder konkludent einverstanden erklärt.[2] Wenn also in den Vertragsverhandlungen nur auf die eigenen AGB Bezug genommen wird, ohne sie auszuhändigen, und nur in den AGB selbst steht, dass sie als Rahmenvereinbarung auch für zukünftige Verträge bzw. die ganze Geschäftsbeziehung gelten sollen, dann ist das Erfordernis des unmissverständlichen Einbeziehungswillens nicht er-

---

1 Zur unterschiedlichen Bewertung im B2C- und B2B-Geschäftsverkehr siehe Kap. 2 Rn. 5–8, 17, 51, 57.

2 BGH, NJW 1992, 1232; bestätigt durch OLG Hamm, BeckRS 2015, 11594.

füllt. Die AGB werden dann zwar Bestandteil des aktuell verhandelten Vertrages, nicht jedoch Teil der künftigen Verträge.

Anders ist die Sachlage, wenn nicht nur auf die AGB Bezug genommen wird, 6
sondern diese auch **vor oder bei Vertragsabschluss ausgehändigt** werden. In diesem Fall erstreckt sich das stillschweigende Einverständnis des Vertragspartners auch auf die Einbeziehung für künftige Verträge.[3] Diese einmalige Übersendung reicht aus, sodass es ihrer nicht bei jedem erneuten Vertragsabschluss Bedarf.[4]

Klauseln, die die Geltung der AGB in ihrer **jeweils aktuellen Fassung** vorse- 7
hen, sind auch im unternehmerischen Verkehr umstritten. Eine solche Regelung sei nur dann möglich, wenn im Falle einer tatsächlichen AGB-Änderung dem Vertragspartner eine entsprechende Benachrichtigung zugeht. Darin sollten die neuen AGB unter Hervorhebung der getätigten Änderungen enthalten sein. Wird dem nicht widersprochen, werden diese neuen AGB Vertragsbestandteil künftiger Verträge.[5]

3. Abwehrklausel

Im B2B-Verkehr von großer Bedeutung ist die Frage, wie mit kollidierenden AGB des 8
Vertragspartners umgegangen werden soll. Hierzu enthalten AGB regelmäßig sogenannte Ausschließlichkeits- bzw. Abwehrklauseln. Sie bestimmen, dass **die eigenen Allgemeinen Geschäftsbedingungen ausschließlich** gelten und **entgegenstehende AGB des Vertragspartners nicht zur Anwendung kommen** sollen. Ausschließlichkeits- und Abwehrklauseln stellen selbst AGB dar,[6] und müssen daher insbesondere dem Transparenzgebot gem. § 307 Abs. 1 Satz 2 BGB genügen. Treffen die AGBs des Verwenders auf die des Kunden, z.B. Allgemeine Verkaufsbedingungen auf Allgemeine Einkaufsbedingungen, und hat der Kunde seinerseits keine Abwehrklausel in seinen Einkaufsbedingungen aufgenommen, entfaltet die Abwehrklausel ihre beabsichtigte Wirkung: durch sie werden die AGB des Kunden verdrängt und es gelten die selbst aufgestellten Allgemeinen Verkaufsbedingungen des Verwenders.

Häufig tritt der Fall ein, dass die **AGB beider Seiten Ausschließlichkeits- bzw.** 9
Abwehrklauseln enthalten. Die frühere Rechtsprechung löste die Kollision von widersprechenden AGB mit der sog. **„Theorie des letzten Wortes“**. Auf der Grund-

---

3 BGH, NJW 1992, 1232.

4 OLG Celle, BB 1971, 546.

5 Palandt/*Grüneberg* BGB, § 305 BGB Rn. 50; Staudinger/*Schlosser* BGB, § 305 Rn. 180, 185; MüKo/*Basedow* BGB, § 305 Rn. 98.

6 Palandt/*Grüneberg* BGB, § 305 Rn. 4.

lage des § 150 Abs. 2 BGB hielt der BGH die AGB derjenigen Partei für anwendbar, die zuletzt auf sie verwiesen hatte, wenn die andere Partei die Leistung anschließend ohne Widerspruch oder Vorbehalt entgegennahm bzw. erbrachte.[7] Diese Rechtsprechung, die zwischen den Parteien verständlicherweise regelmäßig zu Streit um die „Geltungshoheit" der eigenen AGB führte, hat der BGH im Laufe der Zeit aufgegeben. Nunmehr wendet er auf den Großteil der Konstellationen das sog. **Konsensprinzip** an. Danach kommt der Vertrag trotz kollidierender AGB zustande. Die AGB werden aber gemäß §§ 154, 155 BGB nur insoweit Vertragsinhalt, wie sie sich entsprechen. Soweit sie sich widersprechen, findet das dispositive Gesetzesrecht Anwendung (§ 306 Abs. 2 BGB).[8] Wohlgemerkt setzt auch diese Lösung voraus, dass die AGB beider Parteien entgegenstehende Ausschließlichkeits- bzw. Abwehrklauseln enthalten.[9]

10 Da die Anwendung der gesetzlichen Regelung mitunter zu großen Nachteilen führen kann, empfiehlt es sich, bereits während der Vertragsverhandlungen auf AGB der Gegenseite zu achten. Enthalten diese ebenfalls eine besagte Abwehrklausel, sollten beide Parteien über das Schicksal der **sich widersprechenden Klauseln verhandeln**, bevor ungeprüft die Geltung gesetzlicher Regelungen in Kauf genommen wird, die für den Verkäufer unter Umständen existenzbedrohende Haftungsmöglichkeiten bedeuten können.

4. Ersatz vergeblicher Aufwendungen

11 In Ziff. 1.3 dieser Muster-AGB wird geregelt, dass unter Schadensersatzansprüchen im Sinne des Vertragstextes auch der Aufwendungsersatzanspruch nach § 284 BGB zu verstehen ist. Dieser ist rechtsdogmatisch nämlich nicht als Schadensersatz zu qualifizieren, da zwar alle Voraussetzungen eines Schadensersatzanspruches dem Grunde nach erfüllt sein müssen, jedoch letztlich in den Fällen des § 284 BGB kein Schaden vorliegt, sondern Aufwendungen getätigt wurden. Unter Schaden versteht man jede unfreiwillige Vermögenseinbuße, wohingegen Aufwendungen freiwillige Vermögensopfer sind. Nach § 284 BGB kann der Gläubiger einer Leistung Ersatz solcher Aufwendungen verlangen, die er im Vertrauen auf den Erhalt der Leistung gemacht hat, billigerweise machen durfte und deren Zweck nicht verfehlt gewesen wäre, wenn die Pflichtverletzung des Schuldners nicht eingetreten wäre. Ein solcher Aufwendungsersatzanspruch kann jedoch nur anstelle eines Schadensersatzes geltend gemacht werden. Der Gläubiger hat insofern ein Wahlrecht und kann je nach Situation die für ihn günstigere Möglichkeit wählen.

---

7 BGH, MDR 1954, 733; BGH, NJW 1963, 1248.
8 BGH, NJW 1991, 1604; BGH, NJW-RR 1991, 357.
9 BGH, NJW 1991, 1604; für weitere Ausführungen siehe Kap. 2 Rn. 62 ff.

Die Klausel dient letztlich der besseren Lesbarkeit des Vertragstextes. Aufgrund dieser Formulierung genügt es, wenn der Verwender im folgenden Text nur von „Schadensersatz“ spricht, obwohl er „Schadensersatz und Ersatz vergeblicher Aufwendungen nach § 284 BGB“ meint. 12

5. Verhältnis zu anderen Verträgen

Wenn und soweit andere vertragliche Regelungen zwischen den Parteien vereinbart worden sind, sollte klargestellt werden, wie die einzelnen Vertragsvereinbarungen zueinander stehen. Im Falle von Meinungsstreitigkeiten ist damit leichter feststellbar, welche Klausel vorrangige Geltung entfalten soll. 13

Wurde der Geltungsbereich des Mustertextes beispielsweise auf bestimmte Produkte und Dienstleistungen beschränkt und wurde daneben ein Rahmenvertrag für die laufende Geschäftsbeziehung vereinbart, ist klarzustellen, welche Regelung spezieller ist. 14

Die schriftliche Fixierung solcher Rangfolgen dient letztlich der Vermeidung gerichtlicher Auseinandersetzungen und beugt einem Zerwürfnis der Parteien vor, da jeder genau weiß, woran er ist. 15

B. Auskünfte, Beratung, Eigenschaften der Produkte und Leistungen

I. Mustertext

Klauselmuster

2. Auskünfte/Beratung/Eigenschaften der Produkte und Leistungen/Mitwirkungshandlungen des Kunden 16

2.1 Auskünfte und Erläuterungen hinsichtlich unserer Produkte und Leistungen durch uns oder unsere Vertriebsmittler erfolgen ausschließlich aufgrund unserer bisherigen Erfahrung. Sie stellen keinerlei Eigenschaften oder Garantien in Bezug auf unsere Produkte dar. Die hierbei angegebenen Werte sind als Durchschnittswerte unserer Produkte anzusehen.
Wir stehen mangels ausdrücklicher anderweitiger Vereinbarung nicht dafür ein, dass unsere Produkte und/oder Leistungen für den vom Kunden verfolgten Zweck geeignet sind.
[Etwaig Regelungen aufnehmen zur Verbindlichkeit bzw. Unverbindlichkeit von Angaben zu Eigenschaften der Produkte, zum Aussagegehalt von Prospekten, Anleitungen, technische Informationen, im Internet etc.]

2.2 Eine Beratungspflicht übernehmen wir nur ausdrücklich kraft schriftlichem, gesonderten Beratungsvertrag.

2.3 Eine Garantie gilt nur dann als von uns übernommen, wenn wir schriftlich eine Eigenschaft und/oder einen Leistungserfolg als „rechtlich garantiert“ bezeichnet haben.
[Etwaig Regelungen zu notwendigen Mitwirkungspflichten der Kunden ergänzen]

II. Erläuterungen

17 Vertragsgegenstand ist eine bestimmte Ware oder Leistung. Diese muss eine bestimmte Beschaffenheit aufweisen, die sich regelmäßig nach der von den Parteien ausdrücklich getroffenen Beschaffenheitsvereinbarung, der Eignung zur vertraglich vorausgesetzten Verwendung oder der Eignung zur gewöhnlichen Verwendung richtet. Im Geschäftsverkehr ist diesbezüglich gewissenhaft und sorgfältig mit der Formulierung der Leistungs- und Produktbeschreibung umzugehen. Ansonsten kann es passieren, dass man als Verkäufer den eigenen Pflichtenkreis erhöht und ungewollt in eine Haftungsfalle gerät. Daher ist es sinnvoll, die hier angeführte Mustervertragsklausel **vorsorglich** und zur Klarstellung in die Allgemeinen Geschäftsbedingungen aufzunehmen.

1. Auskünfte hinsichtlich der Produkte und Leistungen

18 Bei Auskünften und Erläuterungen hinsichtlich der Produkte und Waren kann es sich einerseits um rein **informatorische Mitteilungen** handeln, andererseits können derartige Angaben zur Leistungsbeschreibung auch als die Gewährung oder sogar Garantie einer bestimmten Beschaffenheit der Ware verstanden werden. Verfügt die Ware dann jedoch nicht über diese Beschaffenheit, so werden Gewährleistungsrechte[10] bzw. der Garantiefall ausgelöst.

19 Die Hauptleistungspflicht des Klauselverwenders in der Rolle des Verkäufers ist, neben der Verschaffung von Eigentum, die Ware frei von Sachmängeln zu übergeben (§ 433 Abs. 1 BGB). Die Ware ist regelmäßig – soweit keine Beschaffenheitsvereinbarung besteht (§ 434 Abs. 1 Satz 1 BGB) – dann frei von Mängeln, wenn sie sich bei Gefahrübergang[11] für die **nach dem Vertrag vorausgesetzte Verwendung** eignet (§ 434 Abs. 1 Satz 2 Nr. 1 BGB), oder wenn sie sich für die **gewöhnliche Verwendung** eignet und eine Beschaffenheit aufweist, die bei Sachen der gleichen Art üblich ist und die der Kunde nach der Art der Sache erwarten kann (§ 434 Abs. 1 Satz 2 Nr. 2 BGB). Es kommt daher grundsätzlich auf objektive Kriterien an, solange nicht zwischen den Parteien vereinbart wurde, dass der Ware spezielle Eigenschaften unmittelbar anhaften sollen. Mithin ist ohne besondere Vereinbarung auch der von dem Kunden verfolgte Zweck für die Beschaffenheit und die Mangelfreiheit des Produkts nicht maßgeblich.

20 Orientiert sich der übliche Haftungsmaßstab von Gesetzes wegen nach objektiven Kriterien, ist in der Regel zunächst lediglich eine Ware mittlerer Art und Güte

---

10 Vgl. dazu Rn. 241 ff. in Bezug auf die verschiedenen Arten von Gewährleistungsrechten.

11 Vgl. dazu Rn. 185 ff. Bezug auf die Voraussetzungen für das Vorliegen des Gefahrübergangs und dessen Zeitpunkt.

(Gattungsschuld, § 243 Abs. 1 BGB) geschuldet. Eine **verschärfte Haftung** soll erst nach ausdrücklicher Vereinbarung in Form einer Beschaffenheitsvereinbarung (§ 434 Abs. 1 Satz 1 BGB), einer Garantie (§ 443 BGB) oder der Übernahme eines Beschaffungsrisikos begründet werden.[12]

Ob eine Beschreibung im Rahmen einer Auskunft oder Erläuterung eine Be- 21
schaffenheitsvereinbarung darstellt, ist im Wege der **Auslegung** nach dem objektiv erkennbaren Willen zu ermitteln. In jedem Fall ist aber eine vertragliche Übereinkunft zwischen dem Klauselverwender als Verkäufer und dem Kunden erforderlich (§§ 145 ff. BGB); einseitige Vorstellungen des Kunden genügen nicht.[13] Ebenso wenig reicht eine einseitige Beschreibung seitens des Verkäufers, auf die der Kunde nicht wenigstens schlüssig eingegangen ist.[14] Dahingegen genügt es, wenn der Kunde beschreibt, welche Eigenschaften der Kaufsache er erwartet und der Verkäufer darauf zustimmend reagiert, insbesondere wenn er als Fachmann die geäußerten Vorstellungen des Kunden von bestimmten Eigenschaften und Umständen widerspruchslos stehen lässt.[15] Legt der Verkäufer bei Vertragsschluss eine nähere Beschreibung oder ein Muster vor und nimmt der Kunde dieses zustimmend zur Kenntnis, so führt auch dies regelmäßig zu einer Beschaffenheitsvereinbarung.[16] Die Rechtsprechung ist insoweit vielseitig. Letztlich müssen aber die **Gesamtumstände des Einzelfalles** berücksichtigt werden. Eine Beschaffenheitsvereinbarung kann sich demnach auch aus den Umständen des Vertragsschlusses wie etwa dem Kontext der dabei geführten Gespräche oder den bei dieser Gelegenheit abgegebenen Beschreibungen ergeben.[17] Der Gesetzgeber ist mithin davon ausgegangen, dass in Fällen, in denen der Verkäufer bei Vertragsschluss Eigenschaften der verkauften Ware in einer bestimmten Weise beschreibt und der Kunde vor diesem Hintergrund seine Kaufentscheidung trifft, die Erklärungen des Verkäufers ohne Weiteres zum Inhalt des Vertrags und damit zum Inhalt einer Beschaffenheitsvereinbarung werden.[18]

Wenn einmal eine Beschaffenheitsvereinbarung zustande gekommen ist, **hilft** 22
auch ein Gewährleistungsausschluss insoweit nicht mehr weiter; dieser greift nämlich weder bei einer Beschaffenheitsvereinbarung noch bei einer Garantie (§ 444 BGB).[19]

---

12 Vgl. dazu Rn. 87 ff. in Bezug auf die Voraussetzungen für die Übernahme eines Beschaffungsrisikos bzw. einer Garantie.

13 BGH, NJW 2009, 2807.

14 MüKo/*Westermann* BGB, § 434 Rn. 16.

15 BGH, NJW 2009, 2807.

16 Dauner-Lieb/Langen/*Büdenbender*, BGB/Schuldrecht, § 434 Rn. 17.

17 BGH, NJW-RR 2010, 1329.

18 BGH, NJW 2013, 1074 mit Hinweis auf BT-Drucks. 14/6040, S. 212.

19 BGH, NJW 2007, 1346.

23 Daher ist es für den Klauselverwender in der Rolle des Verkäufers von großer Relevanz, zu verdeutlichen, für welche Eigenschaften seiner Produkte er eine bestimmte Beschaffenheit zusichern möchte, und für welche er dies nicht tun möchte. Im Übrigen ist dann Vorsicht bei Beschreibungen und Auskünften geboten. Weder aus dem Gesprächskontext noch aus anderen Umständen darf zu erkennen oder abzuleiten sein, dass der Verkäufer eine über die Information und normale Haftung hinausgehende besondere, verschuldensunabhängige Gewähr für das Produkt übernehmen möchte. Sollte der Klauselverwender verbindlich für bestimmte Angaben und/oder Produkteigenschaften einstehen wollen, so kann dies ausdrücklich vereinbart werden. Eine derartige Vereinbarung kann zudem in AGB zwecks Beweisfunktion von einer Schriftform abhängig gemacht werden.

24 Zweckmäßig kann außerdem ein Hinweis auf die Unverbindlichkeit von Angaben zu Eigenschaften der Produkte in Prospekten, Katalogen, Anleitungen usw. sein, soweit sich dies in einem zulässigen Rahmen hält.

2. Wirksamkeit der Klausel

25 Mit der Musterklausel in Ziff. 2.1 geht ein Haftungsausschluss einher, da die Gewährleistung für Auskünfte und weitere Angaben im Rahmen einer Beratung ausgeschlossen wird. Die Klausel darf daher nicht überraschend i.S.v. 305c Abs. 1 BGB sein. Sie muss darüber hinaus der Inhalts- und Transparenzkontrolle des § 307 BGB standhalten, sofern es sich nicht um eine Leistungsbeschreibung handelt.[20] Mangels entgegenstehender Rechtsprechung ist von der Zulässigkeit einer solchen Klausel auszugehen.[21] In einem die Gewährleistungsfreizeichnung in Kunstauktions-AGB betreffenden Fall wurde bspw. entschieden, dass in Allgemeinen Versteigerungsbedingungen die Haftung eines Auktionshauses zumindest in Bezug auf die Provenienzangabe wirksam ausgeschlossen werden kann.[22] Für einen wirksamen Ausschluss in Allgemeinen Verkaufs- und Lieferbedingungen spricht schließlich, dass in der Regel für die – wie beim Kaufvertrag – nicht vertraglich geschuldete Erteilung von Rat, Empfehlung oder Auskunft nicht gehaftet wird (§ 675 Abs. 2 BGB). Mangels

---

20 Leistungsbeschreibungen können zu dem „kontrollfreien Bereich“ gehören, in dem Inhalte, die ihrer Art nach nicht gesetzlich geregelt werden (sog. essentialia negotii, Bestimmung von Leistung und Gegenleistung) nicht der Inhaltskontrolle unterfallen. § 307 Abs. 3 Satz 2 BGB erstreckt aber das Transparenzgebot auch auf eigentlich kontrollfreie Klauseln, und zwar auch für den unternehmerischen Rechtsverkehr; vgl. Dauner-Lieb/Langen/*Kollmann*, BGB/Schuldrecht, § 307 Rn. 47, 55.

21 Vielmehr sind Entscheidungen zur Unwirksamkeit von Freizeichnungsklauseln ergangen, wenn diese nicht zwischen Haupt- und Nebenpflicht unterschieden haben und damit die Haftung für die ordnungsgemäße Erfüllung der sog. Kardinalpflicht ausgeschlossen wurde; vgl. BGH, NJW-RR 2000, 998.

22 OLG Köln, NJW 2012, 2665. Kritisch hierzu Staudinger/*Matusche-Beckmann* BGB, § 434 Rn. 70.

Rechtsbindungswillen erzeugen die Erteilung von Rat und Auskünften grundsätzlich keine Haftung.[23]

3. Beratungspflicht

Die in Ziff. 2.2 der Muster-AGB vorzufindende Regelung zur Statuierung einer Beratungspflicht spiegelt die Gesetzeslage wider. Die Beratung ist im Kaufvertragsrecht keine Hauptleistungspflicht, sondern kommt allenfalls als Nebenpflicht in Betracht.[24] 26

Hinsichtlich der Beratung als Nebenpflicht aus dem Kaufvertrag greift zunächst die Haftungsfreizeichnung aus Ziff. 2.1 dieser Muster-AGB, soweit die Berufung auf die Freizeichnungsklausel nicht wegen missbräuchlicher Rechtsausübung zu versagen ist, weil der Klauselverwender die Vorteile eines schuldhaften Verhaltens infolge der Auskunftserteilung ausnutzt.[25] 27

Nichtsdestotrotz kann im Hinblick auf die Privatautonomie ein selbstständiger Beratungsvertrag zwischen dem Klauselverwender als Verkäufer und dem Kunden abgeschlossen werden. Die Erteilung von Rat und Auskunft wird dann zur Hauptpflicht. Der Klauselverwender als Auskunftsverpflichteter kann sich von seiner Kardinalpflicht, richtig und vollständig Auskunft zu erteilen, nicht mehr im Wege Allgemeiner Geschäftsbedingungen freizeichnen.[26] 28

Hinsichtlich seiner Beratungspflicht hat der Klauselverwender die Sorgfalt eines ordentlichen Kaufmanns an den Tag zu legen (§ 347 HGB). 29

Diese Musterklausel erscheint sinnvoll, weil ansonsten schon aus der Geschäftsverbindung heraus eine Beratungspflicht entstehen kann. Die Beratung wird zur selbstständigen Hauptpflicht des Verkäufers, wenn dieser im Rahmen eingehender Vertragsverhandlungen und auf Befragen des Kunden einen ausdrücklichen Rat erteilt.[27] Insoweit werden bei einer Pflichtverletzung durch unvollständige oder unrichtige Informationserteilung Schadensersatzansprüche ausgelöst. Die Rechtsprechung nimmt mittlerweile Aufklärungs-, Auskunfts- und Beratungspflichten pragmatisch je nach den Umständen an und stützt diese dann auf einen Auskunfts-/Beratungsvertrag, Geschäftsverbindung, Verschulden bei Vertragsverhandlung oder unerlaubte Handlung.[28] Durch die Musterklausel kann die Haftung zumindest in vertraglicher Hinsicht beschränkt und überschaubar werden. 30

23 Palandt/*Sprau* BGB, § 675 Rn. 32, 33.
24 Baumbach/Hopt/*Hopt* HGB, § 347 Rn. 15.
25 BGH, NJW 1954, 1193.
26 BGH, NJW-RR 2000, 998.
27 BGH, WM 2005, 69.
28 Baumbach/Hopt/*Hopt* HGB, § 347 Rn. 9.

4. Übernahme einer Garantie

31 Die Übernahme einer Garantie wird durch Ziff. 2.3 der Muster-AGB an strenge Voraussetzungen geknüpft, weil die Folgen daraus – je nach Vereinbarung – für den Klauselverwender als Verkäufer sehr weitreichend sein können.

32 Aus § 443 BGB geht bereits hervor, dass es zur Übernahme einer Garantie einer gesonderten Vereinbarung der Parteien bedarf (§ 311 Abs. 1 BGB). Das Wort „Garantie" muss dabei zwar nicht unbedingt verwendet werden; gleichbedeutende Begrifflichkeiten wie z.B. „uneingeschränkte Garantie", „voll einstehen" oder „zusichern" sind ebenfalls möglich.[29] Der Verkäufer muss aber in vertragsmäßig bindender Weise die Gewähr für eine bestimmte Beschaffenheit, deren Dauer oder die anderen, nicht die Mängelfreiheit betreffenden Anforderungen übernehmen, und damit zu erkennen geben, dass er für alle Folgen des Fehlens einstehen will.[30] Anpreisende Beschreibungen der Ware, der ein Haftungswille nicht entnommen werden kann, genügen nicht.[31] Im B2B-Verkehr kann die Garantie inhaltlich, insbesondere hinsichtlich Gegenstand, Umfang und Dauer, frei vereinbart werden.[32]

33 Im Hinblick auf die verschuldensabhängige Einstandspflicht und die Möglichkeit bzw. das Risiko der konkludenten Übernahme einer Garantie, ist die Musterklausel sinnvoll, um vorab klarzustellen, unter welchen Voraussetzungen eine Garantie übernommen wird. Wurde eine Garantie erst einmal übernommen, folgen Konsequenzen in Form von Erfüllungsansprüchen aus der Garantie.[33] Weder eine Freizeichnung von Ansprüchen daraus noch der Versuch der Beschränkung einer Beschaffenheitsvereinbarung kommen in Betracht.

5. Mitwirkungspflichten des Kunden

34 Zusätzlich kann hinzugefügt werden, dass der Kunde verpflichtet ist, alle für die Leistungserbringung benötigten Informationen und Daten rechtzeitig und vollständig zur Verfügung zu stellen. Eine solche Klausel kann z.B. sinnvoll sein, wenn es hinsichtlich der Ware auf bestimmte Eigenschaften ankommt, die dem Anforderungsprofil des Kunden entsprechen sollen, die aber auch seiner Einschätzung und damit Mithilfe des Kunden bedürfen.

---

29 Palandt/*Weidenkaff* BGB, § 443 Rn. 5.
30 BGH, NJW 2007, 1346.
31 BGH, NJW-RR 2010, 1329.
32 Palandt/*Weidenkaff* BGB, § 443 Rn. 1.
33 Vgl. Rn. 93ff. in Bezug auf die Auswirkungen von Garantien.

C. Probeexemplare und Muster

I. Mustertext

Klauselmuster

3. Probeexemplare/überlassene Unterlagen und Daten/Muster/Kostenanschläge 35

3.1 Die Eigenschaften von Mustern bzw. Probeexemplaren werden nur dann Vertragsbestandteil, wenn dies ausdrücklich schriftlich vereinbart wurde. Der Kunde ist zur Verwertung und Weitergabe von Mustern nicht berechtigt.
Wird unsererseits aufgrund eines Warenmusters verkauft, so sind Abweichungen hiervon bei der gelieferten Ware zulässig und berechtigen nicht zu Beanstandungen und Ansprüchen uns gegenüber, wenn sie handelsüblich sind und etwaig vereinbarte Spezifikationen durch die gelieferte Ware eingehalten werden, soweit nicht etwas anderes vereinbart wurde.

3.2 An den dem Kunden bekanntgegebenen oder überlassenen Mustern, Abbildungen, Zeichnungen, Daten, Kostenanschlägen und sonstigen Unterlagen über unsere Produkte und Leistungen behalten wir uns alle Eigentums- und Urheberrechte vor. Der Kunde verpflichtet sich, die in vorstehendem Satz aufgeführten Muster, Daten und/oder Unterlagen nicht Dritten zugänglich zu machen, es sei denn, wir erteilen unsere ausdrückliche schriftliche Einwilligung. Diese sind auf Aufforderung an uns zurückzugeben, soweit ein darauf basierender Auftrag an uns nicht erteilt wird.

II. Erläuterungen

Muster, Probeexemplare, Abbildungen sowie Zeichnungen und sonstige Angebotsunterlagen können für die Bestimmung der Beschaffenheit und Eigenschaften der Ware bzw. Leistung maßgebend sein. Sie können Einfluss darauf nehmen, welche Ansprüche der Kunde einerseits hinsichtlich der Erfüllung und andererseits hinsichtlich der Gewährleistungsrechte geltend machen kann. Dies hängt mithin von der Bindungswirkung derartiger Unterlagen ab. Weil mit der Übermittlung von Angebotsunterlagen zudem häufig bereits Know-How preisgegeben wird, sind insoweit auch Eigentums- und Urheberrechte daran zu beachten und zu schützen. 36

1. Einbeziehung von Angebotsunterlagen in den Vertrag

Die **Verbindlichkeit von Angaben** und infolgedessen deren Einbeziehung in den Vertrag wird wie die Bindungswirkung eines Angebots nach § 145 BGB beurteilt. Wenn das Angebot als solches bindend ist, dann gilt dies in der Regel uneingeschränkt und zwar für die gesamte Dokumentation, soweit diese Teil des Angebots war. Das bedeutet, Muster, Probeexemplare, Abbildungen, Zeichnungen und sonstige Unterlagen sowie Daten werden, soweit sie dem Angebot bzw. dem Vertrag beigefügt werden, Vertragsbestandteil und bestimmen die geschuldete Beschaffenheit mit. Gerade bei komplexen Kaufgegenständen ist es häufig sogar zweckmäßig, eine 37 nähere Beschreibung oder ein Muster als Anlage zum Vertrag zu nehmen, wodurch diesbezügliche Vereinbarungen Teil des Vertrags werden.[34]

38 Demzufolge werden **Muster und Probeexemplare grundsätzlich Vertragsbestandteil**, es sei denn, es ist etwas anderes zwischen den Parteien vereinbart. Bereits vor der Schuldrechtsreform existierte bis Ende des Jahres 2001 eine Regelung im BGB, wonach bei einem Kauf nach Probe oder Muster die Eigenschaften der Probe bzw. des Musters als zugesichert anzusehen waren (§ 494 BGB a.F.). Der Gesetzgeber geht in § 434 Abs. 1 Satz 1 BGB ebenfalls von einer Beschaffenheitsvereinbarung aus, wenn das Muster oder die Probe bei Vertragsschluss zur Bestimmung der Eigenschaften der Kaufsache vorliegt.[35] Andererseits entspricht es auch gefestigter Rechtsprechung, dass aus der Vorlage einer Probe oder eines Musters bei Abschluss des Vertrags **nicht zwingend** folgt, dass deren Eigenschaften zugesichert sein sollen; denn die Vorlage kann auch anderen Zwecken dienen, so etwa der Unterrichtung des Kunden über die ungefähre Beschaffenheit der Ware.[36] Letztlich kommt es daher auf eine **Auslegung** (§§ 133, 157 BGB) der Erklärung des Klauselverwenders an, die er in seiner Rolle als Verkäufer abgibt, wenn es an einer klaren vertraglichen Regelung fehlt.

39 Öffentliche Angaben, die an eine Vielzahl von Personen gerichtet sind, stellen regelmäßig nur eine Aufforderung zum Abschluss eines bestimmten Vertrags dar. Angebote in Preislisten, Katalogen und Warenprospekten sowie Warenmuster, die dem Publikum überlassen werden, sind im Regelfall als bloße sog. invitatio ad offerendum (Aufforderung zur Abgabe eines Angebots) einzuordnen.[37]

40 Die in Ziff. 3.1 Satz 1 gewählte Musterklausel ist insofern sinnvoll, wenn vorab klargestellt werden soll, dass die Eigenschaften von Mustern und Probeexemplaren nicht als Zusicherung einer bestimmten Beschaffenheit angesehen werden sollen. Insoweit kann sich der Klauselverwender vor einer (konkludenten) Beschaffenheitsvereinbarung schützen. Die Bindungswirkung kann wirksam abbedungen werden; dies entspricht schon der gesetzlichen Regelung des § 145 Hs. 2 BGB, wonach die Bindungswirkung eines Angebots ausgeschlossen werden kann.

41 Wenn aber Muster, Abbildungen, Zeichnungen und Proben Vertragsbestandteil werden sollen, so sollten diese – entsprechend Ziff. 3.1 Satz 1 der Musterklausel nach ausdrücklicher schriftlicher Vereinbarung – als Anhang zum Vertrag aufgenommen und in einer Regelung im Vertrag darauf Bezug genommen werden.[38]

---

34 Schmitt/*Herrmann* Gestaltung von Wirtschaftsverträgen, Kap. 7 Rn. 11 bzgl. Beschaffenheitsvereinbarungen.

35 Staudinger/*Matusche-Beckmann* BGB, § 434 Rn. 45. Das Muster bzw. die Probe müssen dabei aber nicht nur zu Werbezwecken vorgelegen haben, sondern zur Darstellung und Festlegung der Eigenschaften der Kaufsache; vgl. RegE, BT-Drucks. 14/6040, S. 207.

36 OLG Hamm, NJW-RR 1996, 1530 unter Bezug auf BGH, WM 1987, 1460.

37 MüKo/*Busche* BGB, § 145 Rn. 11.

38 Schmitt/*Herrmann* Gestaltung von Wirtschaftsverträgen, Kap. 7 Rn. 105.

2. Verbot der Verwertung und Weitergabe von Mustern

Mit der Musterklausel Ziff. 3.1 Satz 2 soll klargestellt werden, dass der Kunde weder zur Verwertung noch zur Weitergabe von an ihn ausgehändigten Mustern berechtigt ist. Der Kunde wird dadurch vertraglich zu einer Unterlassung verpflichtet. Hintergrund dieser Regelung ist der Schutz von Geschäfts- und Betriebsgeheimnissen sowie Know-How.[39] Ein Verstoß hiergegen kann einen Beseitigungs- und/oder Unterlassungsanspruch des Klauselverwenders begründen. 42

Ein derartiges, vertraglich vereinbartes Verwertungs- und Weitergabeverbot ist im Hinblick auf die Privatautonomie grundsätzlich möglich. Es bietet eine vertragliche Absicherung, die darüber hinausgeht, was das Gesetz gegen den unlauteren Wettbewerb (UWG) und das Urheberrechtsgesetz (UrhG) sowie andere gesetzliche Vorschriften an Schutz gewähren können. Allerdings findet eine derartige AGB-rechtliche Regelung auch ihre Grenzen; diese hängen maßgeblich mit dem Produkt und der Leistung zusammen.[40] 43

Bildet der Kunde das Muster dennoch ab, so kann aus einem solchen Verhalten auch eine Wettbewerbswidrigkeit folgen.[41] Denn selbst die Nachbildung und Verwertung eines Musters, an dem keine Sonderschutzrechte bestehen, ist bei wettbewerblicher Eigenart und Geschmacksmusterfähigkeit regelmäßig als wettbewerbswidrig i.S.d. § 1 UWG zu beurteilen, wenn das Muster dem Kunden und Verletzer im Rahmen von Vertragsverhandlungen anvertraut wird.[42] 44

3. Abweichungen von Mustern

Da Warenmuster eine bestimmte Erwartung hinsichtlich der Produkteigenschaften beim Kunden erwecken, ist bei Abweichungen und diesbezüglichen Regelungen in AGB Vorsicht geboten. 45

Nach der Musterklausel Ziff. 3.1 Satz 3 berechtigen Abweichungen von Mustern jedoch nicht zur Geltendmachung von Ansprüchen, wenn sie handelsüblich sind und etwaige Spezifikationen eingehalten wurden; es sei denn, es ist etwas anderes vereinbart. Der Vorrang der Individualabrede ist damit allgegenwärtig. 46

---

39 Vgl. zur Bedeutung des Schutzes von Betriebsgeheimnissen und Know-How sowie zum Handlungsbedarf auf EU-Ebene den Richtlinienentwurf zum Schutz vertraulichen Know-hows und vertraulicher Geschäftsinformationen (COM 2013, 183).

40 So ist bspw. ein pauschales Weitergabeverbot bei Softwareprodukten regelmäßig unzulässig; vgl. dazu ausführlich *Hoeren* in Graf von Westphalen, Vertragsrecht und AGB-Klauselwerke, IT-Verträge Rn. 10 ff.

41 BGH, GRUR 1983, 377.

42 BGH, GRUR 1983, 377.

47 Eine derartige Regelung ist jedoch nicht unumstritten. Das Klauselverbot gem. § 308 Nr. 4 BGB ist zu beachten, dessen Wertung über §§ 310 Abs. 1, 307 Abs. 2 Nr. 1 BGB auch im B2B-Verkehr gilt.[43]

! **§ 308 Klauselverbote mit Wertungsmöglichkeit**
„In Allgemeinen Geschäftsbedingungen ist insbesondere unwirksam
Nr. 4 (Änderungsvorbehalt)
die Vereinbarung eines Rechts des Verwenders, die versprochene Leistung zu ändern oder von ihr abzuweichen, wenn nicht die Vereinbarung der Änderung oder Abweichung unter Berücksichtigung der Interessen des Verwenders für den anderen Vertragsteil zumutbar ist;
[...]"

---

48 Das Abstellen auf **handelsübliche Abweichungen** soll im Hinblick auf das Zumutbarkeitskriterium unbedenklich sein.[44] Dies gilt jedenfalls dann, wenn es nicht um einen freien Änderungsvorbehalt geht, sondern dieser bspw. durch das Ausmaß der Abweichung (Handelsüblichkeit), Art der Abweichung (z.B. Struktur, Farbe) oder Ursache (z.B. materialbedingte Abweichung) eingeschränkt ist.[45] Handelt es sich um eine sog. Gattungsschuld, können Abweichungen ohnehin nicht beanstandet werden, wenn sie im Rahmen einer Leistung von mittlerer Art und Güte bleiben (§ 243 Abs. 1 BGB, § 360 HGB). Nicht zumutbar und zu unbestimmt ist indes eine pauschale Verweisung auf Änderungen „aus wichtigem Grund" oder auf „unerhebliche" Abweichungen. Letztere lösen seit der Schuldrechtsreform und Aufhebung von § 459 BGB a.F. Gewährleistungsrechte des Kunden aus, die ihm im Hinblick auf § 309 Nr. 8 lit. b) BGB nicht entzogen werden dürfen.[46]

49 Die **Grenze** eines wirksamen formularmäßigen Änderungsvorbehalts ist allerdings dort erreicht, wo durch die Abweichung das Äquivalenzverhältnis der beiderseitigen Leistungen zum Nachteil des Kunden nicht nur unerheblich gestört wird.[47] Der Klauselverwender muss daher sowohl im Hinblick auf die Transparenz als auch zur Erkennbarkeit seiner legitimen Änderungsgründe, den Anlass für spätere Änderungen und das Ausmaß möglicher Änderungen hinreichend konkret angeben.[48]

50 Wird durch eine Klausel zur Zulassung von Abweichungen im Einzelfall zugleich die Haftung wegen Fehlens einer zugesicherten Eigenschaft ausgeschlossen, so ist diese allerdings unwirksam.[49] Insofern war es notwendig, in die Musterklausel aufzunehmen, dass die vereinbarte Spezifikation eingehalten werden muss.

---

43 OLG München, NJW-RR 2009, 458.
44 Palandt/*Grüneberg* BGB, § 308 Rn. 25; Staudinger/*Coester-Waltjen* BGB, § 308 Rn. 6; MüKo/*Wurmnest*, BGB, § 308 Nr. 4 Rn. 10.
45 BGH, NJW 1987, 1886.
46 MüKo/*Wurmnest* BGB, § 308 Nr. 4 Rn. 5.
47 BGH, NJW 1987, 1886.
48 Staudinger/*Coester-Waltjen* BGB, § 308 Rn. 6.
49 BGH, NJW-RR 1989, 625; OLG Koblenz, NJW-RR 1993, 1078; LG Halle, NZBau 2001, 564.

Negativbeispiel
„Die Gewährleistung erstreckt sich nicht auf handelsübliche Farb- und Maserungsabweichungen bei Holzoberflächen sowie auf handelsübliche Abweichungen bei Textilien in der Ausführung gegenüber Stoffmustern, insbesondere im Farbton.“[50]

51 Dahingegen wurde eine Klausel, wonach bei farbigen Reproduktionen in allen Druckverfahren geringfügige Abweichungen vom Original nicht beanstandet werden können, als unbedenklich wirksam angesehen.[51]

52 Gerade im B2B-Verkehr ist der Kunde regelmäßig auf eine exakte Einhaltung der vereinbarten Leistung besonders angewiesen. Soweit **Toleranzen** jedoch handelsüblich sind, liegt entweder keine von dispositiven Rechtsvorschriften abweichende Regelung vor, sodass eine AGB-Kontrolle ausscheidet, oder es handelt sich um eine zumutbare Änderung.[52]

Praxistipp
Es bleibt insoweit zu erwähnen, dass der Klauselverwender und Verkäufer die Muster, Abbildungen, Zeichnungen usw. mit einem ausdrücklichen Hinweis auf deren Unverbindlichkeit versehen kann, um der Bindungswirkung von § 145 BGB entgegenzuwirken.

4. Eigentums- und Urheberrechte

53 Ein Vertrag über Produkte bzw. Leistungen kann – wie in Ziff. 3.2 der Muster-AGB – vorbehaltlich der Eigentums- und Urheberrechte an bestimmten Werken abgeschlossen werden.

54 Hinsichtlich des **Eigentumsvorbehalt**s an Mustern, Abbildungen, Zeichnungen, Daten usw. ist eine Regelung in AGB unbedenklich. Es liegt keine unangemessene Benachteiligung des Vertragspartners wegen einer Aushöhlung vertraglicher Kardinalpflichten vor. Zwar wird im Kaufrecht auch die Verschaffung von Eigentum als Hauptleistungspflicht geschuldet; diese bezieht sich jedoch auf die Ware bzw. das Produkt selbst, nicht hingegen auf Muster, Abbildungen und sonstige im Vorfeld oder beiläufig beigefügte Unterlagen, es sei denn, es ist etwas anderes vereinbart oder diese Gegenstände sind bindend Vertragsbestandteil geworden.

55 Werken, die eine **persönliche geistige Schöpfung** i.S.d. § 2 Abs. 2 UrhG darstellen (qualitativer Werkbegriff), kommt der Schutz des **Urheberrecht**s zugute. Dieses stellt ein Sondergebiet des Privatrechts dar. Daneben kann auch ein weiterer Schutz nach dem Gesetz über den rechtlichen Schutz von Design (früher: Geschmacksmustergesetz) in Betracht kommen.

50 BGH, NJW-RR 1989, 625.
51 OLG Hamm, NJW-RR 1996,1530.
52 Staudinger/*Coester-Waltjen* BGB, § 308 Rn. 11.

56 Des Weiteren besteht ein wettbewerbsrechtlicher Leistungsschutz, insbesondere nach den Verbotstatbeständen der §§ 17, 18 UWG.

! **§ 17 UWG Verrat von Geschäfts- und Betriebsgeheimnissen**

„(1) [...]

(2) Ebenso wird bestraft, wer zu Zwecken des Wettbewerbs, aus Eigennutz, zugunsten eines Dritten oder in der Absicht, dem Inhaber des Unternehmens Schaden zuzufügen,

1. sich ein Geschäfts- oder Betriebsgeheimnis durch
   a) Anwendung technischer Mittel,
   b) Herstellung einer verkörperten Wiedergabe des Geheimnisses oder
   c) Wegnahme einer Sache, in der das Geheimnis verkörpert ist,
   unbefugt verschafft oder sichert oder
2. ein Geschäfts- oder Betriebsgeheimnis, das er durch eine der in Absatz 1 bezeichneten Mitteilungen oder durch eine eigene oder fremde Handlung nach Nummer 1 erlangt oder sich sonst unbefugt verschafft oder gesichert hat, unbefugt verwendet oder jemandem mitteilt.

[...]“

! **§ 18 UWG Verwertung von Vorlagen**

„(1) Wer die ihm im geschäftlichen Verkehr anvertrauten Vorlagen oder Vorschriften technischer Art, insbesondere Zeichnungen, Modelle, Schablonen, Schnitte, Rezepte, zu Zwecken des Wettbewerbs oder aus Eigennutz unbefugt verwertet oder jemandem mitteilt, wird mit Freiheitsstrafe bis zu zwei Jahren oder mit Geldstrafe bestraft.

[...]“

---

57 In Anbetracht dessen, zum Schutz des eigenen Know-Hows und zur Vermeidung von Konflikten mit Wettbewerbern bei der Marktteilnahme, ist eine Klausel sinnvoll, mit der der Kunde verpflichtet wird, die Angebotsunterlagen wieder herauszugeben, wenn es nicht zum Vertragsschluss kommt.

D. Kostenanschläge

I. Mustertext

Klauselmuster

58 **3. Probeexemplare/überlassene Unterlagen und Daten/Muster/Kostenanschläge**

3.1 [...]

3.2 An den dem Kunden bekanntgegebenen oder überlassenen Mustern, Abbildungen, Zeichnungen, Daten, Kostenanschlägen und sonstigen Unterlagen über unsere Produkte und Leistungen behalten wir uns alle Eigentums- und Urheberrechte vor. Der Kunde verpflichtet sich, die in vorstehendem Satz aufgeführten Muster, Daten und/oder Unterlagen nicht Dritten zugänglich zu machen, es sei denn, wir erteilen unsere ausdrückliche schriftliche Einwilligung. Diese sind auf Aufforderung an uns zurückzugeben, soweit ein darauf basierender Auftrag an uns nicht erteilt wird.

II. Erläuterungen

Bereits mit der Vertragsanbahnung werden regelmäßig Aufwendungen getätigt; es können Kosten (z.B. Personalkosten, Kosten für Berater/Gutachten, Kosten für Muster oder Probeexemplare sowie Kosten für weitere vorbereitende Maßnahmen) entstehen. Insofern ist es sinnvoll, die Kostentragung und deren Schicksal (vorab) zu regeln. Daneben kommt dem Kostenanschlag, umgangssprachlich auch **Kostenvoranschlag** genannt, eine ganz eigene Bedeutung auf dem Weg zum Vertragsabschluss zu – dies gilt sowohl hinsichtlich der voraussichtlichen Kosten als auch hinsichtlich der Preisgabe von Know-How durch die Angaben bezüglich verwendeten Materials, Arbeitsweise etc. zu einem frühen Zeitpunkt, in dem ein Vertragsschluss noch nicht sicher ist. 59

1. Bedeutung

Kostenanschläge spielen hauptsächlich im Zusammenhang mit **Werkverträgen und Werklieferungsverträgen**, die hauptsächlich dem Kaufrecht unterliegen, eine Rolle. Ihre Bedeutung liegt darin, dass sie in der Regel die **Grundlage der Entscheidung** des Kunden bilden, einen bestimmten Unternehmer zu beauftragen. Sie enthalten dabei eine Leistungsbeschreibung und geben Auskunft über die Arbeitsweise, -technik, Aufwand und zu verwendende Materialien usw. 60

Bei dem Kostenanschlag handelt es sich um eine unverbindliche, fachmännische Berechnung der voraussichtlich anfallenden Kosten, wobei der Unternehmer keine Gewähr für die Richtigkeit des Anschlags übernimmt.[53] Falls dieser dem Vertrag zugrunde gelegt wird, so wird der Kostenanschlag zur Geschäftsgrundlage des Vertragsverhältnisses und entfaltet damit eine gewisse Bindungswirkung für dessen Durchführung. Bei einer Überschreitung der im Kostenanschlag festgesetzten Berechnungen stehen dem Kunden ein besonderes Kündigungsrecht sowie ggf. ein Schadensersatzanspruch zu. Unter Umständen kann der Kunde bei Festhalten am Vertrag einen Schadenersatzanspruch neben der Leistung geltend machen. Garantiert der Unternehmer die Preisansätze des Kostenvoranschlags, so wird dieser sogar Vertragsbestandteil.[54] 61

2. Vergütungspflicht

Aus dem Gesetz ergibt sich, dass ein Kostenanschlag grundsätzlich nicht zu vergüten ist (**§ 632 Abs. 3 BGB**). Für Arbeiten, die im Stadium der Vertragsanbahnung 62

53 MüKo/*Busche* BGB, § 650 Rn. 3; Dauner-Lieb/langen/*Raab* BGB/Schuldrecht, § 650 Rn. 4.
54 Palandt/*Sprau* BGB, § 650 Rn. 1.

geleistet werden (z.B. Entwurf, Modell, Muster etc.), ist eine Vergütung nur dann zu leisten, wenn sie als Einzelleistung gegen Entgelt in Auftrag gegeben wurde.[55] Wenn es schließlich zum Vertragsschluss kommt, so sind die Aufwendungen des Kostenanschlags regelmäßig mit abgegolten, es sei denn, es ist etwas anderes vereinbart. Der Unternehmer muss eine derartige Vereinbarung zur Vergütungspflicht in jedem Fall nachweisen.

3. Vereinbarung in AGB

63 In AGB finden Kostenanschläge immer wieder Erwähnung. Eine formularmäßige Vergütungspflicht für Kostenanschläge ist indes nach allgemeiner und herrschender Ansicht mit § 632 Abs. 3 BGB nicht vereinbar; sie stellt eine **unangemessene Benachteiligung** für den Kunden i.S.v. § 307 Abs. 2 Nr. 1 BGB dar bzw. wird als überraschende Klausel nicht Vertragsbestandteil.[56] Vereinzelt wird allerdings die Vereinbarung einer Vergütungspflicht in AGB für wirksam erachtet, wenn es um eine branchenübliche Entgeltlichkeit geht.[57] Unwirksam ist eine diesbezügliche Vereinbarung in AGB jedenfalls dann, wenn nicht bereits vor Erstellung des Kostenanschlags auf die Vergütungspflicht **hingewiesen** wird.[58] Das dem Kunden bei Überschreitung des Kostenanschlags zustehende Kündigungsrecht (§ 650 BGB) kann ebenso wenig abbedungen werden wie sein Schadensersatzanspruch (§ 280 BGB).[59]

4. Eigentums- und Urheberrechte

64 Der Begriff der Kostenanschläge taucht immer wieder auch im Zusammenhang mit den Eigentums- und Urheberrechten von Mustern, Abbildungen, Zeichnungen etc. auf. Dabei ist fraglich, ob es sich bei einem Kostenanschlag überhaupt um ein nach dem UrhG geschütztes Werk handelt. Maßgeblich ist insoweit ein qualitativer Werkbegriff. Es muss eine **geistige Schöpfung** als Ergebnis eines Denkprozesses vorliegen. Dabei wird eine neue und eigentümliche Schöpfung bereits dann angenommen, wenn Inhalt oder Form oder die Verbindung von Inhalt und Form etwas Neues

---

55 Vgl. ausführlich mit Beispielen Palandt/*Sprau* BGB, § 632 Rn. 10.

56 OLG Karlsruhe, NJW-RR 2006, 419: Der Kostenvoranschlag ist so lange unentgeltlich, bis der Unternehmer beweist, dass er mit dem Besteller über die Vergütung einig geworden ist. Für dieses Einigsein reiche es nicht aus, dass der Unternehmer die Vergütungspflicht in Vertragsklausel vorsehe, sondern es bedürfe einer allein den Werkvertrag über die Erstellung und Vergütung des Voranschlags ausmachenden Vereinbarung.

57 Palandt/*Sprau* BGB, § 632 Rn. 10.

58 BGH, NJW 1982, 765.

59 Palandt/*Grüneberg* BGB, § 307 Rn. 107.

und Eigentümliches darstellen.[60] Die Eigentümlichkeit muss mithin über dem mechanisch-technischen bzw. routinemäßigen Können bzw. dem Alltäglichen liegen.[61] Wenn man den Kostenanschlag allerdings als den Entwurf der kreativen Leistung betrachtet sowie unter Berücksichtigung der Bedeutung für die Vertragsentscheidung, so kann der Urheberrechtsschutz nicht versagt werden. Es hängt daher wohl vom **Einzelfall** ab. Die Aufnahme der Kostenanschläge in die Musterklausel Ziff. 3.2 ist mangels entgegenstehender Literatur und Rechtsprechung als zulässig zu erachten. Sie schützt den Klauselverwender zudem vor wettbewerbswidrigen Handlungen anderer Konkurrenten. Deswegen ist auch die Klausel zur Rückgabe des Kostenanschlags bei Fehlschlagen eines Vertragsabschlusses sinnvoll.

E. Vertragsschluss, Liefer- und Leistungsumfang

I. Mustertext

Klauselmuster

4. Vertragsschluss/Liefer- und Leistungsumfang/Beschaffungsrisiko und Garantie 65

4.1 Unsere Angebote erfolgen freibleibend, soweit sie nicht ausdrücklich als verbindlich gekennzeichnet sind oder ausdrücklich verbindliche Zusagen enthalten oder sonst wie die Verbindlichkeit ausdrücklich vereinbart wurde. Sie sind Aufforderungen zu Bestellungen.
Der Kunde ist an seine Bestellung als Vertragsantrag 14 Kalendertage – bei elektronischer Bestellung 5 Werktage (jeweils an unserem Sitz) – nach Zugang der Bestellung bei uns gebunden, soweit der Kunde nicht regelmäßig auch mit einer späteren Annahme durch uns rechnen muss (§ 147 BGB). Dies gilt auch für Nachbestellungen des Kunden.

4.2 Ein Vertrag kommt – auch im laufenden Geschäftsverkehr – erst dann zustande, wenn wir die Bestellung des Kunden schriftlich oder in Textform (d.h. auch per Telefax oder E-Mail) durch Auftragsbestätigung bestätigen. Die Auftragsbestätigung gilt nur unter der Bedingung, dass noch offene Zahlungsrückstände des Kunden beglichen werden und dass eine durch uns vorgenommene Kreditprüfung des Kunden ohne negative Auskunft bleibt.
Bei Lieferung oder Leistung innerhalb der angebotsgegenständlichen Bindungsfrist des Kunden kann unsere Auftragsbestätigung durch unsere Lieferung ersetzt werden, wobei die Absendung der Lieferung maßgeblich ist.
[Etwaig Regelungen zur Möglichkeit von Änderungswünschen des Kunden aufnehmen]

4.3 Der Kunde hat uns rechtzeitig vor Vertragsschluss schriftlich auf etwaige besondere Anforderungen an unsere Produkte hinzuweisen. Solche Hinweise erweitern jedoch nicht unsere vertraglichen Verpflichtungen und Haftung.
Mangels anderweitiger ausdrücklicher Vereinbarung sind wir lediglich verpflichtet, die bestellten Produkte als in der Bundesrepublik Deutschland verkehrs- und zulassungsfähige Ware zu liefern.
[...]

---

60 BeckOK/*Ahlberg* UrhG, Einführung zum UrhG Rn. 21.
61 BeckOK/*Ahlberg* UrhG, Einführung zum UrhG Rn. 22.

4.7 Verzögert sich die Abnahme der Produkte oder deren Versand aus einem vom Kunden zu vertretenden Grund, sind wir berechtigt, nach Setzung und Ablauf einer 14-tägigen Nachfrist, nach unserer Wahl sofortige Vergütungszahlung zu verlangen oder vom Vertrag zurückzutreten oder die Erfüllung abzulehnen und Schadensersatz statt der ganzen Leistung zu verlangen. Die Fristsetzung muss schriftlich oder in Textform erfolgen. Wir müssen hierin nicht nochmals auf die Rechte aus dieser Klausel hinweisen.
Im Falle des vorstehend geregelten Schadensersatzverlangens beträgt der zu leistende Schadensersatz 20% des Nettolieferpreises bei Kaufverträgen oder 20% der vereinbarten Nettovergütung bei Leistungsverträgen. Der Nachweis einer anderen Schadenshöhe oder des Nichtanfalles eines Schadens bleibt beiden Parteien vorbehalten. Eine Umkehr der Beweislast ist mit den vorstehenden Regelungen nicht verbunden.
[Etwaig Regelung zum Annahmeverzug des Kunden aufnehmen. Diese können mit einer Schadensersatzpauschale z.B. bei notwendiger Einlagerung ergänzt werden]

4.8 Bei kundenseitig verspätetem Lieferauftrag oder -abruf sind wir berechtigt, die Lieferung um den gleichen Zeitraum des kundenseitigen Rückstandes zuzüglich einer Dispositionsfrist von 4 Werktagen am Ort unseres Sitzes hinauszuschieben.
[Etwaig Regelungen zur Verlängerung der Lieferfristen bei verspätetem Abruf ergänzen]
[Etwaig Regelungen zur Sprache von Bedienungsanleitungen und sonstigen Anwenderinformationen ergänzen]

4.9 Wir sind zu Mehr- oder Minderlieferungen bis zu 5% der vereinbarten Liefermenge berechtigt. Wir sind weiterhin berechtigt, Produkte mit handelsüblichen Abweichungen in Qualität, Abmessung, Gewicht, Farbe und Ausrüstung zu liefern. Solche Ware gilt als vertragsgerecht.
[Etwaig Regelung zu Mindestbestellwerten ergänzen]

II. Erläuterungen

1. Vertragsschluss

66 Um eine gewisse Flexibilität – gerade bei schwankenden Preisen oder Saisonware etc. – zu gewährleisten, sollten Angebote nach Möglichkeit **freibleibend** abgegeben werden (vgl. Musterklausel Ziff. 4.1). AGB-Klauseln sehen in aller Regel vor, dass ein Vertrag erst nach entsprechender Auftragsbestätigung (schriftlich) zustande kommt.

67 Vorsicht ist auch im B2B-Verkehr im Hinblick auf § 308 Nr. 1 BGB bei zu langen kundenseitigen **Bindungsfristen** geboten. Hier ist auch die Branche des AGB-Verwenders maßgeblich, feste Fristen existieren nicht,[62] jedoch ist die im Mustertext vorgesehene Frist von 14 Tagen in aller Regel nicht zu beanstanden.

68 Weil juristische Personen und Personengesellschaften (z.B. GmbH, AG, KG) als Rechtsträger nicht selbständig handlungsfähig sind, müssen vertretungsberechtigte Personen die Unterschrift in ihrem Namen leisten. Verträge können nur von vertretungsberechtigten Personen wirksam unterschrieben werden.

62 Palandt/*Grüneberg* BGB, § 308 Rn. 3ff.

Dennoch ist die **Vertretungsberechtigung der Unterzeichnenden** in der Praxis häufig nicht gegeben oder zumindest zweifelhaft. Vertretungsberechtigt ist nur, wem für das Unternehmen vertragliche oder gesetzliche Vertretungsmacht eingeräumt ist. Vertretungsmacht hat der Unterzeichner nicht allein deshalb, weil er (als Arbeitnehmer oder Selbständiger) Mitarbeiter des Unternehmens ist. 69

Um sich einer wirksamen Stellvertretung auf der Gegenseite zu vergewissern, empfiehlt es sich, von dem/den Unterzeichner/n die Vorlage einer entsprechenden Vollmacht zu verlangen. Bei Geschäftsführern und Prokuristen verschafft ein Blick in das Handelsregister Gewissheit über deren Vertretungsmacht. Auf die Angaben im Handelsregister kann sich die Gegenseite in aller Regel berufen, selbst wenn sie nicht den Tatsachen entsprechen. Auch wenn im Einzelfall durch Duldungs- oder Anscheinsvollmachten – also durch die Setzung eines Rechtscheins der ordnungsgemäßen Bevollmächtigung oder durch nachträgliche Genehmigung des Vertrages zum Beispiel durch den Geschäftsführer – die Wirksamkeit des Vertrages „gerettet" werden kann, empfiehlt es sich nicht, auf solche Aushilfs- bzw. Ausweichtatbestände zurückzugreifen. 70

Vor allem bei Geschäftsführern und Prokuristen ist Vorsicht geboten. Weit verbreitet ist der Irrglaube, dass insbesondere Geschäftsführer stets zur alleinigen Unterzeichnung von Verträgen für das Unternehmen berechtigt sind. Dies ist jedoch nur der Fall, wenn diese nach dem Handelsregister auch einzelvertretungsberechtigt sind. Hat das Unternehmen mehrere Geschäftsführer, ist der gesetzliche Normalfall gem. § 35 GmbHG die gemeinschaftliche Vertretung. 71

Ist also keine entsprechende Regelung getroffen bzw. keine ausdrückliche Befugnis zur Einzelvertretung geregelt, können im Zweifel nur alle Geschäftsführer einer GmbH gemeinsam das Unternehmen vertreten und mithin auch Verträge abschließen. 72

Sind für ein Unternehmen mehrere Geschäftsführer und/oder Prokuristen bestellt und hält das Handelsregister fest, dass der betreffende Geschäftsführer nur gemeinsam mit dem anderen Geschäftsführer Verträge unterschreiben kann, er also nicht einzelvertretungsberechtigt ist, ist ein Vertrag im Zweifel unwirksam, auch wenn er von einem (von mehreren) Geschäftsführer(n) unterschrieben worden ist. 73

Darüber hinaus müssen Unterschriften natürlich im Zweifel entsprechend deutlich gemacht werden, um nachvollziehen zu können, wer den Vertrag unterschrieben hat. Das Hinzufügen eines ausgeschriebenen Namens, eines Firmenstempels sowie des Unterschriftsdatums können dabei helfen, Wirksamkeitsbedenken und Beweisprobleme auszuräumen. 74

„Worst Case" ist die unleserliche Paraphe unter dem Vertragstext, die nachträglich keinem Urheber mehr zugeordnet werden kann. 75

2. Liefer- und Leistungsumfang

a) Annahme- und Leistungsfrist

76 § 308 Nr. 1 BGB verbietet **unangemessen lange oder zu unbestimmte Fristen** für die Annahme von Vertragsangeboten oder der Erbringung von Leistungen:

! **§ 308 Klauselverbote mit Wertungsmöglichkeit**
„In Allgemeinen Geschäftsbedingungen ist insbesondere unwirksam
Nr. 1 (Annahme- und Leistungsfrist)
eine Bestimmung, durch die sich der Verwender unangemessen lange oder nicht hinreichend bestimmte Fristen für die Annahme oder Ablehnung eines Angebots oder die Erbringung einer Leistung vorbehält; ausgenommen hiervon ist der Vorbehalt, erst nach Ablauf der Widerrufsfrist nach § 355 Abs. 1 und 2 BGB zu leisten;
[...]“

---

77 Die Vorschrift gilt im Grundsatz auch für den B2B-Verkehr, in dem ebenfalls zeitlich angemessene und – aus Gründen der Rechtssicherheit – möglichst eindeutige Fristen gesetzt werden sollen (vgl. Musterklausel Ziff. 4.1 – z.B. 14 Tage).

78 Im unternehmerischen Verkehr übliche **Handelsklauseln** können im Einzelfall zulässig sein, auch wenn sie dem Kunden die Berechnung der exakten Leistungszeit auferlegen. Das gilt z.B. für die Aufnahme eines Vorbehaltes der rechtzeitigen Eigenbelieferung durch z.B. den Zwischenhändler (sog. Selbstbelieferungsvorbehalt).

79 AGB-rechtlich unwirksam sind Klauseln, die dem Klauselverwender einen unangemessenen Gestaltungsraum ermöglichen, Fristen eigenmächtig festzulegen oder zu ändern, wie zum Beispiel die Formulierung von „ca.“-Fristen, oder auch das vollständige Offenhalten der Annahme eines Angebots bzw. der Erbringung Lieferung.

b) Änderungsvorbehalt

80 Ebenso wie § 308 Nr. 3 BGB verwirklicht auch § 308 Nr. 4 BGB den Grundsatz: Verträge sind einzuhalten („**pacta sunt servanda**“).

81 Einseitige Änderungen des Vertragsgefüges und des Synallagmas bedeuten insoweit einen AGB-rechtlich problematischen Eingriff, weil sie ermöglichen, von den ursprünglich vereinbarten vertraglichen Hauptleistungspflichten abzuweichen, und damit in das **Gleichgewicht zwischen Leistung und Gegenleistung** (sog. Äquivalenz) eingreifen.

82 Entsprechende einseitig zugunsten des Klauselverwenders ausgestaltete Änderungsrechte der vertraglichen Leistungspflichten sind auch im B2B-Verkehr nur ausnahmsweise zulässig. Der Gesetzgeber gesteht Unternehmern einseitige Änderungen lediglich zu, soweit es hierfür wichtige Gründe gibt und die Regelung die Interessen des Vertragspartners angemessen berücksichtigt.

c) Nichtverfügbarkeit der Leistung

§ 308 Nr. 8 BGB ist im Zusammenhang mit § 308 Nr. 3 BGB zu sehen. 83

---

§ 308 Klauselverbote mit Wertungsmöglichkeit !
„In Allgemeinen Geschäftsbedingungen ist insbesondere unwirksam
Nr. 8 (Nichtverfügbarkeit der Leistung)
die nach Nummer 3 zulässige Vereinbarung eines Vorbehalts des Verwenders, sich von der Verpflichtung zur Erfüllung des Vertrags bei Nichtverfügbarkeit der Leistung zu lösen, wenn sich der Verwender nicht verpflichtet,
a) den Vertragspartner unverzüglich über die Nichtverfügbarkeit zu informieren und
b) Gegenleistungen des Vertragspartners unverzüglich zu erstatten.
[...]"

Ein nach § 308 Nr. 3 BGB zulässiger Rücktrittsvorbehalt, der an die Nichtverfügbarkeit der Leistung als sachlich gerechtfertigten Grund anknüpft, ist nur unter den ergänzenden Voraussetzungen des § 308 Nr. 8 BGB wirksam. 84

Der Klauselverwender muss sich also dazu verpflichten, den Vertragspartner unverzüglich darüber zu informieren, dass die Lieferung nicht verfügbar ist und bereits erbrachte Gegenleistungen erstatten. Das gilt auch im B2B-Verkehr. 85

F. Beschaffungsrisiko und Garantien

I. Mustertext

Klauselmuster
4.4 Wir sind lediglich verpflichtet, aus unserem eigenen Warenvorrat zu leisten (Vorratsschuld). 86
4.5 Die Übernahme eines Beschaffungsrisikos oder einer Beschaffungsgarantie liegt nicht allein in unserer Verpflichtung zur Lieferung einer nur der Gattung nach bestimmten Sache.
4.6 Ein Beschaffungsrisiko im Sinne von § 276 BGB übernehmen wir nur kraft schriftlicher, gesonderter Vereinbarung unter Verwendung der Wendung „übernehmen wir das Beschaffungsrisiko...".

II. Erläuterungen

1. Übernahme des Beschaffungsrisikos

Der Schuldner hat nach § 276 Abs. 1 Satz 1 BGB Vorsatz und Fahrlässigkeit zu vertreten, wenn eine strengere oder mildere Haftung weder bestimmt noch aus dem sonstigen Inhalt des Schuldverhältnisses, insbesondere aus der Übernahme einer Garantie oder eines Beschaffungsrisikos zu entnehmen ist. 87

Problematisch ist die – manchmal auch unbemerkte bzw. ungewollte – Übernahme eines solchen Beschaffungsrisikos, weil damit grundsätzlich eine verschuldensunabhängige (garantiegleiche) Haftung einhergeht, die auch dazu führt, dass 88 eine aufgenommene Haftungsausschluss- und Haftungsbegrenzungsklausel nicht greift, zu deren Ausnahmekatalog die Übernahme einer Garantie in der Regel gehört.[63]

89 Häufiges Praxisproblem ist, dass die Übernahme des sog. Beschaffungsrisikos nicht nur bei **ausdrücklicher Verwendung des Begriffs** „Beschaffungsrisiko" erfolgen kann. Vielmehr ist es häufig so, dass sich erst im Wege der Vertragsauslegung nach §§ 133, 157 BGB ergibt, ob z.B. der Verkäufer/Lieferant das Beschaffungsrisiko übernommen hat oder nicht. Nach herrschender Meinung kann bereits die Übernahme einer **sog. „marktbezogenen Gattungsschuld"** dazu führen, dass ein Beschaffungsrisiko angenommen wird, da der Leistungsschuldner nicht die Verpflichtung übernimmt, ein bestimmtes Stück zu beschaffen, sondern verpflichtet ist, solange zu leisten, wie die geschuldete Leistung erbracht werden kann.[64] Dass diese „Vermutung" nicht greift, sollte der Klauselverwender klarstellen (vgl. Musterklausel Ziff. 4.5) und zudem regeln, dass die Übernahme einer Garantie (Beschaffungsrisiko) nur **schriftlich** erfolgen kann (vgl. Musterklausel Ziff. 4.6).

90 Eine Übernahme des Beschaffungsrisikos scheidet in aller Regel auch dann aus, wenn der Klauselverwender lediglich aus seinem **Vorrat** zu liefern hat, d.h. eine Vorratsschuld vereinbart ist (vgl. Musterklausel Ziff. 4.4).[65]

91 Folge der Übernahme des Beschaffungsrisikos ist grundsätzlich eine **verschuldensunabhängige, garantiegleiche Haftung**. Wie bereits ausgeführt, ist es in aller Regel AGB-rechtlich unwirksam, wenn der Klauselverwender im Rahmen einer Garantiehaftung (Übernahme des Beschaffungsrisikos) einerseits die Lieferung „verspricht", andererseits diese mit einer klassischen Haftungsausschluss- und Haftungsbegrenzungsklausel wiederrum zu begrenzen versucht. Dieser Widerspruch wird in der Regel zur Unwirksamkeit der Klausel führen, weshalb umso mehr darauf geachtet werden muss, einer unbemerkten Übernahme des Beschaffungsrisikos entgegen zu wirken. Wie die vorstehenden Ausführungen zeigen, bietet die Neufassung des § 276 BGB im Hinblick auf die Implementierung der Übernahme eines Beschaffungsrisikos als weitgehend garantiegleiche Haftung erhebliche Risiken für die AGB-Gestaltung. So sollte der Klauselverwender stets bemüht sein, vertraglich eindeutig klarzustellen, dass er nur zur Leistung aus seinem Warenvorrat verpflichtet ist.

92 Die Rechtsbegriffe Gewährleistung und Garantie stellen wohl die am häufigsten miteinander verwechselten bzw. falsch betitelten Wörter im Rahmen der Wirtschaftsvertragsgestaltung dar. Die Begrifflichkeiten werden häufig nicht nur von

63 Vgl. Musterklausel Ziff. 11.2 5. Spiegelstrich; siehe nähere Ausführungen zum Ausnahmekatalog von einem Haftungsausschluss bzw. einer Haftungsbegrenzung in Rn. 387 ff.

64 Palandt/*Grüneberg* BGB, § 276, Rn. 31.

65 BGHZ 108, 420; Palandt/*Grünberg* BGB a.a.O.

Nichtjuristen synonym eingesetzt und verwechselt, das gilt umso mehr bei englischsprachigen Verträgen und Verwendung der Begriffe „guaranty" und „warranty". Aufgrund der drastisch unterschiedlichen Rechtsfolgen, ist jedoch von überragender Bedeutung, genau zwischen den Termini zu unterscheiden und in einem Vertrag jegliche Formulierung zu vermeiden, die zu Missverständnissen und/oder unterschiedlichen Auslegungsmöglichkeiten im Streitfall führen kann.

2. Garantie

Gegenüber den gesetzlichen Gewährleistungsrechten ergeben sich wesentliche Unterschiede im Vergleich zur Übernahme einer Garantie. Ein Garantieversprechen ist immer eine freiwillige, gesetzlich nicht geschuldete Leistung des Verkäufers, die neben die gesetzlichen Gewährleistungsrechte tritt und diese niemals ersetzen, einschränken oder gar ausschließen kann. 93

Bei Garantien handelt es sich um **selbstständig zwischen Kunde und Garantiegeber abgeschlossene Verträge**, die in der Regel eine **umfangreiche und verschuldensunabhängige Haftung des Verkäufers** zur Folge haben. Die §§ 276 und 443 BGB regeln, dass der Verkäufer bei Übernahme einer Garantie ohne Verschulden haftet. 94

Ein weiterer entscheidender Unterschied zum Mängelgewährleistungsrecht ist, dass bei der Garantie der Zustand der Ware zum Zeitpunkt der Übergabe an den Kunden keine Rolle spielt. Die Garantie sichert eine bestimmte Eigenschaft bzw. Nutzungsmöglichkeit der Ware immer für den gesamten Garantiezeitraum (z.B. die 2-jährige Neufahrzeug-Garantie) zu. Entfällt die zugesagte Eigenschaft während der Garantiedauer, löst dies die Rechte aus der Garantie aus. 95

Die gesetzlichen Gewährleistungsrechte beziehen sich hingegen immer auf den Zeitpunkt der Übergabe der Kaufsache (sog. Gefahrübergang). Nur wenn die Kaufsache bereits zum Zeitpunkt der Übergabe mangelhaft ist, werden die Mängelgewährleistungsrechte ausgelöst. 96

Anders als die gesetzlichen Gewährleistungsrechte richten sich Garantien nicht zwingend gegen den Verkäufer. Häufig übernimmt der eigentliche Hersteller der Ware die Garantie (sog. Herstellergarantie), z.B. als besondere Dienstleistung oder als Marketing-Tool, um das Vertrauen in die Funktionsfähigkeit seiner Produkte nach außen hin zu dokumentieren. 97

G. Lieferung, Lieferzeit, Lieferverzug und Verpackung

I. Mustertext

Klauselmuster

98 **5. Lieferung/Erfüllungsort/Lieferzeit/Lieferverzug/Verpackung**

5.1 Verbindliche Liefertermine und -fristen müssen ausdrücklich und schriftlich vereinbart werden. Bei unverbindlichen oder ungefähren (ca., etwa, etc.) Lieferterminen und -fristen bemühen wir uns, diese nach besten Kräften einzuhalten.

5.2 Liefer- und/oder Leistungsfristen beginnen mit dem Zugang unserer Auftragsbestätigung beim Kunden, mangels solcher binnen 5 Kalendertagen nach Zugang der kundenseitigen Bestellung bei uns, jedoch nicht, bevor alle Einzelheiten der Ausführung des Auftrages geklärt sind und alle sonstigen vom Kunden zu erfüllenden Voraussetzungen vorliegen, insbesondere vereinbarte Anzahlungen oder Sicherheiten und notwendige Mitwirkungsleistungen vollständig geleistet sind. Entsprechendes gilt für Liefertermine und Leistungstermine. Hat der Kunde nach Auftragserteilung Änderungen verlangt, so beginnt eine neue angemessene Liefer- und/oder Leistungsfrist mit der Bestätigung der Änderung durch uns.
[Etwaig Regelung ergänzen, wer zur Abladung der Ware verpflichtet ist]

5.3 Geraten wir in Lieferverzug, muss der Kunde uns zunächst eine angemessene Nachfrist von mindestens – soweit nicht unangemessen – 14 Tagen zur Leistung setzen. Verstreicht diese fruchtlos, bestehen Schadensersatzansprüche wegen Pflichtverletzung – gleich aus welchem Grund – nur nach Maßgabe der Regelung in Ziff. 11.
[Etwaig Regelung zu Mitwirkungspflichten des Kunden ergänzen. Solange diese nicht erbracht sind, kann das verzugshindernd wirken]

5.4 Wird bei der Bestellung kein Abholtermin angegeben, den wir zu bestätigen haben damit dieser verbindlich wird, bzw. erfolgt die Abnahme nicht zum vereinbarten Abholtermin, versenden wir nach unserer Wahl die vertragsgegenständliche Ware mit einem von uns beauftragten Frachtführer oder lagern die vertragsgegenständliche Ware auf Kosten des Kunden ein. Die anfallenden Verpackungs-, Transport- und Versicherungskosten (letztere soweit eine Transportversicherung vereinbart wurde) stellen wir beim Versand dem Kunden zusätzlich in Rechnung.
Bei Einlagerung hat der Kunde eine Lagerpauschale in Höhe von 1% der Nettovergütung je Woche für die eingelagerte Ware zu zahlen. Beiden Parteien bleibt der Nachweis eines geringeren oder höheren Aufwandes, dem Kunden auch der Nachweis eines gänzlich fehlenden Aufwandes, vorbehalten.

5.5 Wenn dem Kunden wegen unseres Verzuges ein Schaden erwächst, so ist er unter Ausschluss weiterer Ansprüche berechtigt, eine Verzugsentschädigung zu fordern. Sie beträgt für jede angefangene Woche des Verzuges 0,5% der Netto-Vergütung für die im Verzug befindliche Warenlieferung und/oder Leistung im Ganzen, aber höchstens 5% der Nettovergütung der Gesamtlieferung und/oder Gesamtleistung, die infolge des Verzuges nicht rechtzeitig oder nicht vertragsgemäß von uns geliefert und/oder geleistet wird. Ein weitergehender Ersatz unsererseits des Verzögerungsschadens ist ausgeschlossen. Dies gilt nicht im Falle eines vorsätzlichen, grob fahrlässigen oder arglistigen Handelns unsererseits, bei Ansprüchen wegen der Verletzung von Leib, Leben oder Gesundheit, bei Verzug sowie im Falle eines vereinbarten fixen Liefertermins im Rechtssinne und der Übernahme einer Leistungsgarantie oder eines Beschaffungsrisikos nach § 276 BGB und bei einer gesetzlich zwingenden Haftung.

II. Erläuterungen

Neben der Lieferung bzw. Leistung und deren Umfang spielt die Einhaltung von Liefer- und Leistungszeiten gerade im B2B-Geschäft eine immense Rolle. Denn wo, wenn nicht hier, kommt es auf Schnelligkeit, Rechtzeitigkeit und Zuverlässigkeit für den Erfolg des unternehmerischen Handelns an. Eine diesbezügliche Regelung ist erforderlich, weil AGB zwischen Vertragspartnern variieren und Auftragsbestätigungen von Bestellungen abweichende Inhalte zur Liefer-/Leistungszeit enthalten können (z.B. Lieferung in bestimmter „Kalenderwoche" einerseits und Lieferzeit „ca." andererseits). Eine interessengerechte Auslegung ist in solchen Fällen nahezu unmöglich. Einem Dissens und gar dem Scheitern des Vertragsschlusses muss daher vorgebeugt werden. 99

1. Bestimmung der Lieferzeit

Die Bestimmung der Lieferzeit ist unter zwei Gesichtspunkten maßgeblich: zum einen für den Zeitpunkt, zu welchem der Gläubiger die Leistung verlangen kann (**Fälligkeit**) und zum anderen für den Zeitpunkt, zu welchem der Schuldner die Leistung bewirken darf (**Erfüllbarkeit**). Nach der gesetzlichen Regelung des § 271 Abs. 1 BGB hat die Leistung grundsätzlich **sofort** zu erfolgen, es sei denn, es ist eine Leistung bestimmt oder aus den Umständen des Einzelfalles ist eine Leistungszeit zu entnehmen. Die sofortige Leistung bedeutet zwar weder „auf der Stelle" noch „ohne schuldhaftes Zögern". Vielmehr ist nach Treu und Glauben unter Berücksichtigung der Verkehrssitte auf eine objektiv angemessene Zeitspanne abzustellen.[66] Der Schuldner muss also grundsätzlich so schnell, als er nach den Umständen kann, erfüllen. Die Lieferzeit kann demnach stark zwischen Tagen, Wochen und Monaten variieren. Aus diesem Grund strebt der Klauselverwender regelmäßig nach einem möglichst großzügig bemessenen Spielraum zur Bestimmung der Lieferzeit. 100

Die Klausel, wonach **Liefertermine** grundsätzlich – mit Ausnahme einer ausdrücklichen schriftlichen Vereinbarung – **unverbindlich** sind, bietet insoweit die nötige Flexibilität. 101

Eine derartige Klausel ist zwar bei Verbraucherverträgen nicht wirksam; Gleiches gilt für Klauseln, die die Liefer-/Leistungszeit mit z.B. „sobald wie möglich", „in Kürze" oder „in der Regel" beschreiben. Wenn die Lieferzeit für den Regelfall offen gehalten wird, stellt das eine unangemessene Benachteiligung des Vertragspartners dar.[67] Begründet ist dies in der Entwertung des Lösungsrechts vom Vertrag sowie des Schadensersatzanspruchs wegen Nichtleistung (§§ 280, 281 BGB) und 102

66 OLG München, NJW-RR 1992, 818.
67 OLG Frankfurt, MMR 2006, 325.

Verzögerung (§§ 280, 286 BGB). Während der Vertragspartner in der Disposition über seinen Schadensersatzanspruchs eingeschränkt wäre, würde dem Klauselverwender ein jederzeitiges Leistungsrecht zugestanden, was mit den Klauselverboten aus § 308 Nr. 1 Hs. 1 Var. 2 BGB und § 309 Nr. 8 lit. a) BGB nicht in Einklang zu bringen ist.

! **§ 308 Klauselverbote mit Wertungsmöglichkeit**
„In Allgemeinen Geschäftsbedingungen ist insbesondere unwirksam
Nr. 1 (Annahme- und Leistungsfrist)
eine Bestimmung, durch die sich der Verwender unangemessen lange oder nicht hinreichend bestimmte Fristen für die Annahme oder Ablehnung eines Angebots oder die Erbringung einer Leistung vorbehält; [...]"

! **§ 309 Klauselverbote ohne Wertungsmöglichkeit**
„Auch soweit eine Abweichung von den gesetzlichen Vorschriften zulässig ist, ist in Allgemeinen Geschäftsbedingungen unwirksam
[...]"
Nr. 8 (Sonstige Haftungsausschlüsse bei Pflichtverletzung)
a) (Ausschluss des Rechts, sich vom Vertrag zu lösen)
eine Bestimmung, die bei einer vom Verwender zu vertretenden, nicht in einem Mangel der Kaufsache oder des Werkes bestehenden Pflichtverletzung das Recht des anderen Vertragsteils, sich vom Vertrag zu lösen, ausschließt oder einschränkt; [...]"

---

103 Im B2B-Verkehr hingegen können unverbindliche Liefertermine zulässig sein; jedenfalls ist auf höchstrichterlicher Ebene insoweit noch keine entgegenstehende Entscheidung ergangen.[68] Aufgrund ihrer Geschäftserfahrung und -gewandtheit sind Unternehmer gegenüber Verbrauchern im Hinblick auf nicht hinreichend bestimmte Fristen weniger schutzwürdig, da ihnen die Fähigkeit zugesprochen wird, auch kompliziertere Lieferfristen zu berechnen. Letztlich kommt es auf die Vorhersehbarkeit des Liefer-/Leistungstermins und eine Interessenabwägung im Rahmen von § 307 BGB an, da Exaktheit und Rechtzeitigkeit der Leistung gerade im unternehmerischen Bereich im höchsten Maße von Bedeutung sind. Insofern ist dem Klauselverbot des § 308 Nr. 1 Hs. 1 BGB über § 310 Abs. 1 BGB für den B2B-Verkehr eine Indizwirkung zu entnehmen.[69] Aber auch hier ist die Klausel „Lieferzeit unverbindlich" nur unter besonderen Voraussetzungen wirksam.[70] Dies ist jedenfalls dann der Fall, wenn die Klausel die dargestellte Auslegungsregel zur Vereinbarung einer Zusage zu verbindlichen, festen Lieferterminen und –fristen sowie darüber hinaus z.B. **„ca."-Angaben** enthält. Die Klausel ist solange wirksam, wie sich die

---

68 In der Literatur wird jedoch vereinzelt schon der Bestand dieser Klausel kritisch bewertet; vgl. Stoffels AGB-Recht, Rn. 768.
69 Staudinger/*Coester-Waltjen* BGB, § 308 Nr. 1 Rn. 21.
70 Walchshöfer in WM 1986, 1541 (1545).

Lieferzeit im Rahmen des Angemessenen hält; wobei im B2B-Verkehr zu bedenken ist, dass hier – im Gegensatz zum nichtkaufmännischen Bereich – im Hinblick auf Leichtigkeit und Schnelligkeit des Handelsverkehrs eher kürzere als längere Leistungszeiten anzusetzen sind.

Folge dieser Klausel ist, dass derjenige, der aus nicht von ihm zu vertretenen 104
Gründen nicht rechtzeitig leisten kann, **von der Verpflichtung zur rechtzeitigen Leistung frei** wird. Das bedeutet, der Kunde kann vor Ablauf der Frist die Leistung bzw. Lieferung nicht verlangen und der Klauselverwender gerät nicht automatisch mit Fristablauf in Verzug. Die Klausel „Lieferzeit unverbindlich“ gibt dem Klauselverwender in der Position des Verkäufers jedoch kein Recht zu beliebiger Verzögerung.[71]

Das gilt mithin nicht, wenn von der Möglichkeit der Vereinbarung einer ver- 105
bindlichen Liefer-/Leistungszeit Gebrauch gemacht wird. Dann handelt es sich um ein Fixgeschäft in Form des sog. relativen Fixgeschäfts oder des sog. absoluten Fixgeschäfts (§ 376 HGB), was bei Nichteinhaltung des Termins bzw. der Frist dazu führen kann, dass der Kunde von seiner Gegenleistungspflicht frei wird bzw. vom Vertrag zurücktreten und Schadensersatz fordern kann.[72]

Im Gegensatz zu unverbindlichen Liefer-/Leistungszeiten ist die **„ungefähre“** 106
Angabe im Rahmen kalendermäßiger Begriffe mit „ca.“, „etwa“, „ungefähr“, „spätestens in x Wochen“ usw. jedenfalls noch zulässig.[73] Dadurch wird keine unbestimmte Frist definiert, sondern die Klausel bewirkt – ebenso wie unverbindliche Liefertermine – vielmehr, dass der Kunde die Leistung nicht vor Ablauf der Frist verlangen kann und der Klauselverwender mit Fristablauf nicht automatisch in Verzug gerät.[74] Sie gewährt dem Unternehmer einen gewissen Spielraum, ist aber noch bestimmt genug.

In jedem Fall ist aber zu beachten, dass eine **Individualabrede** – sei sie aus- 107
drücklich, stillschweigend oder konkludent getroffen – immer Vorrang vor den AGB hat (§ 305b BGB).

2. Beginn der Liefer-/Leistungsfristen

Der Beginn der Lieferfrist ist in der Regel der Zeitpunkt des Vertragsschlusses. Ent- 108
sprechend der Ziff. 4.2 dieser Muster-AGB wird der Beginn der Leistungsfrist hier auf

71 MüKo/*Schmidt* HGB, § 346 Rn. 95.

72 Vgl. im Weiteren auch zu den Rechtsfolgen beim Fixgeschäft Schmitt/*Köhl* Gestaltung von Wirtschaftsverträgen, Kap. 8 Rn. 159 ff.

73 Staudinger/*Coester-Waltjen* BGB, § 308 Nr. 1 Rn. 17. Die Wirksamkeit von „ca.-Fristen“ wird selbst für den B2C-Verkehr bejaht, vgl. auch Palandt/*Grüneberg* BGB, § 308 Rn. 9 sowie aktuelle Entscheidungen des OLG Hamm, MMR 2013, und OLG München, BeckRS 2015, 01971.

74 BeckOK/*Becker* BGB, § 308 Nr. 1 Rn. 28.

den Zeitpunkt des Zugangs der Auftragsbestätigung beim Kunden gelegt. Dies dient der Klarstellung und beugt Unsicherheiten hinsichtlich des Fristbeginns auf beiden Seiten vor. Außerdem ist dieser Zeitpunkt relevant für die Fristberechnung und damit auch für einen möglichen Verzugseintritt. Insofern wird klarstellend auch auf die Liefer-/Leistungstermine Bezug genommen.

109 Zudem ist es in diesem Zusammenhang sinnvoll zu regeln, wovon der Beginn der Liefer-/Leistungsfrist noch abhängen soll. In Betracht kommen z.B. die Einreichung bestimmter Unterlagen, Mitwirkungshandlungen sowie die Erfüllung weiterer Voraussetzungen des Vertragspartners. Unter dem Aspekt der Privatautonomie verfügt der Klauselverwender insoweit über einen Spielraum.

110 Allerdings ist zu beachten, dass auch der Beginn von Fristen in AGB hinreichend **bestimmt** sein muss. Von einer hinreichenden Bestimmtheit ist dann auszugehen, wenn der durchschnittliche Vertragspartner die Frist für die Leistung berechnen kann. Für den B2C-Verkehr hat der BGH schon frühzeitig entschieden, dass eine Klausel nach § 308 Nr. 1 BGB unwirksam ist, wenn der Fristbeginn ausschließlich oder zusätzlich von einem Ereignis im Bereich des Klauselverwenders abhängt.[75] Hinsichtlich der Auftragsbestätigung als maßgeblichem Zeitpunkt für den Fristbeginn liegt dieses Ereignis zwar ausschließlich in der Sphäre des Klauselverwenders in der Position des Verkäufers. Dennoch wird im B2B-Bereich eine derartige Klausel noch als wirksam erachtet, solange es sich um eine handelsübliche Klausel handelt, die dem Kunden die sichere Berechnung der Leistungszeit nur erschwert.[76] Fehlt mithin jegliche individuelle Absprache, erfolgt die Festlegung der Leistungsfrist allein durch die AGB, so scheidet eine Inhaltskontrolle unter dem Aspekt der mangelnden Bestimmtheit aus, wenn sich für die Klausel nach § 346 HGB eine handelsgebräuchliche Bedeutung ermitteln lässt (§ 310 Abs. 1 Satz 2 BGB).[77] In den vorliegenden Muster-AGB wird daher für den Fristbeginn hilfsweise auf einen bestimmten Zeitraum nach Zugang der Bestellung abgestellt; die Bestellung liegt wiederum in der Sphäre des Kunden. Ab Zugang, sei es der Auftragsbestätigung oder der Bestellung, ist also eine Berechnung für den Kunden möglich.

111 Zweckmäßig ist darüber hinaus, die AGB mit dem Vorbehalt wegen Änderungen zu versehen. Für den Fall, dass der Kunde Änderungen verlangt, gibt der erneut beginnende Fristlauf dem Klauselverwender als Verkäufer ausreichend Zeit, die Leistung bzw. Lieferung entsprechend anzupassen.

75 BGH, NJW 1985, 855.
76 Palandt/*Grüneberg* BGH § 308 Rn. 10; aA: Stoffels AGB-Recht, Rn. 768.
77 MüKo/*Wurmnest* BGB, § 308 Nr. 1 Rn. 26.

3. Verpflichtung zur Abladung

Im Zusammenhang mit dem Liefertermin bietet es sich auch an, eine Regelung zum Abladen der Ware zu treffen. Derartige Regelungen können variabel – je nach Interessenlage – gestaltet werden. So ist eine Lieferung möglich, die die Anlieferung der Ware beinhaltet, jedoch nicht das Abladen durch den Verkäufer. Das Abladen kann wiederum durch den Kunden selbst und/oder fremdes Personal erfolgen. Wird beim Entladen fremdes Personal eingesetzt erscheint eine Regelung sinnvoll, nach der der Einsatz grundsätzlich nur auf Risiko des Kunden erfolgt. Insgesamt geht es hierbei darum, wer die Kosten und die Gefahr beim Entladen trägt. 112

Regelmäßig wird eine Klausel gewählt, wonach die Abladung der Ware bei vereinbarter Bringschuld Sache des Kunden ist und zu seinen Lasten geht. 113

4. Abnahme, Transport und Verpackung

Regelmäßig wird individuell, verbindlich abgesprochen, wo und wann die **Abnahme** oder die Abholung der Ware stattfinden soll. Geschieht dies nicht oder wird die **Absprache** seitens des Kunden nicht eingehalten, sollte in AGB für diese Fälle eine Regelung enthalten sein. Der Klauselverwender kann sie für sich günstig gestalten, indem er sich folgende Wahlmöglichkeit vorbehält: Versendung der Ware oder Einlagerung auf Kosten des Kunden. Dies setzt mithin voraus, dass Leistungs- und Erfüllungsort (§§ 269, 270 BGB) beim Verkäufer und nicht am Sitz des Kunden oder anderswo liegen. Es darf sich also entweder nicht um eine Bring- oder Schickschuld handeln oder es müssen weitere Voraussetzungen, wie die des Annahmeverzugs (s.u.) oder einer individuellen Vereinbarung, vorliegen. 114

Bei der üblicherweise anzunehmenden Holschuld schuldet der Verkäufer die für den Transport zum Kunden erforderliche Verpackung, damit die Ware bei normaler Behandlung unbeschädigt bleibt. Die Verpackung der Ware kann insofern entweder eine Nebenpflicht darstellen oder zu der vom Verkäufer geschuldeten Beschaffenheit der Ware zählen.[78] Dies entspricht der gesetzlichen Regelung (§ 448 Abs. 1 BGB), wonach der Verkäufer die Kosten der Übergabe zahlt, während der Kunde die Kosten der Abnahme trägt. Die Kosten der Verpackung einschließlich der erforderlichen Transportverpackung trägt demzufolge grundsätzlich – mit Ausnahme des Versendungskaufs (§ 447 BGB) – der Klauselverwender in der Position des Verkäufers, es sei denn, es ist etwas anderes durch **Vereinbarung**, Handelsbrauch oder Incoterms geregelt. 115

Der Klauselverwender als Verkäufer kann mithin dem Kunden die **Verpackungskosten** gesondert in Rechnung stellen, ohne dass dies eine unangemesse- 116

---

78 Dies richtet sich danach, welche Bedeutung die Verpackung für die Ware hat; vgl. BGH, NJW 1983, 1496.

ne Benachteiligung wegen einer Preiserhöhung darstellt und gegen § 307 Abs. 2 Nr. 1 BGB verstößt. Andererseits besteht die Möglichkeit, eine Rückgabepflicht hinsichtlich der Verpackungsmaterialien (z.B. Paletten, Container, Säcke, Flaschen etc.) zu vereinbaren, und ggf. Wertersatz für den Fall des Verlustes zu verlangen. Hinsichtlich der Einzelheiten der Verpackung ist die Verpackungsverordnung (VerpackVO) vom 21. August 1998 in der aktuellen Fassung vom 1. Juni 2012 zu berücksichtigen.

117 Die Übernahme der **Transportkosten** hängt letztlich mit der Regelung zum Erfüllungsort (§ 269 BGB) zusammen. Aber auch insoweit ist eine Regelung zur Tragung der Transportkosten in AGB möglich.

118 Befindet sich der Kunde wegen der Nichtabnahme der Ware in Annahmeverzug i.S.d. §§ 293 ff. BGB, so ist schon gesetzlich ein Recht des Verkäufers zur Hinterlegung vorgesehen (§ 373 Abs. 1 BGB). Anstatt die Ware an eine spezielle Hinterlegungsstelle zu verbringen, kann der Verkäufer sie in eigener Verwahrung behalten oder anderweitig verwahren,[79] sie also einlagern. Nach dem beim Annahmeverzug geltenden § 304 BGB steht dem Verkäufer in einem solchen Fall einerseits ein Anspruch auf Aufwendungsersatz zu; dieser ist jedoch auf den Ersatz des tatsächlich entstandenen und objektiv erforderlichen Mehraufwands beschränkt. Andererseits greift ergänzend § 354 Abs. 1 HGB ein, wonach der Verkäufer Ersatz der üblichen **Lagerkosten** verlangen kann – vorausgesetzt dieser ist Kaufmann i.S.d. HGB. Dieser Anspruch darf aber keinesfalls als pauschalierter Ersatz eines Verzugsschadens angesehen werden, da allein an die Nichtabnahme oder nicht rechtzeitige Abnahme der Kaufsache angeknüpft wird.

! **Negativbeispiel**

„Für nicht oder nicht rechtzeitig abgenommene oder abgerufene Ware kann die Verkäuferin für jeden angefangenen Monat der Lagerung 1% des Kaufpreises als Lagergebühr und eine weitere Anzahlung von 10% verlangen."[80]

119 Eine solche Klausel wäre dann gem. § 307 BGB unwirksam, da auch im B2B-Verkehr das Erfordernis der Mahnung für den Verzögerungsschaden grundsätzlich nicht abbedungen werden kann.[81] Als Pauschalierung des Anspruchs auf Ersatz der Mehraufwendungen nach § 304 BGB begriffen ist eine Mahnung jedoch nicht erforderlich. Dennoch ist das Klauselverbot gem. § 309 Nr. 5 BGB zu beachten, wonach pauschalierte Schadensersatzsprüche nur in bestimmten Grenzen in AGB vereinbart werden können.

---

79 BGH, NJW 1996, 1464.
80 LG München I, BB 1979, 702.
81 Palandt/*Grüneberg*, § 309 Rn. 23.

§ 309 Klauselverbote ohne Wertungsmöglichkeit !
„Auch soweit eine Abweichung von den gesetzlichen Vorschriften zulässig ist, ist in Allgemeinen Geschäftsbedingungen unwirksam
[...]
Nr. 5 (Pauschalierung von Schadensersatzansprüchen)
die Vereinbarung eines pauschalierten Anspruchs des Verwenders auf Schadensersatz oder Ersatz einer Wertminderung, wenn
a) die Pauschale den in den geregelten Fällen nach dem gewöhnlichen Lauf der Dinge zu erwartenden Schaden oder die gewöhnlich eintretende Wertminderung übersteigt oder
b) dem anderen Vertragsteil nicht ausdrücklich der Nachweis gestattet wird, ein Schaden oder eine Wertminderung sei überhaupt nicht entstanden oder wesentlich niedriger als die Pauschale;
[...]“

Über §§ 310 Abs. 1 Satz 2, 307 Abs. 2 Nr. 1 BGB gilt die Wertung des § 309 Nr. 5 lit. a) **120** BGB auch für den B2B-Verkehr,[82] wobei die Höhe der Pauschalierung hier gegenüber dem B2C-Verkehr unterschiedlich ausfallen kann. Die Schadenspauschale muss indes der Höhe nach adäquat sein. Im Zweifel hat der Klauselverwender den Nachweis zu führen, dass die von ihm festgelegte Schadenspauschale dem branchentypischen Schadensumfang entspricht.[83] § 309 Nr. 5 lit. b) BGB wird dahingegen nicht in der Strenge auf den B2B-Verkehr übertragen. Daher ist eine ausdrückliche Gestattung des Gegenbeweises nicht erforderlich; er darf aber nicht ausgeschlossen werden.[84]

5. Mitwirkungspflichten des Kunden

Neben den Hauptleistungspflichten, wie bspw. die Abnahme der Ware beim Kauf **121** (§ 433 Abs. 2 BGB) oder die Abnahme des Werkes beim Werkvertrag (§ 640 BGB), können für den Kunden weitere Mitwirkungspflichten begründet werden, die für die Durchführung des Vertrags und die Erreichung des vertraglichen Leistungszwecks erforderlich sind. Mitwirkungspflichten sind Ausfluss des Grundsatzes von Treu und Glauben (Sonderfall der Leistungstreuepflicht).

Als Mitwirkungspflichten des Kunden kommen in Betracht **z.B.:** Einholung ei- **122** ner behördlichen Genehmigung, Erteilung einer formgerechten Zustimmung, Erteilung von Bescheinigungen, Zurverfügungstellung von Urkunden und anderer Informationen (z.B. Unterlagen für Zollabfertigung und Einfuhrgenehmigung, für Kreditfinanzierung, für Steuervergünstigungen (§ 14 UStG), Übergabe von Bedienungsanleitungen, Aufklärungspflichten.

---

82 BGH, NJW 1984, 2941; zuletzt BGH, NJW 2013, 856.
83 Staudinger/*Coester-Waltjen* BGB, § 309 Nr. 5 Rn. 16, 18.
84 BGH, NJW-RR 2003, 1056.

123 Zweckmäßig ist auch eine Klausel, wonach der Kunde bei der Abladung und Rückholung der Ware dem Personal des Klauselverwenders und/oder seiner Erfüllungsgehilfen behilflich zu sein hat, wenn dies erforderlich und für den Kunden zumutbar ist.

124 Bei den Mitwirkungspflichten handelt es sich um **selbstständig einklagbare Nebenpflichten.**[85] Dies gilt jedoch erst ab Vertragsschluss. In dem frühen Stadium der Vertragsverhandlungen besteht wegen des Grundsatzes der Privatautonomie und der Entschließungsfreiheit noch keine einklagbare Mitwirkungspflicht; insoweit kann lediglich ein Schadensersatzanspruch wegen Abbruchs der Vertragsverhandlungen aus vorvertraglicher Pflichtverletzung (culpa in contrahendo, §§ 311 Abs. 2, 241 Abs. 2, 280 Abs. 1 BGB) geltend gemacht werden.

125 Die Mitwirkungspflicht stellt mithin eine **Obliegenheit** des Kunden dar, deren Verletzung nicht als Pflichtverletzung i.S.v. § 280 Abs. 1 BGB anzusehen ist. Nur wenn eine echte Schuldnerpflicht (Leistungspflicht) betroffen ist, dann kommen bei deren Verletzung die §§ 280 ff. BGB und insbesondere die Vorschriften über den Schuldnerverzug zur Anwendung. Der Verstoß gegen die Mitwirkungspflicht als Obliegenheit führt schließlich nur zum sog. Annahmeverzug i.S.d. §§ 293 ff. BGB.

126 Der **Annahmeverzug** liegt dann vor, wenn die Erfüllung des Vertrags dadurch verzögert wird, dass der Kunde die seinerseits erforderliche Mitwirkungspflicht unterlässt. Dabei kommt es auf eine Verzögerung der Mitwirkungshandlung an; diese darf jedoch nicht unmöglich sein. Annahmeverzug und Unmöglichkeit bzw. Unvermögen schließen sich nämlich gegenseitig aus. Während bei der Unmöglichkeit der Annahme der Leistung ein dauerndes Hindernis entgegensteht, ist der Kunde beim Annahmeverzug zur Annahme der Leistung (vorübergehend) nicht bereit bzw. nicht gewillt.

127 Die Voraussetzungen für das Vorliegen des Annahmeverzugs (§§ 293 ff. BGB) sind, dass der Verkäufer leisten darf, dass er zur Leistung bereit und imstande ist und, dass der Kunde in der Position des Gläubigers die Leistung nicht annimmt bzw. die erforderliche Mitwirkungshandlung nicht erbringt. Zur Begründung des Annahmeverzugs muss dem Kunden die Leistung grundsätzlich zumindest angeboten werden – sei es in Form eines tatsächlichen Angebots (§ 294 BGB) oder in der Regel durch wörtliches Angebot (§ 295 BGB), wie z.B. bei einer Holschuld oder einer erforderlichen Mitwirkungshandlung des Kunden. Bei einer nur vorübergehenden Verhinderung der Annahme durch den Kunden wird mithin noch kein Annahmeverzug begründet (§ 299 BGB). Wenn der Zeitpunkt der Leistung oder Lieferung jedoch nicht genau bestimmt ist (z.B. nur Angabe eines Lieferzeitraums), so muss der Verkäufer die Lieferung zunächst rechtzeitig ankündigen. Auf ein Verschulden seitens des Kunden kommt es nicht an.

---

85 BGH, MDR 1963, 837; ausdrücklich Palandt/*Grüneberg* BGB, § 242 Rn. 32.

Rechtliche Folgen des Annahmeverzugs sind u.a., dass der Klauselverwender 128 als Verkäufer in diesem Zeitraum beschränkt haftet, und zwar nur für Vorsatz und grobe Fahrlässigkeit (§ 300 Abs. 1 BGB) und dass die Leistungsgefahr und damit die Gefahr eines zufälligen Untergangs der Kaufsache bei einer nur der Gattung nach bestimmten Sache auf den Kunden übergeht (§ 300 Abs. 2 BGB). Das bedeutet, der Verkäufer muss seine Leistung (in der Regel: Lieferung der Ware) nicht mehr erbringen, wenn die Kaufsache während des Annahmeverzugs beschädigt oder zerstört wird. Die Bedeutung dieser Regelung ist jedoch eher gering, da der Gefahrübergang bei sog. Gattungsschulden bereits bei Konkretisierung, d.h. z.B. bei der Holschuld mit Aussonderung aus dem Warenlager des Verkäufers und Angebot zur Abholung, erfolgt. Darüber hinaus wird zwar keine Schadensersatzpflicht ausgelöst, aber es besteht ein Anspruch auf Ersatz von objektiv erforderlichen Mehraufwendungen (§ 304 BGB); das sind bspw. Kosten für eine erfolglose Anlieferung der Ware beim Kunden, Lagerkosten, Versicherungsprämien usw. Ein Entgelt für den Einsatz der eigenen Arbeitskraft kann der Verkäufer allerdings nur beanspruchen, wenn die Leistung, also die Aufbewahrung und Erhaltung der geschuldeten Kaufsache in seinen gewerblichen oder beruflichen Tätigkeitskreis fällt.[86] Als Kaufmann kann der Verkäufer die üblichen Lagerkosten verlangen (§ 354 HGB; s.o.).

Weitere Folge des Annahmeverzugs des Kunden ist, dass es für den Verkäufer 129 verzugshindernd wirkt, d.h. der Klauselverwender kann mit seiner Leistung während des Annahmeverzugs nicht selbst in Schuldnerverzug geraten.

Der Kunde kann schließlich gleichzeitig mit dem Annahmeverzug auch in 130 Schuldnerverzug geraten, wenn neben der Mitwirkungshandlung eine (echte) Leistungspflicht besteht (z.B. Abnahme der Kaufsache oder des Werkes, § 433 Abs. 2, § 640 Abs. 1 BGB), die er nicht oder nicht rechtzeitig erfüllt.[87]

Hinsichtlich der eigenen Formulierung von Regelungen zum Annahmeverzug in 131 AGB ist schließlich zu beachten, dass die Vorschriften der §§ 293 ff. BGB einen hohen Gerechtigkeitsgehalt und Schutzwirkung für das Funktionieren der Vertragsabwicklung aufweisen. Mithin ist bei abweichend gestaltenden Klauseln zum Annahmeverzug äußerste Zurückhaltung geboten, da sich der Klauselverwender keinesfalls formularmäßig von wesentlichen Vertragspflichten freizeichnen darf. Schnell kann eine diesbezügliche Klausel eine unangemessene Benachteiligung darstellen und nach § 307 BGB unwirksam sein.

86 Palandt/*Grüneberg* BGB, § 304 Rn. 2.
87 RGZ 57, 402.

6. Lieferverzug

132 Als Gegenstück zum Annahmeverzug kann eine Vertragspartei in Schuldnerverzug geraten. Das ist dann der Fall, wenn eine sog. echte Leistungspflicht nicht erfüllt wird. Der Klauselverwender als Verkäufer gerät in Lieferverzug und damit in **Schuldnerverzug** i.S.d. § 286 BGB, wenn er seine Leistung, z.B. in Form der Lieferung der Ware, nicht rechtzeitig erbringt. Dabei ist zu berücksichtigen, dass der Schuldnerverzug nur eintreten kann, wenn die Leistung noch möglich und nachholbar ist. Es darf also kein Fall der Unmöglichkeit i.S.v. § 275 BGB vorliegen; d.h. die Ware darf nicht untergangen oder zerstört sein; denn dann wäre man auf die Sekundärrechte auf der Schadensersatzebene verwiesen.

133 Voraussetzungen für den Eintritt des Schuldnerverzugs sind das Vorliegen eines erfüllbaren und fälligen Anspruchs, ein verzugsauslösendes Ereignis (bspw. eine Mahnung) sowie ein Verschulden der nicht rechtzeitigen Leistung.

134 Dem **Anspruch auf Erfüllung** des Kunden dürfen auf Seiten des Klauselverwenders **keine Einwendungen oder Einreden entgegenstehen**. Insbesondere muss der Kunde die Gegenleistung rechtzeitig, vollständig und vertragsgemäß erbringen, da ansonsten die Voraussetzungen der Einrede des nicht erfüllten Vertrags (§ 320 BGB) vorliegen und den Verkäufer zur Leistungsverweigerung berechtigen (Zurückbehaltungsrecht). Dabei reicht schon das Bestehen einer Einwendung aus; sie muss noch nicht erhoben worden sein. Andere Einwendungen im weiteren Sinne sind z.B.: fehlende Fälligkeit, Sittenwidrigkeit, Anfechtung, Eintritt einer Bedingung, Ablauf einer Befristung, Rücktritt/Widerruf, Störung der Geschäftsgrundlage, Aufrechnung, Abtretung, Verjährung usw.

135 Der Verzug wird regelmäßig erst durch eine **Mahnung**, also eine an den Klauselverwender als Verkäufer gerichtete ausdrückliche und ernsthafte Aufforderung zur Leistungserbringung, begründet. Die Mahnung muss in ihrer Formulierung eindeutig und bestimmt sein, sodass für den Verkäufer erkennbar ist, dass und welche Leistung der Kunde verlangt. Einer besonderen Form bedarf die Mahnung nicht. Sie kann auch konkludent erfolgen. Es empfiehlt sich jedoch aus Gründen der Beweisbarkeit, diese per Einschreiben und gegen Empfangsbekenntnis zu versenden. Die Mahnung kann sinnvollerweise erst erfolgen, wenn der Anspruch bereits fällig ist; eine vorher ausgesprochene Mahnung ist wirkungslos.

136 Unter Umständen ist eine Mahnung **entbehrlich.**[88] Dies gilt zum einen, wenn Klage erhoben oder ein Mahnbescheid zugestellt wird (§ 286 Abs. 1 Satz 2 BGB). Zum anderen sieht § 286 Abs. 2 BGB insoweit gesetzliche Bestimmungen vor. Danach ist eine Mahnung entbehrlich, wenn eine Leistungszeit nach dem Kalender bestimmt (Nr. 1) oder nach dem Eintritt eines vorausgehenden Ereignisses bestimmbar (Nr. 2)

---

88 Sie kann jedoch – auch im B2B-Verkehr – nicht durch AGB grundsätzlich ausgeschlossen werden.

ist. Ebenso ist die Mahnung bei einer ernsthaften und endgültigen Erfüllungsverweigerung durch den Klauselverwender als Schuldner (Nr. 3) sowie bei Vorliegen besonderer Gründe nach einer Interessenabwägung (Nr. 4) nicht erforderlich. Davon ist insbesondere das sog. Fixgeschäft[89] erfasst, bei dem die Leistung der einen Partei mit der Gegenleistung der anderen Partei stehen und fallen soll. Die Entbehrlichkeit einer Mahnung nach § 286 Abs. 3 BGB betrifft schließlich nur Entgeltforderungen, also solche Forderungen, die auf Zahlung eines Entgelts als Gegenleistung für die Lieferung von Gütern oder die Erbringung von Dienstleistungen gerichtet sind.[90] Für die Verkaufsbedingungen und den Verzugseintritt auf Seiten des Klauselverwenders als Verkäufer wegen verspäteter Lieferung der Ware spielt die Vorschrift daher keine Rolle.

Weiterhin muss der Schuldner, hier also der Klauselverwender als Verkäufer, den 137
Verzug zu vertreten haben. Er muss den Umstand, weswegen die rechtzeitige Leistung unterbleibt, zu verantworten haben. Das **Verschulden** in Form von Vorsatz und Fahrlässigkeit (§ 276 Abs. 1 und 2 BGB) wird dabei grundsätzlich vermutet (§ 280 Abs. 1 Satz 2 i.V.m. § 286 Abs. 4 BGB), wobei eine Exkulpation, dass er die Leistung rechtzeitig erbracht hat, möglich ist. **Fahrlässig** handelt, wer die im Verkehr erforderliche Sorgfalt außer Acht lässt (Legaldefinition, § 276 Abs. 2 BGB). Dies setzt voraus, dass die nicht rechtzeitige Leistung für den Klauselverwender in der Rolle des schuldenden Verkäufers voraussehbar und vermeidbar war. Dieser Beurteilung ist ein objektiver Sorgfaltsmaßstab zugrunde zu legen. Fahrlässigkeit kann in verschiedenen Arten von bewusster und unbewusster sowie einfacher und grober Fahrlässigkeit auftreten. Im Rechtsverkehr kommt es letztlich auf das gegenseitige Vertrauen der Vertragsparteien an, vor allem darauf, dass der andere die für die Erfüllung seiner Pflichten nach allgemeinen Maßstäben erforderlichen Fähigkeiten und Kenntnisse besitzt.[91] Persönliche Eigenarten wirken daher nicht entlastend; der Einwand, nicht die erforderliche Sachkunde für die Leistung zu besitzen, greift nicht;[92] dahingegen können besondere Kenntnisse/Fähigkeiten zum Schutz der anderen Vertragspartei die Anforderungen verschärfen.[93] **Vorsätzlich** handelt, wer wissentlich und willentlich den pflichtwidrigen Erfolg, hier die nicht rechtzeitige Leistung, herbeiführt.[94] Der Schuldner muss die Verzögerung der Leistung mithin für möglich halten und dies zumindest billigend in Kauf nehmen. Infolge gesetzlicher Bestimmungen oder vertraglicher Regelungen, auch im Rahmen von AGB, kann der Verschuldensmaßstab gemildert oder verschärft werden. Insbesondere bei der Übernahme einer Garantie oder eines Beschaffungsri-

89 Vgl. § 376 HGB zum sog. absoluten Fixgeschäft im kaufmännischen B2B-Bereich.
90 Palandt/*Grüneberg* BGB, § 286 Rn. 27.
91 Palandt/*Grüneberg* BGB, § 276 Rn. 15.
92 Dauner-Lieb/Langen/*Dauner-Lieb* BGB/Schuldrecht, § 276 Rn. 13.
93 OLG Nürnberg, NJW-RR 2006, 1170.
94 Palandt/*Grüneberg* BGB, § 276 Rn. 10.

sikos gilt schon von Gesetzes wegen ein strengerer Haftungsmaßstab (§ 276 Abs. 1 Satz 1 BGB). Weiterhin ist in diesem Zusammenhang zu berücksichtigen, dass auch das Verschulden Dritter **zugerechnet** werden kann (§ 278 BGB). Der Klauselverwender hat demnach auch die durch seine Erfüllungsgehilfen verursachte Verzögerung zu vertreten. Insoweit ist aber klarzustellen, dass der Hersteller oder der Vorlieferant des Verkäufers grundsätzlich nicht dessen Erfüllungshilfe ist.[95] Dies gilt zumindest so im Kaufvertrags- und Werklieferungsvertragsrecht;[96] etwas anderes gilt jedoch im Werkvertragsrecht, wo der Subunternehmer Erfüllungsgehilfe des Unternehmers ist, nicht aber der Zulieferer.[97] Beim Versendungskauf ist Hilfsperson mithin kein Erfüllungsgehilfe (vgl. § 447 BGB), es sei denn, der Verkäufer übernimmt die Auslieferung der Sache mit eigenem Personal.[98] Soweit es aber um die Rechtzeitigkeit der Leistung geht, muss sich der Verkäufer dennoch das Verschulden des Lieferanten zurechnen lassen (stillschweigende Gewährübernahme);[99] es kommt dann darauf an, ob dem Verkäufer der Nachweis fehlenden Verschuldens gelingt (§ 280 Abs. 1 Satz 2 BGB).

138 **Regelungen in AGB** zum Schuldnerverzug können als entbehrlich erachtet werden, weil die Voraussetzungen des Verzugs gem. § 286 BGB eine Regelungsdichte aufweisen und für den Käufer an sich günstig sind. Änderungen der Verzugsvoraussetzungen zum Vorteil des Klauselverwenders können wegen einer unangemessenen Benachteiligung des Kunden (§ 307 BGB) problematisch sein.

139 Wie in Ziff. 5.3 geschehen, kann in AGB indes eine **Nachfrist** aufgenommen werden. Eine Fristsetzung im Rahmen der Mahnung ist nämlich nicht zwingend nötig.[100] Es handelt sich bei der Nachfrist um die Aufforderung zur Leistung innerhalb einer bestimmten Frist mit dem Hinweis darauf, nach deren Ablauf diese nicht mehr anzunehmen. Vielmehr besteht nach erfolglosem Verstreichen der Nachfrist die Möglichkeit der Lösung vom Vertrag durch Rücktritt oder Schadensersatzverlangen wegen Nichterfüllung. Die Nachfrist muss daher **angemessen** sein, was zu bejahen ist, wenn sie dem Schuldner, hier also dem Klauselverwender in der Position des Verkäufers tatsächlich die Möglichkeit gibt, die geschuldete Leistung noch zu erbringen. Das Merkmal der Angemessenheit der Frist ist dabei wie in § 281 Abs. 1 BGB (Schadensersatz statt der Leistung) und § 323 Abs. 1 BGB (Rücktritt vom Vertrag) zu verstehen. Es ist darüber hinaus auch im B2B-Verkehr über §§ 310 Abs. 1 Satz 2, 307 BGB an dem Klauselverbot aus § 308 Nr. 2 BGB zu messen.

---

95 Ständige Rechtsprechung; vgl. u.a. BGH, NJW 1967, 1903; BGH, NJW 2008, 2837; BGH, NJW 2009, 2674; BGH, NJW 2014, 2183.

96 BGH, NJW 2014, 2183.

97 Palandt/*Grüneberg* BGB, § 278 Rn .14.

98 MüKo/*Grundmann* BGB, § 278 Rn. 31.

99 Palandt/*Grüneberg* BGB, § 278 Rn. 13.

100 Palandt/*Grüneberg* BGB, § 286 Rn. 17. Ebenso wenig ist die Androhung von Folgen oder der Hinweis auf Rechtsfolgen nötig.

§ 308 Klauselverbote mit Wertungsmöglichkeit
„In Allgemeinen Geschäftsbedingungen ist insbesondere unwirksam
Nr. 2 (Nachfrist)
eine Bestimmung, durch die sich der Verwender für die von ihm zu bewirkende Leistung abweichend von Rechtsvorschriften eine unangemessen lange oder nicht hinreichend bestimmte Nachfrist vorbehält;
[...]“

Die Vorschrift dient damit der Transparenz der zeitlichen Verfügbarkeit von Leistungen, ergänzt und fällt sogleich in den Schutzbereich von § 308 Nr. 1 BGB, wonach die Leistungszeit hinreichend bestimmt sein muss.[101] Daher ist bei der Angemessenheitsprüfung im Wesentlichen zu berücksichtigen, wie großzügig die ursprüngliche Leistungsfrist bemessen war: je großzügiger sie gehalten war, desto knapper ist die dem Vertragspartner noch zumutbare Nachfrist anzusetzen.[102] Der Klauselverwender darf sich jedoch nicht zum Nachteil des Kunden eine überaus großzügige Nachfrist zur Erfüllung seiner Leistung einräumen; die Nachfrist soll nämlich nicht zu einer „Ersatzlieferungsfrist“ werden.[103] Gerade im B2B-Verkehr zieht das Ausbleiben der rechtzeitigen Leistung schwerwiegende finanzielle und existenzielle Folgen nach sich. Für den B2C-Bereich wurde z.B. entschieden, dass eine Nachfrist von sechs Wochen im Möbelhandel unangemessen sei.[104] Dahingegen kann bei Maßanfertigungen oder Einbauküchen eine Nachfrist von vier Wochen noch angemessen sein.[105] In der Regel wird eine zweiwöchige Nachfrist, gerade bei Verbrauchergeschäften, noch als angemessen zu beurteilen sein.[106] Im B2B-Verkehr können aber durchaus kürzere Fristen angemessen sein. Es sind die Umstände des Einzelfalles sowie die Besonderheiten des jeweiligen Gewerbezweiges zu berücksichtigen. Insofern wurde in der Musterklausel eine 14-tägige Nachfrist aufgenommen, die jedoch nicht statisch ist, sodass auf die Angemessenheit im Einzelfall abgestellt werden kann. Einer Nachfristsetzung bedarf es hingegen nicht, wenn es um ein Fixgeschäft i.S.v. § 376 HGB geht. 140

Hinsichtlich des **Vertretenmüssens** ist bewusst keine abweichende Regelung in die Mustervertragsklausel aufgenommen worden. Aufgrund der Beweislastumkehr des §§ 280 Abs. 1 Satz 2, 286 Abs. 4 BGB muss der Klauselverwender als Schuldner beweisen, dass er den Verzug nicht zu vertreten hat. Eine davon abweichende Regelung ist nach § 309 Nr. 12 lit. a) BGB unwirksam. 141

101 MüKo/*Wurmnest* BGB, § 308 Nr. 2 Rn. 1.
102 Staudinger/*Coester-Waltjen* BGB, § 308 Nr. 2 Rn. 7.
103 BGH, NJW 1985, 855.
104 OLG Oldenburg, NJW-RR 1992, 1527.
105 LG Hildesheim, NdsRpfl 1993, 153.
106 Palandt/*Grüneberg* BGB, § 308 Rn. 13.

> ! **§ 309 Klauselverbote mit Wertungsmöglichkeit**
> „Auch soweit eine Abweichung von den gesetzlichen Vorschriften zulässig ist, ist in Allgemeinen Geschäftsbedingungen unwirksam
> **Nr. 2 (Beweislast)**
> eine Bestimmung, durch die der Verwender die Beweislast zum Nachteil des anderen Vertragsteils ändert, insbesondere indem er
> a) diesem die Beweislast für Umstände auferlegt, die im Verantwortungsbereich des Verwenders liegen,
> [...]"

142 Dies gilt, vermittelt über §§ 310 Abs. 1 Satz 2, 307 BGB, auch im B2B-Verkehr,[107] da die Beweislastregeln auf Gerechtigkeitserwägungen basieren und die Beweislastverteilung nach Verantwortungsbereichen auch im unternehmerischen Geschäftsverkehr als gerechtfertigt erscheint.

143 Dennoch erfolgt eine Einschränkung in Bezug auf den **Verschuldensmaßstab** durch die Mustervertragsklausel, indem die Schadensersatzansprüche wegen des Verzugs nur nach Maßgabe der Regelung in Ziff. 11 der Muster-AGB bestehen. Dort erfolgt ein grundsätzlicher Haftungsausschluss, für den jedoch Ausnahmen, u.a. bei vorsätzlicher oder grob fahrlässiger Pflichtverletzung (Ziff. 11 Abs. 2 erster Spiegelstrich) sowie bei Verzug, soweit ein fixer Liefer- und/oder Leistungszeitpunkt vereinbart war (Ziff. 11 Abs. 2 vierter Spiegelstrich), vorgesehen sind.[108] Regelungen zu Haftungsbeschränkungen oder -erweiterungen unterliegen, soweit es sich nicht um Individualvereinbarungen handelt, der AGB-Kontrolle.[109]

144 Für den Klauselverwender als Verkäufer besteht allerdings die Möglichkeit der Absicherung durch eine Klausel zur Selbstbelieferung und höherer Gewalt, wie sie hier unter Ziff. 6 der Muster-AGB formuliert ist.

7. Verzugsentschädigung

145 Der beim Lieferverzug zu ersetzende Verzugsschaden ist ein **Schadensersatz neben der Leistung**. Das bedeutet, der Klauselverwender als Schuldner der Hauptleistung, muss die Ware noch liefern bzw. jedwede andere vertragliche Leistung noch erbringen, und darüber hinaus den dem Kunden aus der Verspätung der Leistung entstandenen Schaden erstatten.

---

107 Ständige Rechtsprechung; vgl. u.a. zuletzt BGH, NJW 2006, 47. Teilweise wird aber im Hinblick auf eine teleologische Reduktion von § 309 Nr. 12 BGB vertreten, im unternehmerischen Verkehr eine Beweislastumkehr insoweit zuzulassen, wie man Haftungsbegrenzungen für möglich hält; vgl. Staudinger/*Coester-Waltjen* BGB, § 309 Nr. 12 Rn. 16.

108 Für die Details zur Haftungsbegrenzung und den Ausnahmen zur Enthaftung siehe Rn. 374 ff.

109 Siehe unten Rn. 374 ff.

Demzufolge ist nach §§ 280 Abs. 1, Abs. 2 i.V.m. § 286 BGB dem Kunden grundsätzlich der durch den Verzug des Schuldners adäquat kausale und tatsächlich entstandene Schaden zu ersetzen. Der Kunde ist so zu stellen, wie er bei rechtzeitiger Leistung stehen würde.[110] Dazu zählen aber noch nicht etwaige Kosten der verzugsbegründenden Mahnung oder der Nachfristsetzung. Weil der in Form von Naturalrestitution zu leistende Schadensersatz praktisch regelmäßig nicht möglich ist, erfolgt die **Entschädigung in Geld** (§ 251 Abs. 1 BGB). 146

Dementsprechend wird in der Mustervertragsklausel eine Verzugsentschädigung in Geld vorgeschlagen. Diese ist mit einer **Schadenspauschale** versehen, die als solche zunächst einmal zulässig ist. Dabei ist jedoch zu beachten, dass dadurch der Kunde nicht i.S.v. § 307 BGB unangemessen benachteiligt werden darf. 147

Das hängt wiederum von der **Höhe der Schadenspauschale** ab. Insoweit greift das schadensersatzrechtliche Bereicherungsverbot, wonach sich der Klauselverwender nicht zum Nachteil des Kunden einseitig bereichern darf. Das Klauselverbot des § 309 Nr. 5 lit. a) BGB gilt insofern über §§ 310 Abs. 1 Satz 2, 307 BGB auch für den B2B-Verkehr.[111] Vielmehr muss der Kunde daher nur eine am **branchentypischen Durchschnittsschaden** orientierte Schadenspauschale gegen sich gelten lassen, und zwar auch dann, wenn er selbst Unternehmer ist.[112] Der Nachweis eines möglicherweise geringeren Schadens (vgl. § 309 Nr. 5 lit. b) BGB) spielt hier keine Rolle, da die Regelung nicht zuungunsten des Kunden, sondern nur für den Klauselverwender selbst gilt. In der unternehmerischen Praxis ist schließlich eine Verzugspauschale von 0,5% pro Woche bis maximal 5% der verspäteten Gesamtlieferung/-leistung üblich. Teilweise werden zwar Bedenken, insbesondere wegen eines möglichen Verstoßes der Ratierung und der Unvorhersehbarkeit des Schadens gegen das Transparenzgebot, geäußert.[113] Den Bedenkenträgern sollte indes zumindest hinsichtlich der Haftungshöchstbegrenzung von 5% durch höchstrichterliche Entscheidung[114] Einhalt geboten worden sein. Außerdem ist die Klausel solange als wirksam zu erachten, bis eine – bislang noch nicht ersichtliche – entgegenstehende 148

---

110 Inhalt und Umfang des Schadensersatzanspruchs richten sich dabei nach den allgemeinen Vorschriften der §§ 249 ff. BGB.

111 S.o. unter Rn. 120.

112 Ständige Rechtsprechung; vgl. BGH NJW 1984, 2941; BGH NJW 1998, 592; OLG Dresden, NJW-RR 2012, 422.

113 *Graf von Westphalen* in: Graf von Westphalen, Vertragsrecht und AGB-Klauselwerke, Freizeichnungs- und Haftungsbegrenzungsklauseln Rn. 88 f.

114 BGH, NJW 2001, 292; Begründung: Der Käufer hat es selbst in der Hand, die Zeitdauer des Verzugs und damit die Höhe des Verzugsschadens vergleichsweise gering zu halten, indem er zeitgleich mit der den Schuldnerverzug begründenden Mahnung eine kurz bemessene Nachfrist mit Ablehnungsandrohung setzt, um sich nach Ablauf der Frist alsbald vom Vertrag lösen und Schadensersatz wegen Nichterfüllung verlangen zu können.

richterliche Entscheidung ergeht. Die hier gewählte Schadenspauschalierung in Form des Prozentsatzes der in Verzug befindlichen Lieferung/Leistung mit einer Haftungshöchstsumme ist damit noch zulässig.

149 Der Ausschluss von grundsätzlich neben der Geltendmachung der Verzögerungsentschädigung in Betracht kommenden Ansprüchen durch die Mustervertragsklausel (Ziff. 5.5 Satz 1) sowie der Ausschluss weitergehenden Ersatzes des Verzögerungsschadens (Ziff. 5.5 Satz 3) sind grundsätzlich unbedenklich. Es führt dazu, dass bspw. ein Schadensersatz statt der Leistung nicht in Betracht kommt und der Ersatz von Folgeschäden oder entgangenem Gewinn beschränkt ist. Die Haftungsfreizeichnung in der Mustervertragsklausel ist schließlich so gestaltet, dass sie nicht gegen das – über §§ 310 Abs. 1 Satz 2, 307 BGB auch für Unternehmer geltende[115] – Klauselverbot des § 309 Nr. 7 BGB verstößt.

! **§ 309 Klauselverbote mit Wertungsmöglichkeit**

„Auch soweit eine Abweichung von den gesetzlichen Vorschriften zulässig ist, ist in Allgemeinen Geschäftsbedingungen unwirksam

Nr. 7 (Haftungsausschluss bei Verletzung von Leben, Körper, Gesundheit und bei grobem Verschulden)

a) (Verletzung von Leben, Körper, Gesundheit)
ein Ausschluss oder eine Begrenzung der Haftung für Schäden aus der Verletzung des Lebens, des Körpers oder der Gesundheit, die auf einer fahrlässigen Pflichtverletzung des Verwenders oder einer vorsätzlichen oder fahrlässigen Pflichtverletzung eines gesetzlichen Vertreters oder Erfüllungsgehilfen des Verwenders beruhen;

b) (Grobes Verschulden)
ein Ausschluss oder eine Begrenzung der Haftung für sonstige Schäden, die auf einer grob fahrlässigen Pflichtverletzung des Verwenders oder auf einer vorsätzlichen oder grob fahrlässigen Pflichtverletzung eines gesetzlichen Vertreters oder Erfüllungsgehilfen des Verwenders beruhen;

[...]"

---

150 Die Haftungsfreizeichnung bzw. -beschränkung kann daher überhaupt nur wirksam erfolgen, wenn bestimmte Schutzobjekte sowie grobes Verschulden davon ausgenommen werden. Im Übrigen steht diese Freizeichnungsklausel mit den Ausnahmen von der Enthaftung in Ziff. 11 dieser Muster-AGB in Einklang.

---

115 BGH NJW 2007, 3774.

H. Höhere Gewalt und Selbstbelieferung

I. Mustertext

Klauselmuster

6. Höhere Gewalt/Selbstbelieferung 151

6.1 Erhalten wir aus von uns nicht zu vertretenden Gründen für die Erbringung unserer geschuldeten vertragsgegenständlichen Lieferung oder Leistung Lieferungen oder Leistungen unserer Unterlieferanten trotz ordnungsgemäßer und ausreichender Eindeckung vor Vertragsschluss mit dem Kunden entsprechend der Quantität und der Qualität aus unserer Liefer- oder Leistungsvereinbarung mit dem Kunden (kongruente Eindeckung) nicht, nicht richtig oder nicht rechtzeitig oder treten Ereignisse Höherer Gewalt von nicht unerheblicher Dauer (d.h. mit einer Dauer von länger als 14 Kalendertagen) ein, so werden wir unseren Kunden rechtzeitig schriftlich oder in Textform informieren. In diesem Fall sind wir berechtigt, die Lieferung um die Dauer der Behinderung herauszuschieben oder wegen des noch nicht erfüllten Teils vom Vertrag ganz oder teilweise zurückzutreten, soweit wir unserer vorstehenden Informationspflicht nachgekommen sind und nicht das Beschaffungsrisiko oder eine Liefergarantie übernommen haben. Der Höheren Gewalt stehen gleich Streik, Aussperrung, behördliche Eingriffe, Energie- und Rohstoffknappheit, unverschuldete Transportengpässe oder -hindernisse, unverschuldete Betriebsbehinderungen – z.B. durch Feuer, Wasser und Maschinenschäden – und alle sonstigen Behinderungen, die bei objektiver Betrachtungsweise nicht von uns schuldhaft herbeigeführt worden sind.

6.2 Ist ein Liefertermin oder eine Lieferfrist verbindlich vereinbart und wird aufgrund von Ereignissen nach Ziff. 6.1 der vereinbarte Liefertermin oder die vereinbarte Lieferfrist überschritten, so ist der Kunde berechtigt, nach fruchtlosem Verstreichen einer angemessen Nachfrist wegen des noch nicht erfüllten Teils vom Vertrag zurückzutreten. Weitergehende Ansprüche des Kunden, insbesondere solche auf Schadensersatz, sind in diesem Fall ausgeschlossen.

6.3 Vorstehende Regelung gemäß Ziff. 6.2 gilt entsprechend, wenn aus den in Ziff. 6.1 genannten Gründen auch ohne vertragliche Vereinbarung eines festen Liefertermins dem Kunden ein weiteres Festhalten am Vertrag objektiv unzumutbar ist.

II. Erläuterungen

Gerade in Zeiten von immer stärker nachgefragten just-in-time-Lieferungen gewinnt 152 die risikoreiche, pünktliche Leistungserbringung in Lieferketten immer mehr an Bedeutung. Insbesondere im kaufmännischen Bereich sind Klauseln anerkannt, die es dem Verwender erlauben, bei bestimmten, von ihm nicht zu vertretenen Situationen die Lieferfrist zu verlängern oder von einem Rücktrittsrecht Gebrauch zu machen.

1. Höhere Gewalt

Störungen der Betriebsabläufe beinhalten naturgemäß ein hohes Haftungsrisiko für 153 den weiteren Verlauf von Geschäftsabwicklungen und können zugunsten des Vertragspartners u. a. Rücktrittsmöglichkeiten und Schadensersatzforderungen eröffnen. Für die Reduzierung dieses Risikos bieten sich Klauseln zur höheren Gewalt an, welche meist vorsehen, dass die eigentlich vereinbarte Lieferfrist um die Dauer des unverschuldet hindernden Ereignisses verlängert werden soll. Bei der Formulierung einer solchen Klausel ist zu beachten, dass die Ereignisse, welche als höhere Gewalt gelten sollen, hinreichend beschrieben sein müssen und nur solche Fälle umfassen dürfen, die bei objektiver Betrachtungsweise nicht vom Klauselverwender selbst schuldhaft herbeigeführt worden sind. Dahinter steht der Gedanke, dass der Vertragspartner erkennen können muss, wann eine Situation die Fristverlängerung auslöst. Soll die Klausel dem Verwender auch eine Rücktrittsmöglichkeit eröffnen, so ist ein solches Recht nur bei einer erheblichen Betriebsstörung einzuräumen. Gegenüber einem Verbraucher wäre eine Formulierung wie im Mustertext unwirksam, da die Leistungszeit nicht hinreichend bestimmt ist.[116] Im unternehmerischen Geschäftsverkehr haben sich Lieferfristen und deren Bestimmtheit im Rahmen der Angemessenheit zu halten, §§ 307, 310 Abs. 1 BGB.[117] Da Unternehmer aufgrund ihrer Erfahrung eher abschätzen können, wie lange ein unverschuldetes Ereignis die Leistung hindern kann, gilt ein Leistungsaufschub wegen Höherer Gewalt als handelsüblich und die Fristverlängerung als hinzunehmen. In anderen Situationen sind höhere Anforderungen an die Bestimmtheit der Lieferfrist im Handelsverkehr zu stellen, da gerade der kaufmännische Geschäftsverkehr auf die pünktliche Leistungserbringung angewiesen ist. Hier müssen der Erwartungs- und Kenntnishorizont der jeweiligen Branche besonders berücksichtigt werden.[118]

2. Selbstbelieferung

154 Um nicht bei verzögerter Lieferung oder Nichtlieferung des Vorlieferanten haften zu müssen, obwohl man diese Verzögerungen nicht zu vertreten hat, bietet sich eine Klausel zum Thema Selbstbelieferung an. Eine solche Klausel wird teilweise als auflösende Bedingung nach § 158 Abs. 2 BGB[119] oder als Rücktrittsvorbehalt[120] betrachtet. Rechtsprechung und Literatur sind der Ansicht, dass Selbstbelieferungsklauseln im kaufmännischen Bereich nicht zu beanstanden sind, weil sie von der Interessenlage im Handelsverkehr her sachlich gerechtfertigt sind. Die Rechtsprechung hat dabei in zahlreichen Fällen klargestellt, welche Aspekte bei der Formulierung einer solchen Klausel zu beachten sind.

---

116 OLG Stuttgart, NJW 1981, 1105.
117 Palandt/*Grüneberg* BGB, § 308 Rn. 10.
118 Vertiefende Ausführungen hierzu finden sich unter Rn. 100 ff.
119 BGH, NJW 1957, 873.
120 BGH, NJW 1983, 1320.

Der Verkäufer wird von seiner Lieferpflicht nur frei, wenn er ein kongruentes Deckungsgeschäft abgeschlossen hat und von seinem Zulieferer im Stich gelassen wird. Als ein solches kongruentes Deckungsgeschäft vor Vertragsschluss mit dem Kunden bezeichnet man eine solche Ausgestaltung zweier Verträge, dass bei natürlichem reibungslosem Ablauf die Erfüllung des Verkaufskontrakts mit der aus dem Einkaufskontrakt erwarteten Ware möglich ist. Die Lieferpflichten des Vorlieferanten aus dem Einkaufsvertrag müssen gegenüber dem Verkäufer mindestens die gleiche Sicherheit für die Lieferung bieten, wie dieser sie selbst seinem Abkäufer im Verkaufsvertrag gewährleistet hat. Das ist der Fall, wenn der Einkaufsvertrag die gleiche Ware und mindestens die gleiche Menge wie der Verkaufsvertrag betrifft, die Qualität der Waren und die Liefer- oder Abladezeit sich jeweils entsprechen und die Erfüllung aus dem Einkaufsvertrag nicht von einer Bedingung oder sonstigen, in der Sphäre des Vorlieferanten auftretenden Umständen abhängig gemacht ist.[121] Ob es sich bei dem Vorlieferanten um ein ebenso seriöses, wirtschaftlich gesundes Unternehmen wie beim Verkäufer handelt und diesen insofern ein Auswahlverschulden trifft, kann für die Frage der Kongruenz des Deckungsgeschäftes nicht relevant sein. Andernfalls würde man die Kongruenz von solchen Umständen abhängig machen, die der Verkäufer gar nicht oder nur schwer in Erfahrung bringen kann.[122] 155

Eine Klausel, welche gar kein kongruentes Deckungsgeschäft voraussetzt, sondern jede Lieferbehinderung ausreichen lässt, ist unwirksam. 156

Negativbeispiel !

„Bei Nichtbelieferung des Verkäufers durch Lieferanten steht beiden Parteien das Recht zu, vom Vertrag zurückzutreten, soweit er sich auf nicht lieferbare Gegenstände bezieht."[123]

Die Beispielsklausel umfasst auch solche Fälle, in denen der AGB-Verwender ein Deckungsgeschäft gar nicht abgeschlossen hat oder von seinem Lieferanten z.B. deshalb nicht beliefert wird, weil er sich ihm gegenüber im Zahlungsrückstand befindet. Der Klauselverwender hat insofern klarzustellen, dass das Rücktrittsrecht nicht durch eine von ihm schuldhaft herbeigeführte Nichtbelieferung entstehen kann. 157

3. Klare Begriffsdefinitionen

Grundsätzlich ist bei der Vertragsgestaltung auf eine klare und möglichst unmissverständliche Wortwahl zu achten. Im Zweifel kann es sich anbieten einige Begriffe 158

---

121 BGH, NJW 1992, 611.
122 BGH, NJW 1985, 738.
123 BGH, NJW 1983, 1320.

zu definieren und konkret zu bestimmen. Rücktritts- oder Befreiungsgründe müssen in AGB-Klauseln so angegeben sein, dass der Durchschnittskunde ohne Schwierigkeiten feststellen kann, wann der Verwender sich vom Vertrag lösen darf.

Negativbeispiel
„Betriebsstörungen jeder Art, insbesondere in den Lieferwerken, und sonstige Umstände irgendwelcher Art, welche die Lieferung ohne Verschulden des Verkäufers verzögern, unmöglich machen oder erheblich verteuern, befreien den Verkäufer von der Lieferverpflichtung unter Ausschluss von Schadensersatzansprüchen."[124]

159 Unter „Betriebsstörungen jeder Art" können so viele Sachverhalte fallen, dass für den Vertragspartner nicht klar ist, welche Umstände gemeint sein könnten. Erst recht gilt dies für die Auffangformel „sonstige Umstände irgendwelcher Art", die ein unüberschaubares Risiko für den Einkäufer darstellt. Aus der Musterklausel Ziff. 6.1 tritt klar hervor, welche Situationen der Höheren Gewalt gleichstehen und unter welchen Bedingungen von „sonstigen Behinderungen" gesprochen werden kann. Ebenso ist für den Vertragspartner auf den ersten Blick erkennbar, wann die Ereignisse von nicht unerheblicher Dauer sind, nämlich bei einer Dauer von mehr als 14 Kalendertagen.

160 Zu beachten ist auch, dass speziell Arbeitskämpfe im Betrieb des Verwenders nicht von sich aus als höhere Gewalt gelten, sondern einer besonderen Erwähnung im Sinne einer vertraglichen Einbindung bedürfen.[125]

4. Informationspflicht

161 Kann der Verkäufer unverschuldet aufgrund beim Zulieferer liegender Umstände seine Leistungspflicht nicht erfüllen, greift mithin ein Fall der Selbstbelieferungsklausel, so ist der Vertragspartner über diesen Umstand zu informieren. Im B2C-Verkehr ist eine Selbstbelieferungsklausel nur unter kumulativer Einhaltung der §§ 308 Nr. 3 und Nr. 8 BGB wirksam. Zwar ist der B2B-Verkehr nach Maßgabe der Rechtsprechung nicht an die gleichen Formulierungsvorgaben gebunden wie bei Verträgen mit Verbrauchern, jedoch entfalten Selbstbelieferungsklauseln zwischen Unternehmern die gleichen Informationspflichten.

§ 308 Klauselverbote mit Wertungsmöglichkeit
„In Allgemeinen Geschäftsbedingungen ist insbesondere unwirksam
[...]

124 BGH a.a.O.
125 Staudinger/*Coester* BGB, § 307 Rn. 392.

3. (Rücktrittsvorbehalt)
die Vereinbarung eines Rechts des Verwenders, sich ohne sachlich gerechtfertigten und im Vertrag angegebenen Grund von seiner Leistungspflicht zu lösen; dies gilt nicht für Dauerschuldverhältnisse;
[...]
8. (Nichtverfügbarkeit der Leistung)
die nach Nummer 3 zulässige Vereinbarung eines Vorbehalts des Verwenders, sich von der Verpflichtung zur Erfüllung des Vertrags bei Nichtverfügbarkeit der Leistung zu lösen, wenn sich der Verwender nicht verpflichtet,
a) den Vertragspartner unverzüglich über die Nichtverfügbarkeit zu informieren und
b) Gegenleistungen des Vertragspartners unverzüglich zu erstatten."

Die Rechtsprechung leitet eine Pflicht zur Informierung des Kunden über die ausgebliebene Selbstbelieferung nicht aus der „Gleichschrittrechtsprechung" des BGH und der Indizwirkung ab, sondern begründet dies mit der Handelsüblichkeit der Klausel.[126] Da laut Musterklausel auch im Falle der höheren Gewalt der Verwender vom Vertrag zurücktreten darf, trifft ihn auch hier eine Informationspflicht entsprechend der Indizwirkung von § 308 Nr. 3 und Nr. 8 BGB für den B2B-Verkehr. Gerade im Handelsverkehr ist diese Informationspflicht bedeutsam, da nur durch rechtzeitige Unterrichtung dem Vertragspartner die Möglichkeit geboten wird, seinen Bedarf anderweitig zu decken. Kommt es zu einer in der Klausel beschriebenen Situation, obliegt es somit dem Verkäufer, seinen Kunden über die Nichtverfügbarkeit der Leistung unverzüglich zu informieren. Zu Klarstellungszwecken ist es unschädlich diese Informationspflicht in den Allgemeinen Verkaufs- und Lieferbedingungen aufzunehmen, wie es auch in der Musterklausel zu sehen ist. 162

5. Beachtung der Dauer des Leistungshindernisses

Ein sachlich gerechtfertigter Rücktrittsgrund liegt nur dann vor, wenn es sich nicht nur um vorübergehende Leistungshindernisse handelt. Eine Klausel, die auch bei kurzfristigen Verzögerungen ein vertragliches Lösungsrecht vorsieht, ist unwirksam. Ein solches einschränkungsloses Recht würde sich zu weit von den gesetzlichen Regelungen der §§ 275, 279, 323 BGB entfernen und die von der Rechtsprechung entwickelten Grundsätze ignorieren, die besagen, dass dem Schuldner bei der Beschaffung von Gattungsschulden gewisse Bemühungen zugemutet werden können. Die Klausel wäre nicht mehr durch ein anerkennenswertes Interesse des AGB-Verwenders gedeckt, dem in vielen Fällen der kurzfristigen Betriebsstörung gleichwohl möglich und zumutbar ist, die Leistung zu erbringen, sprich die Ware zu liefern.[127] 163

126 BGH, NJW 1994, 1060; BGH, NJW 1985, 738.
127 BGH, NJW 1983, 1320.

! **Negativbeispiel**
„Betriebsstörungen durch höhere Gewalt, Streiks oder Rohstoffmangel berechtigen den Verkäufer vom noch nicht erfüllten Vertrag zurückzutreten.“[128]

164 Anders als die Musterklausel, welche Ereignisse Höherer Gewalt von nicht unerheblicher Dauer voraussetzt, hat die Beispielsklausel keine zeitliche Einschränkung und ist folglich unverhältnismäßig benachteiligend und unwirksam.

6. Ausnahme bei Beschaffungsrisiko, Liefergarantie und Unzumutbarkeit

165 Billigerweise müssen dem Vertragspartner einige Ausnahmefälle zugestanden werden, in welchen er seinerseits ein Rücktrittsrecht geltend machen kann oder dem Verwender selbst ein solches nicht zusteht. Diese Überlegungen beruhen auf dem Grundsatz von Treu und Glauben. Es gilt ein **Verbot der Aushöhlung vertragswesentlicher Rechte und Pflichten**, wonach AGB dem Vertragspartner nicht solche Rechtspositionen wegnehmen oder einschränken dürfen, die ihm der Vertrag nach seinem Inhalt und Zweck zu gewähren hat.[129]

166 Übernimmt der Verwender bspw. ausdrücklich das **Beschaffungsrisiko** für die Lieferung einer Ware, wäre es unbillig ihn davon freizusprechen, wenn sich dieses Risiko realisiert. Umso mehr muss dies gelten, wenn er dem Vertragspartner eine **Liefergarantie** eingeräumt hat. Eine Garantie ist ein selbstständig zwischen Kunde und Garantiegeber abgeschlossener Vertrag, der in der Regel eine umfangreiche und verschuldensunabhängige Haftung des Verkäufers zur Folge hat, vgl. § 434 BGB.

167 Stellt eine Höhere-Gewalt- oder Selbstbelieferungsklausel nicht klar heraus, dass sie für diese Ausnahmefälle nicht greift, muss sie so verstanden werden, dass sie trotz Vereinbarung eines Beschaffungsrisikos oder einer Garantie gelten soll. Es entsteht der Eindruck, dass dem Vertragspartner gesetzliche Rücktrittsrechte nicht zustehen würden. Zudem wäre die Vereinbarung eines Beschaffungsrisikos oder einer Liefergarantie durch eine so formulierte Vereinbarung ausgehöhlt. Durch eine **Klausel, die die Rechtslage unzutreffend oder missverständlich darstellt** und auf diese Weise dem Verwender die Möglichkeit eröffnet, begründete Ansprüche unter Hinweis auf die Klauselgestaltung abzuwehren, wird der Kunde entgegen den Geboten von Treu und Glauben **unangemessen benachteiligt**. Die Ausnahmefälle können auch nicht trotz Nichterwähnung in die Klausel hineingelesen werden, da dies einen Fall der geltungserhaltenden Reduktion darstellen würde. Sie sind folglich zu erwähnen, da sonst der Eindruck entsteht, dem Kunden würden die gesetzlichen Rechte nicht zustehen.[130]

---

128 OLG Koblenz, NJW-RR 1989, 1459.
129 BGH, NJW 1984, 1350.
130 BGH, NJW 2001, 292.

Die Musterklauseln Ziff. 6.2 und Ziff. 6.3 sind insoweit eine **Wiedergabe der gesetzlichen Regelungen** der §§ 323 und 324 BGB. Sie räumen dem Vertragspartner Rücktrittsrechte für die Fälle der Klausel 6.1 ein und schließen einen weitergehenden Anspruch auf Schadensersatz aus. Da Ziff. 6.1 solche Fälle umschreibt, in denen der Verwender ohne eigenes Vertretenmüssen an der Leistung verhindert ist und Schadensersatzansprüche ein Vertretenmüssen der Pflichtverletzung voraussetzen, steht dem Vertragspartner ohnehin zwar ein Rücktrittsrecht, aber kein gesetzlicher Schadensersatzanspruch zu. Sie dienen der Klarstellung und sollen die oben erwähnte Gefahr der missverständlichen Darstellung verringern. 168

7. Erhöhte Kollisionsgefahr

Im B2B-Verkehr stehen sich häufig Allgemeine Verkaufsbedingungen und Allgemeine Einkaufsbedingungen gegenüber. Die Erwartung, dass der Einkäufer eine der Selbstbelieferungsklausel entsprechende Regelung in seine AGB aufgenommen hat oder dem Verkäufer eine längere Leistungsfrist bei unverschuldeten Betriebsstörungen einräumt, ist realitätsfremd, da eine solche Klausel in erster Linie den Verkäufer begünstigt. Diese Klauseln sollten daher möglichst entweder trotz der hohen Hürden als Individualabrede gestaltet werden oder aber während der Vertragsverhandlungen thematisiert und durchgesetzt werden. Widersprechen sich nämlich die Allgemeinen Verkaufsbedingungen und Allgemeinen Einkaufsbedingungen, so wird dies als Dissens gewertet. Anstelle der sich widersprechenden AGB greifen die gesetzlichen Regelungen. 169

I. Gefahrübergang und Versand

I. Mustertext

Klauselmuster

7. Versand/Gefahrübergang/Abnahme 170

7.1 Soweit nichts Abweichendes schriftlich vereinbart wird, erfolgt die Lieferung ex works Incoterms 2010. Bei Hol- und Schickschuld reist die Ware auf Gefahr und zu Lasten des Kunden.

7.2 Die Wahl des Transportweges und des Transportmittels bleibt bei vereinbarter Versendung mangels anderer Vereinbarung uns vorbehalten. Wir werden uns jedoch bemühen, hinsichtlich Versandart und Versandweg Wünsche des Kunden zu berücksichtigen, ohne dass hierauf jedoch ein Anspruch des Kunden besteht. Dadurch bedingte Mehrkosten – auch bei vereinbarter Fracht-Frei-Lieferung – gehen, wie die Transport- und Versicherungskosten, zu Lasten des Kunden.
Wird der Versand auf Wunsch oder aus Verschulden des Kunden gegenüber dem vereinbarten Zeitpunkt verzögert, so lagern wir die Waren auf Kosten und Gefahr des Kunden. Ziff. 5.4 Abs. 2 gilt insoweit entsprechend. In diesem Fall steht die Anzeige der Versandbereitschaft dem Versand gleich.

7.3 Die Gefahr des zufälligen Untergangs oder der zufälligen Verschlechterung geht bei vereinbarter Holschuld mit Übergabe der zu liefernden Produkte an den Kunden, bei vereinbarter Versendungsschuld an den Spediteur, den Frachtführer, oder die sonst zur Ausführung der Versendung bestimmten Unternehmungen, spätestens jedoch mit Verlassen unseres Werkes oder unseres Lagers oder unserer Niederlassung oder des Herstellerwerkes auf den Kunden über, es sei denn, es ist eine Bringschuld vereinbart. Vorstehendes gilt auch, wenn eine vereinbarte Teillieferung erfolgt.

7.4 Verzögert sich die Sendung dadurch, dass wir infolge gänzlichen oder teilweisen Zahlungsverzuges des Kunden von unserem Zurückbehaltungsrecht Gebrauch machen, oder aus einem sonstigen vom Kunden zu vertretenden Grund, so geht die Gefahr spätestens ab Datum des Zugangs der Mitteilung der Versand- und/oder Leistungsbereitschaft gegenüber dem Kunden auf den Kunden über.

II. Erläuterungen

171 Bei der Abwicklung von Kaufverträgen, insbesondere beim Transport der Ware, besteht regelmäßig die Gefahr der Beschädigung oder sogar die Gefahr eines zufälligen Unterganges von Waren und Produkten. Es stellt sich dann die Frage, wer welche Leistung noch zu erbringen hat, wobei zwischen der Leistungsgefahr und der Gegenleistungs-/Preisgefahr zu unterscheiden ist. Der Gefahrübergang stellt dabei den Zeitpunkt dar, von dem an nicht mehr der AGB-Verwender in seiner Rolle als Verkäufer, sondern der Kunde für die zufällige Verschlechterung der Ware einzustehen hat. Abhängig von der Parteivereinbarung zum Leistungs-/Erfüllungsort kann dieser Zeitpunkt früher oder später liegen. Neben den rechtlichen Erwägungen ist es daher sinnvoll, insbesondere das praktische Prozedere für die Lieferung bzw. den Versand der Waren im Rahmen von AGB zu regeln. Hierzu kann z.B. auch auf Incoterms zurückgegriffen werden.

1. Die gesetzliche Regelung

172 Für die Frage, wer bis wann die Verantwortung für die zu übergebende Ware trägt, geht der Gesetzgeber zunächst vom Grundsatz der **Sachherrschaft** aus. Wer im (unmittelbaren) Besitz der Sache ist, ihr somit am nächsten steht und auf sie einwirken kann, der kann meist auch am besten Schäden von ihr abwenden und hat deswegen auftretende Verschlechterungen zu vertreten.[131] Zu welchem Zeitpunkt diese Verantwortung übergeht, hängt davon ab, wo der Verkäufer seine Leistung zu erbringen hat, also das seinerseits zur Übergabe Erforderliche vorzunehmen hat

131 Staudinger/*Beckmann* BGB § 446 Rn. 42.

(**Leistungsort oder auch Erfüllungsort**)[132] und an welchem Ort die Leistung als erbracht angesehen werden soll (**Erfolgsort**).[133] Abhängig davon, ob diese Orte beieinanderliegen oder ob sie auseinanderfallen, spricht man von einer Hol-, Bring- oder Schickschuld.

Die Gefahr einer zufälligen Verschlechterung oder eines zufälligen Untergangs der Ware geht schließlich mit **Übergabe** dieser an den Kunden bzw. mit Eintritt seines Annahmeverzugs (§ 446 BGB) oder mit Übergabe der Ware an eine ausgewählte Transportperson (§ 447 BGB) auf den Kunden über. 173

Haben die Parteien keinerlei Absprachen getroffen, ist – abweichend von der in der Praxis häufig vorkommenden Versendung der Ware – die **Holschuld** der **gesetzliche Normalfall**, § 269 BGB. Der Verkäufer als Schuldner der Übergabe und Eigentumsverschaffung an der Ware hat diese an seinem Wohnsitz beziehungsweise dem Sitz seiner gewerblichen Niederlassung (§ 269 Abs. 1, 2 BGB) zur Abholung bereit zu stellen, nachdem er sie ausgesondert hat und dadurch eine Konkretisierung der Gattungsschuld (§ 243 Abs. 2 BGB) erfolgt ist. Der Kunde hat die Ware auf eigene Kosten beim AGB-Verwender als Verkäufer abzuholen. Bei der Holschuld fallen somit Leistungs- und Erfolgsort zusammen, und zwar an dem Wohnsitz oder Sitz der gewerblichen Niederlassung des Verkäufers. Mit der tatsächlichen Übergabe der Ware geht nach § 446 Satz 1 BGB die Gefahr des zufälligen Unterganges vom Verkäufer auf den Kunden über. Wird die Sache nicht an den Kunden übergeben, liegen jedoch die Voraussetzungen des Annahmeverzugs i.S.d. §§ 293 ff. BGB vor,[134] so ist gleichwohl der Gefahrübergang zu bejahen (§ 446 Satz 3 BGB). 174

Abweichend von dem Normalfall können die Parteien eine **Bringschuld** vereinbaren. Hier liegen Leistungs- und Erfolgsort beim Kunden. Der AGB-Verwender in seiner Rolle als Verkäufer hat dementsprechend die Ware nach der Aussonderung auf eigene Kosten und eigene Gefahr zum Kunden zu transportieren und dort anzubieten. Der Kunde hat die erfüllbare Leistung sodann anzunehmen. Andernfalls gerät er in Annahmeverzug.[135] 175

Bei der Vereinbarung einer **Schickschuld** fallen Leistungs- und Erfolgsort auseinander. Der AGB-Verwender als Verkäufer schuldet die Übergabe der Ware an eine zuverlässige Transportperson. Diese dritte Person transportiert die Ware zum Kunden, wo dann der Erfolg der Leistung, nämlich die Übergabe, eintritt. In dieser Konstellation kommt es schon bei Übergabe der Ware an die Transportperson zum 176

132 Ausführlich zum Erfüllungsort siehe Rn. 396 ff.

133 Palandt/*Grüneberg* BGB, § 269 Rn. 1.

134 Vgl. zum Eintritt des Annahmeverzugs sowie dessen rechtliche Folgen Rn. 126 ff.

135 Vgl. zum Eintritt des Annahmeverzugs sowie dessen rechtliche Folgen Rn. 126 ff.

Gefahrübergang (vgl. Versendungskauf, § 447 Abs. 1 BGB). Hintergrund ist der, dass dem Verkäufer kein Nachteil dadurch entstehen soll, dass er auf Wunsch des Kunden vom Normalfall, der Holschuld, abweicht. Deswegen trägt gemäß § 448 Abs. 1 BGB der Kunde die Kosten für die Versendung der Ware. Voraussetzung für den Gefahrübergang nach § 447 BGB ist aber, dass die Ware auf Verlangen des Kunden oder zumindest mit dessen Einverständnis[136] versandt wird und bei einer tatsächlichen Beschädigung der Ware kein Verschulden des Verkäufers (z.B. mangelhafte Verpackung) vorliegt. Letztlich muss sich in der Verschlechterung der Ware eine typische Transportgefahr verwirklicht haben (Realisierung der Beförderungsgefahr oder des Transportrisikos, z.B. Verlust oder Schäden der Ware aufgrund eines Fehlers des Transportunternehmens, Ablieferung der Ware an den falschen Empfänger, Diebstahl während des Transports, unberechtigte Geltendmachung eines Pfandrechts des Spediteurs für verauslagte Versicherungsprämien, nicht vollständige Ablieferung der Ware).[137] Einen Sonderfall stellt die Konstellation dar, in der die Versendung auf Verlangen des Kunden, der Transport aber durch den Verkäufer selbst oder seine eigenen Leute erfolgt. Allerdings soll auch dies von der Vorschrift des § 447 BGB erfasst sein, da es von der Ratio her, den Verkäufer bei der Schickschuld nicht weitergehend als bei der Holschuld für Zufall einstehen zu lassen, keinen Unterschied macht, wer letztlich die Ware transportiert.[138]

177 Handelt es sich um ein grenzüberschreitendes Warengeschäft, finden zudem die Regelungen des Übereinkommens der Vereinten Nationen über den internationalen Warenkauf (Convention on the International Sale of Goods, kurz: CISG) Anwendung, sofern diese nicht abbedungen werden. Im Ansatz wird in den Art. 66 ff. CISG für den Gefahrübergang ebenfalls auf die Übergabe abgestellt. Die praktische Bedeutung der Gefahrtragungsregeln des CISG ist jedoch gering, da die Anwendung des UN-Kaufrechts von den Vertragsparteien regelmäßig – wie auch in Ziff. 12.3 dieser Muster-AGB vorgeschlagen – ausgeschlossen wird.

---

136 Bspw. ist von einem konkludenten Einverständnis auszugehen, wenn der Kunde Waren im Versandhandel bestellt Darin liegt laut BGH, NJW 2003, 3341, die konkludente Erklärung, dass die Ware an ihn geschickt werden soll.

137 Z.B. BGH, NJW 1965, 1324. Nicht aber kann bei kriegswirtschaftlicher Beschlagnahme, Rückruf der Ware durch den Lieferanten oder Beschädigung/Untergang der Ware infolge falscher Verpackung oder Verladung die Realisierung einer typischen Transportgefahr angenommen werden, vgl. Palandt/*Weidenkaff* BGB, § 447 Rn. 16.

138 So BeckOK/*Faust* BGB, § 447 Rn. 9; Staudinger/*Beckmann* BGB, § 447 Rn. 23; MüKo/*Westermann* BGB, § 447 Rn. 16 f.; aA: Jauernig/*Berger* BGB, § 447 Rn. 12. Der Transport der Ware durch eigene Leute des Verkäufers kann allerdings ein Indiz für eine Holschuld sein.

2. Regelung der Lieferart in AGB

Wie in Verkaufs-AGB des B2B-Verkehrs üblich, so soll auch hier nach der Musterklausel Ziff. 7.1 die Lieferung grundsätzlich **„ex works Incoterms 2010“**[139] (EXW) erfolgen. Diese Handelsklausel erfasst dabei nicht nur die Tragung der Transportkosten, sondern regelt auch den Gefahrübergang. Das bedeutet, der Lieferort befindet sich am Werk bzw. am Sitz des Verkäufers, also hier des AGB-Verwenders. Der Kunde muss seine Ware daher selbst abholen (**Holschuld**). Die Gefahr der zufälligen Verschlechterung oder des zufälligen Untergangs der Ware geht mithin bereits am Sitz des Verkäufers auf den Kunden über, wenn der Verkäufer die Ware ausgesondert und zur Abholung bereitgestellt hat. Der Transport der Ware zum Kunden liegt demzufolge im Risikobereich des Kunden, worauf deklaratorisch in der Musterklausel Ziff. 7.1 Satz 2 hingewiesen wird. 178

Eine anderweitige vertragliche Vereinbarung kann selbstverständlich immer zwischen den Vertragsparteien getroffen werden und genießt als Individualabrede gem. § 305b BGB Vorrang. 179

3. Regelungen zum Versand in AGB

Aufgrund der Musterklausel Ziff. 7.2 Absatz 1 wird dem Klauselverwender die **Wahl des Transportweges und Transportmittels** einer Versendung überlassen, sofern nichts anderes individuell zwischen den Vertragsparteien vereinbart wird. Nennt der Kunde lediglich einen Bestimmungs-/Erfolgsort für die Versendung und auch einen bevorzugten Transportweg oder ein Transportmittel, dann ist der Verwender zwar verpflichtet dies zu berücksichtigen, ohne jedoch dem Kunden einen Anspruch darauf einzuräumen. Will der Kunde also verbindlich Weg und Mittel festlegen, bedarf es mehr als der bloßen Anweisung i.S.v. § 447 BGB. Der Kunde muss mit dem Verwender eine konkrete und ausdrückliche **Vereinbarung** darüber treffen, um einen Anspruch auf einen bestimmten Transportweg bzw. ein bestimmtes Transportmittel zu erhalten. 180

Wurde eine solche Vereinbarung über den Transportweg und/oder das Transportmittel getroffen, muss der Kunde nach der Musterklausel für eventuelle **Mehrkosten** sowie die Transport- und Versicherungskosten aufkommen. Nur die Kosten bis zur Auslieferung hat der AGB-Verwender in der Rolle des Verkäufers ohnehin zu tragen (sog. Übergabekosten, z.B. Lagerkosten, Kosten des Warentransports bis zum Übergabeort und der Bereitstellung der Ware sowie beim Versendungskauf auch Kosten bis zur Auslieferung an die Versandperson). Die Mehrkosten eines andersartigen Transports hat der Kunde nach der Musterklausel allerdings auch dann zu tragen, wenn eigentlich eine Fracht-Frei-Lieferung vereinbart war, wonach der Ver- 181

139 Vgl. zur Ausgestaltung der Incoterms 2010 Rn. 464 ff.

käufer bis zu einem bestimmten Abholort auf eigene Kosten und Gefahr geliefert hätte, aber durch die abändernde Vereinbarung bezüglich Transportweg und -mittel die Frei-Fracht-Lieferung kostenintensiver wird.

182 Zu beachten ist insofern allerdings, dass eine derartige Klausel zur Übertragung der Kostenlast einer AGB-rechtlichen Inhaltskontrolle standhalten muss und zu keiner ungerechtfertigten Benachteiligung des Kunden i.S.v § 307 Abs. 2 Nr. 1 BGB führen darf. Teilweise werden Bedenken dahingehend geäußert, wenn bei einer Holschuld oder bei einem Versendungskauf die **Kosten einer Transportversicherung** auf den Kunden übergewälzt werden, da es insoweit dem freien Willensentschluss des Kunden verbleibt, ob er das Transportrisiko versicherungsmäßig abdeckt oder nicht. Die Transportversicherungskosten werden jedoch regelmäßig keine Versendungskosten darstellen, weswegen sie auf den Kunden abgewälzt werden können, wenn die Versicherung dringlich ist und eine Nachfrage beim Kunden, zu der der Verkäufer grundsätzlich verpflichtet ist, nicht möglich war.[140] Andererseits wird auch vertreten, dass die Transportversicherungskosten dem Kunden zur Last fallen, soweit die Versicherung zur ordnungsgemäßen Versendung zählt.[141] Ob auch der „frachtfreie" Verkauf die Tragung der Versicherungskosten bedeutet, ist mithin eine Auslegungsfrage.[142] Selbst wenn man davon ausgeht, dass grundsätzlich dem Verkäufer die Versicherungskosten sowie auch die Verpackungskosten als Übergabekosten zur Last fallen, kann eine Abrede zwischen den Vertragsparteien dahingehend getroffen werden, dass der Kunde die Kosten der Transportversicherung trägt. Damit diese im Rahmen von AGB nicht als überraschende Klausel i.S.v. § 305c Abs. 1 BGB gewertet werden kann, sollte vorsichtshalber eine diesbezügliche Regelung zusätzlich in einer Individualvereinbarung bzw. in der Auftragsbestätigung Erwähnung finden und ggf. hervorgehoben werden.

183 Kommt es im Zusammenhang mit dem Versand der Ware zu **Verzögerungen**, sei es auf Grund eines kundenseitigen Wunsches oder eines Verschulden des Kunden, so ist im Interesse des AGB-Verwenders eine Regelung zu treffen, die es ermöglicht, die dadurch entstehenden Kosten dem Verursacher aufzuerlegen. Kostenmäßig relevant ist insoweit insbesondere die Lagerung, da die Kapazitäten des Verkäufers länger als geplant beansprucht werden. Dementsprechend wird in der Musterklausel Ziff. 7.2 Absatz 2 auf Ziff. 5.4. Abs. 2 dieser Muster-AGB verwiesen, wonach von dem Kunden die Zahlung einer Lagerpauschale in Höhe von 1% der Nettovergütung je Woche für die Einlagerung der Ware verlangt werden kann. Es handelt sich hierbei um einen Anspruch auf Ersatz von objektiv erforderlichen Mehraufwendungen gem. § 304 BGB, die für den Erhalt und die Aufbewahrung der

---

140 MüKo/*Westermann* BGB, § 448 Rn. 6.
141 Staudinger/*Beckmann* BGB, § 448 Rn. 16.
142 MüKo/*Westermann* BGB, § 448 Rn. 6.

Ware seitens des AGB-Verwenders in der Rolle des Verkäufers während des Annahmeverzugs des Kunden (§§ 293 ff. BGB) getätigt werden. Als Kaufmann kann der AGB-Verwender die (orts-) üblichen Lagerkosten beanspruchen (§ 354 Abs. 1 HGB).[143] Dennoch darf die Pauschale nicht den „nach dem gewöhnlichen Lauf der Dinge zu erwartenden Schaden" übersteigen,[144] sodass der Kunde letztlich nur eine am branchentypischen Durchschnittsschaden orientierte Pauschale gegen sich gelten lassen muss, sowie ihm die Möglichkeit verbleiben muss, den Gegenbeweis für geringere Lagerkosten anzutreten.[145]

Beim Versendungskauf tritt der Annahmeverzug[146] nach der gesetzlichen Vorschrift des § 294 BGB zwar erst ein, wenn die vom Verkäufer abgesandte Ware beim Kunden ankommt und somit ein tatsächliches Angebot vorliegt.[147] Aufgrund der Abholklausel (Lieferung ex works Incoterms 2010) in Ziff. 7.1 Satz 1 dieser Muster-AGB gerät der Kunde jedoch bereits dann in Annahmeverzug, wenn der AGB-Verwender in der Rolle des Verkäufers dem Kunden ein wörtliches Angebot gem. § 295 BGB erteilt, dass die Ware zur Abholung bereit stehe und der Kunde die Annahme verweigert. Als wörtliches Angebot in diesem Sinne kann aber auch die **Anzeige der Versandbereitschaft** verstanden werden.[148] Demzufolge ist hier im Zusammenhang mit dem Versendungskauf die Anzeige der Versandbereitschaft einem verzugsbegründenden Angebot i.S.d. §§ 294 ff. BGB gleichzustellen. Im Hinblick darauf, dass die Verzögerung auf den Wunsch bzw. auf ein Verschulden des Kunden zurückzuführen ist, erscheint die Vorverschiebung des Zeitpunktes unbedenklich, da es für den Kunden nicht überraschend ist, sondern es vielmehr in seinem Verantwortungs- und Einflussbereich liegt. Insofern stellt die Abweichung von den §§ 293 ff. BGB trotz deren hohen Gerechtigkeitsgehalt und Ausdruck gleichwertiger Berücksichtigung der beiderseitigen Parteiinteressen keine unangemessene Benachteiligung des Kunden i.S.v. § 307 BGB dar, da weder die Voraussetzungen des Annahmeverzugs verschuldensunabhängig ausgestaltet werden noch sich der AGB-Verwender als Verkäufer von einer wesentlichen Vertragspflicht entbindet. Abgesehen von der Kostentragungslast geht dann für diesen konkreten Fall im Gleichschritt auch die Gefahr eines zufälligen Untergangs bzw. einer zufälligen Verschlechterung der Ware schon zu diesem früheren Zeitpunkt bei Anzeige der Versandbereitschaft auf den Kunden über. Die gesetzlichen Regelungen zum Ge- 184

143 BGH, NJW 1996, 1464.

144 Insoweit gilt nämlich die Wertung des § 309 Nr. 5 lit. a) BGB über §§ 310 Abs. 1, 307 BGB auch für den B2B-Verkehr.

145 Vgl. zum branchentypischen Durchschnittsschaden sowie den Möglichkeit des kundenseitigen Gegennachweises eines geringeren oder sogar fehlenden Aufwands Rn. 118, 148.

146 Vgl. ausführlich zum Annahmeverzug Rn. 126 ff.

147 BeckOK/*Unberath* BGB, § 294 Rn. 3.

148 *Westphalen* in Graf von Westphalen, Vertragsrecht und AGB-Klauselwerke, 36. EL 2015, Annahmeverzug Rn. 6.

fahrübergang (§ 446, § 447 BGB) sind schließlich in angemessenem Umfang abdingbar, sodass der Gefahrübergang grundsätzlich verlegt, vorgezogen oder verschoben werden kann.[149]

4. Gefahrübergang

185 Die Frage nach der Gefahrtragung stellt sich bei Leistungshindernissen, die eintreten, bevor das Vertragsverhältnis vollständig abgewickelt ist und die gegenseitigen Leistungen erfüllt wurden. Zu unterscheiden ist dabei zwischen der Leistungsgefahr und der Gegenleistungs-/Preisgefahr. Während der Verkäufer hinsichtlich der Leistungsgefahr dafür Sorge zu tragen hat, seine Leistungsanstrengungen zu intensivieren, um trotz (behebbarer) Verschlechterungen der Ware ordnungsgemäß zu erfüllen, betrifft die **Gegenleistungs-/Preisgefahr** die Gegenleistung für diejenige Leistung, bei der Leistungsstörungen eintreten. Aus Sicht des Kunden ist Letztere das Risiko, den vollen Kaufpreis zahlen zu müssen, obwohl er die Sache nicht oder nicht mangelfrei erhält; aus Sicht des Verkäufers ist es hingegen das Risiko, den Kaufpreisanspruch (teilweise) einzubüßen, weil er die Sache nicht oder nicht mangelfrei leisten kann.[150] Vor diesem Hintergrund finden die Vorschriften der § 446 und § 447 BGB ihre Daseinsberechtigung, die bei Bedarf durch AGB im nachstehend ausgeführten Umfang modifiziert werden können, und eine Regelung für den **zufälligen Untergang bzw. die zufällige Verschlechterung der Ware** treffen.

186 Der Untergang der Ware ist sowohl bei deren physischen Vernichtung oder Zerstörung als auch bei einer widerrechtlichen Entziehung durch einen Dritten oder einer Beschlagnahme anzunehmen, also allgemein bei Unmöglichkeit, dem Kunden Besitz und Eigentum daran zu verschaffen.[151] Von einer Verschlechterung der Ware wird sodann jede Qualitätsminderung, insbesondere die Beschädigung und der Verderb der Ware oder eines Teils davon (z.B. auch ein Sachmangel) erfasst.[152] Von einem Zufall ist mithin auszugehen, wenn die Vertragsparteien kein Verschulden am Untergang oder der Verschlechterung der Ware trifft.

187 Der Gefahrübergang hat schließlich zur Folge, dass der Kunde **sowohl die Sachgefahr als auch die Vergütungsgefahr** trägt. Er muss daher sämtliche Schäden und Beeinträchtigungen, die ab dem Zeitpunkt des Gefahrübergangs eintreten, hinnehmen. Nichtsdestotrotz muss er seine Gegenleistung erbringen, also den vollen Kaufpreis zahlen.

---

149 Palandt/*Weidenkaff* BGB, § 446 Rn. 3, § 447 Rn. 4.
150 BeckOK/*Faust* BGB, § 446 Rn. 12.
151 Palandt/*Weidenkaff* BGB, § 446 Rn. 6.
152 Palandt/*Weidenkaff* BGB, § 446 Rn. 7.

Hinsichtlich der Holschuld sowie der Schickschuld (Versendungskauf) entspricht die Musterklausel Ziff. 7.3 zunächst den gesetzlichen Regelungen der § 446 Satz 1 BGB bzw. § 447 Abs. 1 BGB, sodass die Preisgefahr **bei Übergabe an den Kunden bzw. an eine Transportperson** auf den Kunden übergeht (s.o. Rn. 173). Soweit bei einem Versendungskauf der Transport jedoch durch den Verkäufer selbst oder seine eigenen Leute erfolgt, derer er sich als Erfüllungsgehilfen i.S.v. § 278 BGB bedient, ist ein dadurch verursachter Untergang oder eine Verschlechterung der Ware nicht mehr zufällig i.S.v. § 447 BGB; vielmehr haftet in einem solchen Fall der AGB-Verwender als Verkäufer für eigenes Verschulden (§ 276 BGB)[153]. 188

Nach der Musterklausel soll der Gefahrübergang jedoch **spätestens mit Verlassen des Werkes/Lagers**, der Niederlassung oder des Herstellerwerkes auf den Kunden übergehen. Insofern können sich nicht nur unerhebliche zeitliche Diskrepanzen zu den gesetzlichen Regelungen ergeben, wenn bspw. die Ware zu einem Spediteur gebracht werden muss. Regelmäßig wird es daher aufgrund der Musterklausel zu einer Vorverlegung des Gefahrübergangs kommen. 189

Die gesetzlichen Regelungen sind mithin dispositiv, sowohl hinsichtlich der Hol- und Bringschuld nach § 446 BGB,[154] als auch hinsichtlich des Versendungskaufs nach § 447 BGB.[155] Bezüglich der Regelung in AGB findet die Privatautonomie ihre Grenzen darin, dass durch die Verschiebung der Kerngedanke der Gefahrtragungsregeln nicht ausgehebelt werden darf (z.B. keine Vorverlegung des Gefahrübergangs auf den Zeitpunkt vor Vertragsschluss). Als wesentlicher Grundgedanke dürfte die Überlegung anzusehen sein, dass derjenige, der aufgrund tatsächlicher Einwirkungsmöglichkeit auf die Ware am ehesten in der Lage ist, drohende Gefahren abzuwehren, ebenso wie derjenige, dem bereits die Nutzungen gebühren, auch das Risiko der zufälligen Verschlechterung tragen soll.[156] Insofern kann eine unangemessene Benachteiligung gem. § 307 Abs. 1 und 2 Nr. 1 BGB vorliegen, wenn die Gefahrübertragung auf einen Zeitpunkt vorverlegt wird, zu dem der Verkäufer noch unmittelbarer Besitzer ist, der Kunde auf die Sache noch nicht zugreifen kann und die Nutzungen noch dem Verkäufer verbleiben.[157] 190

Kritisch zu beurteilen wäre daher eine Konstellation beim typischen Versendungskauf, wenn die Ware noch ein Stück durch den Verkäufer selbst oder seine eigenen Leute transportiert wird und diese insoweit über die Sachherrschaft und Einflussmöglichkeit auf die Ware verfügen. Da allerdings grundsätzlich die Han- 191

---

153 MüKo/*Westermann* BGB, § 447 Rn. 16, 23f., Staudinger/*Beckmann* BGB, § 447 Rn. 39; aA: BeckOK/*Faust* BGB, § 447 Rn. 26, wonach der Verkäufer auf Schadensersatz nach Frachtrecht (§§ 407 ff. HGB) in Anspruch genommen werden kann.

154 BGH, NJW 1982, 1278; OLG Celle, NJW-RR 2011, 132.

155 Staudinger/*Beckmann* BGB, § 447 Rn. 61.

156 Staudinger/*Beckmann* BGB, § 446 Rn. 42.

157 Staudinger/*Beckmann* BGB, a.a.O.

delsklausel „ex works" vereinbart ist (vgl. Ziff. 7.1 der Muster-AGB) und auch der Verkäufer regelmäßig nur als Transportperson anzusehen ist (s.o. Rn. 176), hat er zwar gewissermaßen tatsächlich, nicht aber mehr rechtlich die Herrschaft über die Ware; schließlich gehen Kosten und Gefahren der Ware zu dem Zeitpunkt auf den Kunden über, an dem die Ware ihm am vereinbarten Ort zur Verfügung gestellt wird, was bei der „EXW"-Klausel der Ladeort beim Verkäufer ist. Eine einseitige Durchsetzung der Verkäuferinteressen über Gebühr auf Kosten des Kunden kann folglich nicht angenommen werden. Dies gilt aber nur, sofern – wie hier in der Musterklausel – die Bringschuld ausdrücklich davon ausgenommen ist, da bei vereinbarter Bringschuld die Ware ausnahmsweise auf Kosten und Risiko des Klauselverwenders als Verkäufer reist, wovon formularmäßig nicht abgewichen werden darf.

192 Die Erwägungen zum Gefahrübergang sollen schließlich auch für den Fall vereinbarter **Teillieferungen** gelten. Zwar stellt eine Teillieferung zunächst eine im Hinblick auf das vertragliche Synallagma unvollständige Leistung und damit als Minderlieferung grundsätzlich einen Mangel i.S.v. § 434 Abs. 3 Alt. 3 BGB dar. Denn der Verkäufer ist als Schuldner der zu liefernden Ware von Gesetzes wegen nicht zu Teilleistungen berechtigt (§ 266 BGB). Allerdings steht dies einer Parteivereinbarung offen, wobei in AGB selbst im B2B-Verkehr die Möglichkeit einer Teillieferung nur zulässig ist, wenn sie von einem (einschränkenden) Zumutbarkeitskriterium abhängig gemacht wird.[158] Vor diesem Hintergrund kann eine Teillieferung sicher und wirksam nur im Rahmen einer Individualabrede vereinbart werden. Die Musterklausel in Ziff. 7.3 Satz 2 ist deshalb so zu verstehen, dass der Gefahrübergang sich nur auf die Teillieferungen bezieht, die Bestandteil einer Individualvereinbarung zwischen den Vertragsparteien ist.

5. Gefahrübergang bei Zurückbehaltungsrecht und sonstigem Verschulden

193 Durch die Musterklausel Ziff. 7.4 wird der **Gefahrübergang** weiterhin auf den **Zeitpunkt des Zugangs der Mitteilung der Versand-/Leistungsbereitschaft** an den Kunden vorverlegt, wenn die Sendung der Ware aufgrund des (teilweisen) Zahlungsverzugs des Kunden und darauf begründetem Gebrauchmachen des Zurückbehaltungsrechts durch den Klauselverwender oder aufgrund einer sonstigen im Verantwortungsbereich des Kunden liegenden Ursache verzögert wird. Diese Regelung ist im Hinblick auf die Risikoverteilung, die sich infolge des Verhaltens des Kunden ansonsten solange zu Lasten des AGB-Verwenders verschieben würde, wie dieser die Sachherrschaft über die sich in seinem Lager befindlichen Ware hat, gerecht und zweckmäßig.

---

158 OLG Stuttgart, NJW-RR 1995, 116.

Bei einem gegenseitigen Vertrag wie dem Kaufvertrag, der sich durch die synallagmatischen Leistungen der Warenlieferung auf der einen Seite und der Kaufpreiszahlung auf der anderen Seite auszeichnet, kann die Leistung bis zur Bewirkung der Gegenleistung verweigert werden (Einrede des nicht erfüllten Vertrags, § 320 BGB). Häufiger Anwendungsfall ist der (teilweise) Zahlungsverzug des Kunden. Voraussetzung ist dafür jedoch, dass der Zahlungsanspruch des AGB-Verwenders in seiner Position als Verkäufer wirksam und fällig, also insbesondere er nicht vorleistungspflichtig ist. Die Erhebung der Einrede des nicht erfüllten Vertrags ist schließlich nicht auf die Zeit bis zum Gefahrübergang beschränkt.[159] 194

Da die Regelungen über den Gefahrübergang dispositiv sind (s.o. Rn. 190), kann hier auch im Interesse des AGB-Verwenders als Verkäufer eine Vorverlegung erfolgen, die keine unangemessene Benachteiligung des Kunden i.S.v. § 307 BGB mit sich bringt, da die Voraussetzungen für diese Verschiebung – ähnlich wie beim Annahmeverzug – im Verantwortungsbereich des Kunden liegen. Dies kann freilich nur gelten, wenn die Ware zuvor konkretisiert und ausgesondert wurde, da der Klauselverwender erst dann seinen erforderlichen Beitrag zur Vertragserfüllung getan hat. Es wäre nämlich nicht gerechtfertigt, dem Kunden den zufälligen Untergang oder die zufällige Verschlechterung der gesamten Gattung, also ggf. der gesamten Waren in seinem Lager aufzubürden. 195

J. Abnahme

Es wurde auf den Abdruck einer Klausel zum Thema Abnahme verzichtet, da die Abnahme in klassischen Verkaufs- und Lieferbeziehungen die Ausnahme bildet. Um dennoch – bei Bedarf – ein rechtliches Gerüst zur Verfügung zu stellen, sind nachfolgend die wichtigsten Rahmenbedingungen für die AGB-rechtliche Ausgestaltung von Abnahmeregelungen aufgeführt. 196

I. Bedeutung der Abnahme

Die Abnahme ist im Grundsatz ein Begriff des Werkvertragsrechts und spielt dort eine wichtige Rolle. Vertragliche Modifikationen der gesetzlichen Abnahmevorschriften sind vor allem in den Bereichen Gebäudebau und Anlagenbau verbreitet. Es ist aber grundsätzlich auch möglich, im Rahmen anderer Vertragsarten ein Abnahmeerfordernis vertraglich zu regeln. 197

---

159 Palandt/*Grüneberg* BGB, § 320 Rn. 2.

198 Abnahme ist im Ausgangspunkt die Entgegennahme des hergestellten Werkes durch den Kunden (Besteller) und die sich daran anschließende Erklärung, dass das Werk vertragsgerecht ist.[160]

199 Ist die Abnahme nicht möglich oder wird sie verweigert, können unter bestimmten Voraussetzungen auch andere Ereignisse (sog. Abnahmefiktionen) an ihre Stelle treten und ihre Wirkung auslösen. Wichtigstes Beispiel für eine Abnahmefiktion ist § 640 Abs. 1 Satz 3 BGB, wonach die Abnahme mit Ablauf einer vom Unternehmer gesetzten, angemessenen Frist eintritt, wenn der Besteller diese verweigert.

200 Mit der Abnahme wird grundsätzlich der Vergütungsanspruch des Werkunternehmers fällig (§ 641 Abs. 1 BGB) und die sog. Preisgefahr, also die Gefahr, im Falle eines Untergangs des Werks dieses noch einmal ohne weitere Vergütung erstellen zu müssen, geht auf den Besteller über (§ 644 Abs. 1 BGB).

II. Rechtliche Rahmenbedingungen für die Wirksamkeit von Abnahmeklauseln

201 Naturgemäß müssen auch Abnahmeklauseln zu ihrer Wirksamkeit den AGB-rechtlichen Anforderungen genügen.

1. Formularvertragliche Abweichungen zugunsten des Werkunternehmers

202 Der Werkunternehmer will in den Vertrag mit dem Besteller eine Regelung aufnehmen, nach der er möglichst früh von den für ihn günstigen Rechtswirkungen der Abnahme profitiert.

203 Grundsätzlich möglich ist die Vereinbarung von Verpflichtungen zur Teilabnahme, also der selbständigen Abnahme von Teilen des Werkes. Eine unangemessene Benachteiligung stellen sie allerdings dar, wenn die Mängelfreiheit des Teilwerks für sich betrachtet nicht sinnvoll beurteilt werden kann.[161]

204 Das Risiko einer solchen Teilabnahmeklausel besteht darin, dass über das Vorliegen einer in sich abgeschlossenen Teilleistung häufig Streit entsteht. Soweit die Umstände dies zulassen, sollten daher die isoliert abnahmefähigen Leistungen vertraglich definiert werden.

205 Vertragliche Abnahmefiktionen sind wirksam, wenn sie lediglich die gesetzlichen Abnahmefiktionen konkretisieren.

206 Zulässigerweise kann z.B. vereinbart werden, dass die Wirkungen der Abnahme dadurch ausgelöst werden, dass der Besteller die Abnahme des Werkes nicht innerhalb einer näher bestimmten, vom Werkunternehmer gesetzten Frist vornimmt, ob-

---

160 BGH, NJW 1973, 1792.

161 Staudinger/*Peters*/*Jacoby* BGB, § 641 BGB Rn. 120.

wohl er dazu gesetzlich verpflichtet ist. Eine solche Klausel konkretisiert lediglich die Regelung des § 640 Abs. 1 Satz 3 BGB.[162]

Unwirksam ist aber gemäß § 308 Nr. 5 BGB eine vertragliche AGB-Klausel, wonach die Abnahmewirkungen schon aufgrund einer Mitteilung des Werkunternehmers über die Fertigstellung des Werkes eintreten.[163] Ganz generell ist es AGB-rechtlich sehr problematisch und Unwirksamkeitsindiz, wenn Abnahmefiktionen dazu führen, dass die Abnahme trotz fehlender Abnahmereife des Werkes eintritt.[164] 207

2. Formularvertragliche Abweichungen zugunsten des Kunden (Bestellers)

Um sich gegen etwaige Mängel möglichst effektiv abzusichern, will der Kunde durch eine vertragliche Regelung die „Hürden" für die Abnahme möglichst hoch setzen bzw. diese so weit wie möglich hinauszögern. 208

Die Vereinbarung von Formvorschriften für die Abnahme ist auch in AGB grundsätzlich möglich. Unwirksam ist allerdings der Ausschluss der Abnahmefiktion gemäß § 640 Abs. 1 Satz 3 BGB, wonach es der Abnahme gleichsteht, wenn der Kunde das Werk nicht innerhalb einer ihm vom Unternehmer gesetzten angemessenen Frist abnimmt, obwohl er dazu verpflichtet ist.[165] 209

Vertragliche Regelungen zur Verzögerung des Abnahmezeitpunkts für ein fertiggestelltes Werk können darüber hinaus nur in engen Grenzen zulässig vereinbart werden, da der Kunde grundsätzlich ein berechtigtes Interesse an der zeitnahen Abnahme des Werkes (§ 640 Abs. 1 Satz 1 BGB) hat. Ein berechtigtes Interesse kann bestehen, wenn von unterschiedlichen Unternehmern geschuldete Werkleistungen ineinandergreifen. In diesem Fall dürfte es möglich sein, im Vertrag mit dem Subunternehmer sicherzustellen, dass die Abnahme der Leistung des Subunternehmers erst dann erfolgt, wenn der Generalunternehmer ihm seinerseits seine Leistung abgenommen hat. Für eine solche Synchronisation besteht in der Regel ein berechtigtes Interesse.[166] 210

Generell darf die Verzögerung des Abnahmetermins Leistungserbringer nicht unangemessen benachteiligen. Unzulässig ist insbesondere das Abstellen auf Bedingungen, auf deren Vorliegen der Bauunternehmer keinen Einfluss hat.[167] 211

---

162 Dauner-Lieb/Langen/*Raab*, BGB/Schuldrecht, § 640 Rn. 47.

163 BGH, NJW 1988, 55.

164 Kapellmann/Messerschmitt/*Havers* VOB Teile A und B, § 12 VOB/B Rn. 63.

165 Dauner-Lieb/Langen/*Raab*, BGB/Schuldrecht, § 640 Rn. 47.

166 BGH, NJW-RR 1989, 852.

167 BeckOK/*Voit* BGB, § 640 Rn. 25.

K. Mängelrüge, Sachmängelhaftung und Gewährleistung

I. Mustertext

Klauselmuster

212 **8. Mängelrüge/Pflichtverletzung wegen Sachmängeln/Gewährleistung**

8.1 Erkennbare Sachmängel sind vom Kunden unverzüglich, spätestens jedoch 12 Tage nach Abholung bei Lieferung ab Werk oder Lagerort, ansonsten nach Anlieferung, versteckte Sachmängel unverzüglich nach Entdeckung, Letztere spätestens innerhalb der Gewährleistungsverjährungsfrist nach Ziff. 8.2 uns gegenüber zu rügen. Eine nicht fristgerechte Rüge schließt jeglichen Anspruch des Kunden aus Pflichtverletzung wegen Sachmängeln aus. Dies gilt nicht im Falle vorsätzlichen, grob fahrlässigen oder arglistigen Handelns unsererseits, im Falle der Verletzung von Leib, Leben oder Gesundheit oder Übernahme einer Garantie der Mängelfreiheit, oder eines Beschaffungsrisikos nach § 276 BGB oder sonstigen gesetzlich zwingenden Haftungstatbeständen. Die gesetzlichen Sondervorschriften bei Endlieferung der Ware an einen Verbraucher (Lieferantenregress, §§ 478,479 BGB) bleiben unberührt.

[Etwaig Regelung zur Mängelrüge (z.B. Stückzahl, Falschlieferung etc.) gegenüber beauftragten Transportunternehmen ergänzen]

8.2 Für Sachmängel leisten wir – soweit nicht schriftlich oder in Textform ausdrücklich etwas Abweichendes vereinbart ist – über einen Zeitraum von 12 Monaten Gewähr, gerechnet vom Tage des Gefahrübergangs (siehe Ziff. 7.3), im Falle der kundenseitigen An- oder Abnahmeverweigerung vom Zeitpunkt der Bereitstellungsanzeige zur Warenübernahme an. Dies gilt nicht für Schadensersatzansprüche aus einer Garantie, der Übernahme eines Beschaffungsrisikos im Sinne von § 276 BGB, Ansprüchen wegen der Verletzung von Leib, Leben oder Gesundheit, arglistigen, vorsätzlichen, oder grob fahrlässigen Handelns unsererseits, oder wenn in den Fällen der §§ 478,479 BGB (Rückgriff in der Lieferkette), § 438 Abs. 1 Nr. 2 (Errichtung von Bauwerken und Lieferung von Sachen für Bauwerke) und § 634a Abs. 1 Nr. 2 BGB (Baumängel) oder soweit sonst gesetzlich eine längere Verjährungsfrist zwingend festgelegt ist. § 305b BGB (der Vorrang der Individualabrede in mündlicher oder textlicher oder schriftlicher Form) bleibt unberührt. Eine Umkehr der Beweislast ist mit der vorstehenden Regelung nicht verbunden.

8.3 Unsere Gewährleistung (Ansprüche aus Pflichtverletzung wegen Schlechtleistung bei Sachmängeln) und die sich hieraus ergebende Haftung ist ausgeschlossen, soweit Mängel und damit zusammenhängende Schäden nicht nachweisbar auf fehlerhaftem Material, fehlerhafter Konstruktion, oder auf mangelhafter Ausführung, oder fehlerhaften Herstellungsstoffen oder, soweit geschuldet, mangelhafter Nutzungsanleitung beruhen. Insbesondere ist die Gewährleistung und die sich hieraus ergebende Haftung aufgrund Pflichtverletzung wegen Schlechtleistung ausgeschlossen für die Folgen fehlerhafter Benutzung, ungeeigneter Lagerbedingungen, und für die Folgen chemischer, elektromagnetischer, mechanischer oder elektrolytischer Einflüsse, die nicht den in unserer Produktbeschreibung oder einer abweichend vereinbarten Produktspezifikation oder dem jeweils produktspezifischen Datenblatt unsererseits oder herstellerseits vorgesehenen, durchschnittlichen Standardeinflüssen entsprechen. Vorstehendes gilt nicht bei arglistigem, grob fahrlässigen oder vorsätzlichem Handeln unsererseits, oder Verletzung von Leib, Leben oder Gesundheit, der Übernahme einer Garantie, eines Beschaffungsrisikos nach § 276 BGB oder einer Haftung nach einem gesetzlich zwingenden Haftungstatbestand.

8.4 Wir übernehmen keine Gewährleistung nach §§ 478, 479 BGB (Rückgriff in der Lieferkette – Lieferantenregress), wenn der Kunde die von uns vertragsgegenständlich gelieferten Produkte bearbeitet oder verarbeitet oder sonst verändert hat, soweit dies nicht dem vertraglich vereinbarten Bestimmungszweck der Produkte entspricht.

8.5 Die Anerkennung von Pflichtverletzungen in Form von Sachmängeln bedarf stets der Schriftform.

II. Erläuterungen

Das Mängel- und Gewährleistungsrecht ist mitunter der bedeutendste Aspekt 213
im Geschäftsverkehr im Zusammenhang mit Kauf-, Werk- und Werklieferungsverträgen. Es hat hohe praktische sowie wirtschaftliche Bedeutung. Das vertragliche Synallagma mit Leistung und Gegenleistung prägt das Rechtsgeschäft. Weicht die Soll-Beschaffenheit von der Ist-Beschaffenheit der Leistung ab, so stellt dies einen Mangel und damit eine Pflichtverletzung mit Folgen dar. Um das Äquivalenzverhältnis zwischen Leistung und Gegenleistung nicht aus dem Gleichgewicht zu bringen, existieren Gewährleistungsrechte zugunsten des Kunden. Diese einzuschränken liegt im Interesse des AGB-Verwenders in der Rolle des Verkäufers. Derartige Klauseln sind sorgfältig zu gestalten und auszuwählen. Denn im Falle einer unwirksamen Klausel findet nicht nur das dispositive Recht Anwendung, sondern der AGB-Verwender hat zudem die Konsequenzen einer Abstrafung wegen eines Wettbewerbsverstoßes zu tragen. Dies kann auch die Vertragsbeziehung und das Vertrauensverhältnis zum Kunden nachhaltig schädigen.

1. Pflichtverletzung wegen Mängeln – Mangelbegriff

Der AGB-Verwender als Verkäufer hat dem Kunden **die Sache bzw. das Werk frei** 214
von Sach- und Rechtsmängeln zu verschaffen (§ 433 Abs. 1 Satz 2, § 633 Abs. 1 BGB). Erfüllt er seine diesbezügliche Hauptleistungspflicht nicht, so stellt dies eine Pflichtverletzung dar, die den Kunden zur Geltendmachung von Gewährleistungsrechten berechtigt (s.u.).

Der Mangelbegriff ist gesetzlich in den **§§ 434, 435 BGB** sowie in den **§ 633** 215
Abs. 2 und 3 BGB definiert. Aus der Definition der Mangelfreiheit ergibt sich im Umkehrschluss, wann eine Sache bzw. ein Werk mangelhaft ist. Es handelt sich dabei um einen zunächst subjektiv zu bestimmenden Mangelbegriff, der durch objektive Kriterien ergänzt wird. Im Einzelnen kennt das Gesetz folgende Formen von Sachmängeln:[168]

168 Vgl. Dauner-Lieb/Langen/*Büdenbender*, BGB/Schuldrecht, § 434 Rn. 6.

- negative Abweichung von der vertraglich vereinbarten Beschaffenheit (§ 434 Abs. 1 Satz 1, § 633 Abs. 2 Satz 1 BGB),
- negative Abweichung von der vertraglich vorausgesetzten Verwendung (§ 434 Abs. 1 Satz 2 Nr. 1, § 633 Abs. 2 Satz 2 Nr. 1 BGB),
- negative Abweichung von der für die gewöhnliche Verwendung erforderlichen und üblichen Beschaffenheit, die der Käufer nach der Art der Sache erwarten kann (§ 434 Abs. 1 Satz 2 Nr. 2, § 633 Abs. 2 Satz 2 Nr. 2 BGB),
- negative Abweichung von öffentlichen Äußerungen oder Kennzeichnungen über bestimmte Eigenschaften der Sache (§ 434 Abs. 1 Satz 3 BGB),
- unsachgemäße Montage seitens des Verkäufers (§ 434 Abs. 2 Alt. 1 BGB),
- mangelhafte Montageanleitung (§ 434 Abs. 2 Alt. 2 BGB),
- Lieferung einer anderen als der vertraglich vereinbarten Sache (sog. Aliudlieferung, § 434 Abs. 3 Alt.1, § 633 Abs. 2 Satz 3 Alt. 1 BGB),
- Lieferung einer zu geringen Menge (§ 434 Abs. 3 Alt. 2, § 633 Abs. 2 Satz 3 Alt. 2 BGB).

216 **Vorrangig** ist für die Mangelfreiheit/-haftigkeit des Leistungsgegenstandes auf die Existenz einer **Beschaffenheitsvereinbarung** (§ 434 Abs. 1 Satz 1, § 633 Abs. 2 Satz 1 BGB) abzustellen. Unter der Beschaffenheit einer Sache bzw. eines Werkes sind alle Eigenschaften einer Sache zu verstehen, die ihr physisch anhaften und die mit ihr in einer Umweltbeziehung, sei es in tatsächlicher, wirtschaftlicher oder rechtlicher Hinsicht, stehen. Als Beschaffenheitsvereinbarung aufzufassen ist bspw. auch eine Spezifikation. Ob eine Vereinbarung über eine bestimmte Beschaffenheit vorliegt, ist anhand einer Auslegung der Erklärungen der Vertragsparteien zu ermitteln (§§ 133, 157 BGB). Wissenserklärungen und Anpreisungen sind dabei nicht unbedingt mit einer Beschaffenheitsvereinbarung gleichzusetzen.[169] Ebenso ist die „bloße" Beschaffenheitsvereinbarung von einer Beschaffenheitsgarantie abzugrenzen. Letztere bedeutet nämlich, dass der Klauselverwender als Verkäufer verschuldensunabhängig für vereinbarte Eigenschaften einstehen möchte;[170] die Haftung geht dann über die gesetzlich vorgesehenen Gewährleistungsrechte aus §§ 437 ff. und § 634 ff. BGB hinaus. Eine Beschaffenheitsvereinbarung ist mithin anzunehmen, wenn der Inhalt des Vertrags von vornherein oder nachträglich die Pflichten des Verkäufers derart bestimmt, die Sache in dem Zustand zu übereignen und zu übergeben, wie ihre Beschaffenheit im Vertrag festgelegt ist (Sollbeschaffenheit).[171] Die Beschaffenheit muss somit zwischen den Parteien bindend gem. §§ 145 ff. BGB vereinbart werden, wobei dies sowohl ausdrücklich als auch konkludent oder stillschweigend erfolgen kann. Bedarf der Vertrag einer bestimmten Form, so unterliegt die Beschaffenheitsvereinbarung denselben Formvor-

---

169 Vgl. zur Abgrenzung Rn. 18 ff.
170 Vgl. zur Beschaffenheitsgarantie Rn. 93 ff.
171 Palandt/*Weidenkaff* BGB, § 434 Rn. 15.

schriften.[172] Insofern ist es sinnvoll, eine Beschaffenheitsvereinbarung zu treffen, um die Sachmängeldefinition im Sinne der Vertragsparteien zu bestimmen.

Soweit keine Beschaffenheitsvereinbarung vorliegt, sind nachrangig die weiteren o.g. Kriterien des § 434 bzw. § 633 BGB zu betrachten. Eine Beschränkung der Haftung für Beschaffenheitsvereinbarungen unter Ausschluss der Haftung für die vertraglich vorausgesetzte oder die gewöhnliche Verwendung in AGB dürfte wohl unwirksam sein.[173] 217

Zuerst ist die **vom Vertrag vorausgesetzte Verwendung** der Sache zu erwägen (§ 434 Abs. 1 Satz 2 Nr. 1, § 633 Abs. 2 Satz 2 Nr. 1 BGB). Danach kommt es für die Beurteilung eines Mangels auf die von beiden Vertragsparteien unterstellte Verwendung der Sache bzw. des Werkes an, ohne dass diese besonders vereinbart wurde. Mit dieser Vorschrift sollen die subjektiven Beschaffenheitsanforderungen erfasst werden, die zwar nicht die Wirkung vertraglicher Verbindlichkeit erreichen, jedoch für den Verkäufer eindeutig bestanden und grundsätzlich von ihm berücksichtigt werden müssen.[174] Die in Ziff. 2.1 Satz 3 der Muster-AGB gefasste Regelung, dass der Klauselverwender als Verkäufer mangels anderweitiger Vereinbarung nicht für den vom Kunden mit der Ware/Leistung verfolgten Zweck einsteht, steht hier insoweit nicht entgegen. Vielmehr stellt sie klar, dass der Verkäufer zustimmen muss, nachdem der Kunde ihm bei Vertragsschluss den Zweck des Kaufs zur Kenntnis gebracht hat;[175] eine einseitig gebliebene Vorstellung des Kunden von der Geeignetheit zur einer bestimmten Verwendung reicht damit nicht aus.[176] Das Verwendungsrisiko trägt der Kunde.[177] 218

Mangels ausdrücklicher oder stillschweigender Beschaffenheitsvereinbarung und einer vom Vertrag vorausgesetzten Verwendung ist auf die **Geeignetheit der Sache zur gewöhnlichen Verwendung** und deren übliche Beschaffenheit bei Sachen gleicher Art abzustellen (§ 434 Abs. 1 Satz 2 Nr. 2, § 633 Abs. 2 Satz 2 Nr. 2 BGB). Während die gewöhnliche Verwendung der Sache aus der durchschnittlich gebräuchlichen Verwendung einer Sache dieser Art abzuleiten ist, also aus der objektiv berechtigten Kundenerwartung und dem Verkehrskreis des Kunden,[178] ist 219

---

172 Staudinger/*Matusche-Beckmann* BGB, § 434 Rn. 72.

173 Der BGH hat einen solchen Haftungsausschluss nämlich nur für den Fall der Individualvereinbarung gebilligt (BGH, NJW 2007, 1346). Dies dürfte aber weder auf im B2C- noch im B2B-Bereich verwendete AGB übertragbar sein.

174 Staudinger/*Matusche-Beckmann* BGB, § 434 Rn. 76. Danach soll § 434 Abs. 1 Satz 2 Nr. 1 BGB zugleich als Auffangtatbestand für die Fälle fungieren, in denen eine vertragliche Vereinbarung nicht nachweisbar ist, der Käufer aber seine Anforderungen an die Sache und ihre Erkennbarkeit belegen kann.

175 Vgl. mit Beispielen Palandt/*Weidenkaff* BGB, § 434 Rn. 22f.

176 BGH, NJW 2009, 2809.

177 Palandt/*Weidenkaff* BGB, § 434 Rn. 20.

178 MüKo/*Westermann* BGB, § 434 Rn. 24f.

für den Vergleichsmaßstab auf Sachen desselben Qualitätsstandards abzustellen.[179]

220 Daneben können für die Beschaffenheitsbestimmung in diesem Sinne solche Angaben von Relevanz sein, die der Verkäufer, der Hersteller oder seine Gehilfen im Rahmen **öffentlicher Äußerungen** machen (§ 434 Abs. 2 Satz 3 BGB). Dazu zählen mündliche, schriftliche, gedruckte oder elektronische Äußerungen, die auch durch unbeteiligte Dritte wahrnehmbar und an einen nicht von vornherein feststehenden Personenkreis gerichtet sind.[180] Es handelt sich dabei um Werbespots, Verkaufsprospekte, Zeitungsanzeigen und sonstige Warenbeschreibungen. Derartige Äußerungen müssen entweder vom AGB-Verwender in der Position des Verkäufers selbst stammen oder diesem zumindest zurechenbar sein. Letzteres ist der Fall, wenn die Äußerung von dem Hersteller[181] der Sache oder von Hilfspersonen ausgeht. Hilfsperson können neben Angestellten des Verkäufers oder Herstellers auch Selbstständige sein, die bei der Vermarktung tätig sind (z.B. Werbeagenturen);[182] diese müssen weder Vertreter i.S.d. §§ 164 ff. BGB noch Erfüllungsgehilfen i.S.v. § 278 BGB sein.

221 Es sind jedoch drei **Ausschlusstatbestände** vorgesehen, in denen eine Zurechnung der öffentlichen Äußerungen für den Verkäufer nicht stattfindet (§ 434 Abs. 2 Satz 3 letzter Hs. BGB). Ausgeschlossen ist die Zurechnung danach, wenn **(i)** der Verkäufer die Äußerung nicht kannte oder nicht kennen musste. Diese Regelung ist für den unternehmerischen Rechtsverkehr nahezu bedeutungslos, da einem Verkäufer insoweit die Pflicht zugesprochen wird, sich über allgemein zugängliche Äußerungen des Herstellers über das jeweilige Produkt zu informieren.[183] Keine Zurechnung findet überdies statt, wenn **(ii)** die Äußerung im Zeitpunkt des Vertragsschlusses berichtigt war. Dabei wird zwar nicht vorausgesetzt, dass die Information den konkreten Kunden erreicht haben muss; allerdings muss die Kenntnisnahme durch denselben Personenkreis möglich sein, sodass die Berichtigung eine der Verbreitung der Äußerung vergleichbare Intensität haben muss, damit sie dazu führen kann, dass der Kunde bestimmte Erwartungen nicht mehr haben kann;[184] eine bloß dieselbe Sache richtig darstellende Werbung genügt regelmäßig nicht.[185] Es kommt mithin darauf an, wenn ein durchschnittlicher Kunde von der Berichtigung vor dem Vertragsschluss Kenntnis hätte erlangen müssen.[186] Dem

---

179 Palandt/*Weidenkaff* BGB, § 434 Rn. 29.

180 Palandt/*Weidenkaff* BGB, § 434 Rn. 34.

181 Hersteller ist zunächst derjenige, der das Endprodukt oder ein Teilprodukt tatsächlich hergestellt hat oder einen Grundstoff gewonnen hat. Darüber hinaus werden aber diejenigen, die sich als Hersteller ausgeben, sowie der Importeuer als Hersteller behandelt (§ 4 Abs. 1 und 2 ProdHaftG).

182 Staudinger/*Matusche-Beckmann* BGB, § 434 Rn. 106.

183 Staudinger/*Matusche-Beckmann* BGB, § 434 Rn. 110.

184 MüKo/*Westermann* BGB, § 434 Rn. 34.

185 OLG Düsseldorf, BeckRS 2007, 1301.

186 BT-Drucks. 14/6040, S. 215.

Kunden muss wohl aber der Beweis offen bleiben, von einer – zwar korrekten – Berichtigung nicht rechtzeitig Kenntnis genommen haben zu können.[187] Von Bedeutung ist diese Regelung damit bei Rückrufaktionen, die eine große Intensität und Publizität haben. Ausgeschlossen ist darüber hinaus eine Zurechnung, wenn **(iii)** die Äußerung die Kaufentscheidung überhaupt nicht beeinflussen konnte. Davon ist nur dann auszugehen, wenn der Kunde im Zeitpunkt des Kaufs die öffentliche Äußerung nachweislich nicht kannte. Wenn aber feststeht, dass die Kaufentscheidung beeinflusst wurde, ist es unerheblich, ob ein vernünftiger Durchschnittskunde beeinflusst worden wäre.[188] Abgesehen von den gesetzlich vorgesehenen Ausschlusstatbeständen kann sich der Klauselverwender in der Rolle des Verkäufers auch dadurch schützen, dass er seine öffentlichen Äußerungen in Katalogen etc. mit dem Hinweis „Änderungen und Irrtümer vorbehalten. Abbildungen ähnlich." versieht.[189]

Darüber hinaus liegt ein Mangel vor, wenn die **Montage**, also die Handlungen zur 222
Ermöglichung des Gebrauchs der Sache, vereinbart ist, aber **nicht ordnungsgemäß** durchgeführt wurde (§ 434 Abs. 2 Satz 1 BGB). Unsachgemäß ist die Montage, wenn sie entweder nicht der Vereinbarung entspricht, oder wenn sie nicht zu der vom Vertrag vorausgesetzten oder üblichen und zu erwartenden Verwendung führt.[190]

Ferner ist ein Mangel zu bejahen, wenn die **Montageanleitung mangelhaft** ist 223
(§ 434 Abs. 2 Satz 2 BGB; auch als sog. Ikea-Klausel bezeichnet). Das ist sie, wenn die Kaufsache zur Montage bestimmt ist, die Montageanleitung einen durchschnittlichen Kunden aber nicht zur fehlerfreien Montage befähigt. Streitig ist mithin, ob man eine unbrauchbare, unvollständige mit einer fehlenden Montageanleitung gleichsetzen kann. Im Ergebnis macht dies jedoch regelmäßig keinen Unterschied, da die Kaufsache in jedem Fall mangelhaft ist, da sie sich zumindest nicht für die nach § 434 Abs. 1 Satz 2 Nr. 2 BGB geforderte gewöhnliche Verwendung eignet.[191] Eine Haftung ist allerdings abzulehnen, wenn trotz Mangelhaftigkeit der Montageanleitung die Montage fehlerfrei gelingt. Im Weiteren ist strittig, ob eine Bedienungsanleitung mit einer Montageanleitung gleichzustellen ist. Dies ist mit der überwiegenden Meinung jedoch abzulehnen; Mängel der Bedienungsanleitung stellen vielmehr einen Sachmangel nach § 434 Abs. 1 Satz 1 und 2 BGB dar.[192]

---

187 MüKo/*Westermann* BGB, § 434 Rn. 34.

188 Staudinger/*Matusche-Beckmann* BGB, § 434 Rn. 112.

189 BGH, NJW 2009, 1337.

190 Palandt/*Weidenkaff* BGB, § 434 Rn. 40 ff.

191 MüKo/*Westermann* BGB, § 434 Rn. 38; Palandt/*Weidenkaff* BGB, § 434 Rn. 48.

192 Palandt/*Weidenkaff* BGB, § 434 Rn. 48; Staudinger/*Matusche-Beckmann* BGB, § 434 Rn. 130 f.; aA: Dauner-Lieb/Langen/*Büdenbender* BGB/Schuldrecht, § 434 Rn. 62; MüKo/*Westermann* BGB, § 434 Rn. 41.

224 Ein Mangel liegt zudem vor, wenn es zu einer Aliud- oder Minderlieferung gekommen ist (§ 434 Abs. 3, § 636 Abs. 2 Satz 3 BGB). Um eine **Aliudlieferung** handelt es sich, wenn anstelle der gekauften bzw. bestellten Sache eine andere geliefert wird, also ein Identitätsmangel vorliegt. Dabei ist es unerheblich, ob es um einen Stück- oder Gattungskauf geht.[193] Die **Minderlieferung**, also die nach Stück oder Gewicht zu geringe Lieferung, wird nur dann als Mangel aufgefasst, wenn es sich um eine verdeckte Mankolieferung handelt. Leistet der Verkäufer bewusst nur teilweise, so handelt es sich um eine offene Mankolieferung, die als Teilleistung dem allgemeinen Leistungsstörungsrecht unterfällt;[194] bezüglich der fehlenden Teilleistung bleibt der ursprüngliche Erfüllungsanspruch aufrechterhalten und es werden keine Gewährleistungsrechte ausgelöst. Ebenso wenig greift das Gewährleistungsrecht bei einer Zuviellieferung; die Rückabwicklung erfolgt über das allgemeine Schuldrecht (insbesondere Bereicherungsrecht).[195]

225 Auch der **Verdacht eines Mangels** kann bereits einen Sachmangel darstellen, wenn er qualitätsmindernd ist und nicht durch zumutbare Maßnahmen beseitigt werden kann.[196]

226 Neben dem Sachmangel i.S.d. § 434, § 633 Abs. 2 BGB können auch **Rechtsmängel** (§ 435, § 633 Abs. 3 BGB) auftreten. Ein Rechtsmangel stellt jedes nicht im Vertrag übernommene Recht Dritter dar, also alle dinglichen Rechte an dem Gegenstand wie z.B. Pfandrechte, Hypotheken, Grunddienstbarkeiten, Nießbrauchrechte, dingliche Vorkaufsrechte, Anwartschaftsrechte sowie obligatorische Rechte;[197] im Werkvertragsrecht stellen dies auch Rechte des Dritten dar, die die Verwendung des Werkes zu dem nach dem Vertrag vorausgesetzten Zweck ausschließen oder einschränken (z.B. Urheber-, Patent- oder sonstige gewerbliche Schutzrechte).[198] Hinsichtlich der Rechtfolgen bestehen kaum Unterschiede zwischen Sach- und Rechtsmängeln; es findet in jedem Fall § 437 bzw. § 634 BGB Anwendung. Lediglich der für die Mangelfreiheit maßgebliche Zeitpunkt ist unterschiedlich; während es bei der sachmangelfreien Leistung auf den Zeitpunkt des Gefahrübergangs[199] ankommt, muss die Leistung zum Zeitpunkt des Eigentumsübergangs frei von Rechtsmängeln sein.

227 Die Beweislast für das Vorliegen des Mangels trägt schließlich der Kunde.

---

193 Staudinger/*Matusche-Beckmann* BGB, § 434 Rn. 146 ff.; Palandt/*Weidenkaff* BGB, § 434 Rn. 52a f., § 633 Rn. 8.

194 Staudinger/*Matusche-Beckmann* BGB, § 434 Rn. 154.

195 Palandt/*Weidenkaff* BGB, § 434 Rn. 53a.

196 Dies gilt insbesondere hinsichtlich der Handelbarkeit von Lebensmitteln; vgl. BGH, NJW 1989, 218; OLG Karlsruhe, NJW-RR 2009, 97.

197 Dauner-Lieb/Langen/*Büdenbender* BGB/Schuldrecht, § 435 Rn. 6.

198 Dauner-Lieb/Langen/*Raab* BGB/Schuldrecht, § 633 Rn. 44 f.

199 Siehe Rn. 173 ff. zu Versand und Gefahrübergang.

2. Mängelrüge

Damit die Gewährleistungsrechte überhaupt geltend gemacht werden können, müssen im kaufmännischen Verkehr Mängel seitens des Kunden zunächst angezeigt und gerügt werden. Es handelt sich dabei um eine Obliegenheit des Kunden, dessen Nichtbeachtung zwar zu keiner Pflichtverletzung des Kunden führt, die jedoch für ihn die nachteilige Folge des Verlustes von Mängel- und Gewährleistungsrechten zur Folge hat. Im B2B-Verkehr ist § 377 HGB zu berücksichtigen,[200] der auf den Kaufvertrag, nach seinem Wortlaut nicht aber auf den Werkvertrag, anzuwenden ist. 228

§ 377 HGB Untersuchungs- und Rügeobliegenheit !

„(1) Ist der Kauf für beide Teile ein Handelsgeschäft, so hat der Käufer die Ware unverzüglich nach der Ablieferung durch den Verkäufer, soweit dies nach ordnungsgemäßem Geschäftsgang tunlich ist, zu untersuchen und, wenn sich ein Mangel zeigt, dem Verkäufer unverzüglich Anzeige zu machen.

(2) Unterlässt der Käufer die Anzeige, so gilt die Ware als genehmigt, es sei denn, dass es sich um einen Mangel handelt, der bei der Untersuchung nicht erkennbar war.

(3) Zeigt sich später ein solcher Mangel, so muss die Anzeige unverzüglich nach der Entdeckung gemacht werden; anderenfalls gilt die Ware auch in Ansehung dieses Mangels als genehmigt.

(4) Zur Erhaltung der Rechte des Käufers genügt die rechtzeitige Absendung der Anzeige.

(5) Hat der Verkäufer den Mangel arglistig verschwiegen, so kann er sich auf diese Vorschriften nicht berufen."

Die verkäuferfreundliche Vorschrift des § 377 HGB bedarf eigentlich keiner abweichenden Regelung in AGB. Eine Abmilderung oder Verschärfung der Rügeobliegenheit ist nur in begrenztem Umfang möglich; jedenfalls kann auch nicht durch Handelsbrauch von der Pflicht zur unverzüglichen Untersuchung entbunden werden.[201] Eine derartige Pflichtentbindung wäre schließlich auch nicht im Interesse des AGB-Verwenders in der Position eines Verkäufers. Allerdings können – wie hier in der Musterklausel Ziff. 8.1 geschehen – Modifikationen vorgenommen werden. § 377 HGB ist grundsätzlich dispositiv; Grenzen werden insbesondere durch die allgemeinen Vorschriften der §§ 138, 242, 307 ff. BGB gezogen. Eine vollständige Abbedingung in AGB hat der BGH in einer älteren Entscheidung aus dem Jahr 1984 in Bezug auf Einkaufs-AGB „abgelehnt". Die Instanzgerichte folgen ihm gleichwohl bis heute.[202] 229

Der Kunde sollte die Ware jedenfalls **unverzüglich** nach deren Erhalt dahingehend kontrollieren und **untersuchen**, ob sie ordnungsgemäß ist. Unverzüglich be- 230

---

200 Mittlerweile ist anerkannt, dass § 377 HGB gleichermaßen für Sach- und Rechtsmängel gilt; Vgl. OLG Düsseldorf, BeckRS 2013, 06664; aA (Geltung des § 377 HGB nur für Sachmängel): MüKo/*Grunewald* HGB, § 377 Rn. 53.

201 BGH, NJW 1976, 625.

202 Vgl. u.a. LG Gera, MDR 2005, 101.

deutet in diesem Zusammenhang ohne schuldhaftes Zögern (§ 121 BGB), also innerhalb einer nach den Umständen des Einzelfalles zu bemessenden Prüfungs- und Überlegungsfrist.[203] Im Hinblick auf das Interesse an der Schnelligkeit des Handelsverkehrs ist dies eng auszulegen und der Maßstab objektiv zu bestimmen, wobei Unterschiede je nach Branche, Groß- und Kleinbetrieben Berücksichtigung finden.[204] Die Fristen zur Unverzüglichkeit variieren zum Teil stark. Während einerseits manchmal nur wenige Stunden zum Untersuchen zur Verfügung stehen (z.B. bei verderblicher Ware), werden andererseits mehrere Tage oder sogar Wochen gewährt.[205]

231 Voraussetzung des Entstehens der Rügeobliegenheit ist neben dem Vorliegen eines Mangels die **Ablieferung der Ware**, d.h. die Sache muss dem Kunden übergeben werden und somit in seinen Machtbereich gelangen. Die Ablieferung erfolgt auch dann, wenn der Kunde die Ware unter Vorbehalt annimmt.[206] Keine Ablieferung liegt hingegen vor, wenn die Ware unvollständig ist oder abredewidrig nur eine Teillieferung erbracht wurde und der Kunde sie deshalb nicht annimmt.[207] Wurde die Ware indes am falschen Ort bereitgestellt, so ist dennoch von einer Ablieferung auszugehen, wenn der Kunde die Ware dort tatsächlich in Besitz nimmt.[208] Die Auslösung der Rügeobliegenheit steht somit mit der Lieferzeit sowie dem Lieferort (Erfüllungsort) in Zusammenhang.

232 Die Untersuchung hat **mit fachmännischer Sorgfalt** zu erfolgen („Tunlichkeit"), wobei Stichproben bei größeren Warenmengen genügen. Soweit es erforderlich ist, muss die Ware stichprobenartig entsprechend ihrer Bestimmung verbraucht bzw. eingesetzt werden. Der Kunde darf sich schließlich nicht mit bloßen Vermutungen zufrieden geben. Klarzustellen ist hier, dass eine vorangegangene, zufriedenstellende Probelieferung nicht von der Pflicht zur Untersuchung der Hauptlieferung entbindet.[209]

233 Nicht nur die Untersuchung, sondern auch die Mängelrüge muss unverzüglich erfolgen (§ 377 Abs. 1, 3 HGB). Das oben zur Unverzüglichkeit Aufgeführte gilt auch insoweit. Die in der Musterklausel getroffene Regelung zur Konkretisierung der Frist ist wirksam, solange sie im Einzelfall nicht unangemessen kurz ist und der Inhaltskontrolle nach § 307 Abs. 2 Nr. 1 BGB standhält.[210] Wichtig ist dabei, dass zwischen sog.

---

203 BGH, NJW 2005, 1869.

204 Baumbach/Hopt/*Hopt* HGB, § 377 Rn. 23.

205 Vgl. mit Beispielen Baumbach/Hopt/*Hopt* HGB, § 377 Rn. 23 sowie Oetker/*Koch* HGB, § 377 Rn. 72.

206 MüKo/*Grunewald* HGB, § 377 Rn. 20.

207 Oetker/*Koch* HGB, § 377 Rn. 9.

208 Oetker/*Koch* HGB, § 377 Rn. 9.

209 Baumbach/Hopt/*Hopt* HGB, § 377 Rn. 31.

210 Das Klauselverbot des § 309 Nr. 8 lit. b ee) BGB ist wegen der Anwendbarkeit des § 377 HGB auf den B2B-Verkehr nicht übertragbar, vgl. allg. Meinung u.a. Staudinger/*Coester-Waltjen* BGB, § 309 Nr. 8 Rn. 86.

erkennbaren und verdeckten Mängeln unterschieden wird.[211] **Erkennbare Mängel**, d.h. entweder offene, ohne Untersuchung zu Tage liegende Mängel oder sonstige, bei der Untersuchung zu Tage tretende Mängel, sind hiernach gemäß des Klauseltextes spätestens innerhalb einer Frist von 12 Tagen ab Ablieferung zu rügen. Abgesehen von der in AGB gesetzten Frist ist dem Kunden regelmäßig nur eine Erklärungsfrist von 1–2 Tagen zuzubilligen.[212] Die hier gesetzte Frist erscheint damit angemessen, auch wenn dies regelmäßig unter Berücksichtigung der Umstände des Einzelfalles zu beurteilen ist.[213] Maßgeblich ist, dass sich die Rügefrist an dem Zeitraum orientiert, der zur sachgemäßen Abwicklung der eigenen Geschäftskorrespondenz benötigt wird, und an die Entdeckung des Mangels anknüpft.[214] Für **verdeckte Mängel**, d.h. zuvor nicht erkennbare und auch bei der Untersuchung nicht zu Tage getretene Mängel, besteht mithin der Unterschied, dass für den Zeitpunkt der Unverzüglichkeit der Mängelrüge nicht – wie bei erkennbaren Mängeln – auf den Zeitpunkt der Ablieferung der Ware abzustellen ist, sondern auf den Zeitpunkt der Entdeckung des Mangels. Ebenso wenig gilt die 12-tägige Rügefrist. Die Musterklausel entspricht insoweit der gesetzlichen Regelung des § 377 Abs. 3 HGB. Es wird lediglich eine maximale Rügefrist zur Geltendmachung von verdeckten Mängeln festgelegt, die der Gewährleistungsverjährungsfrist nach Ziff. 8.2 entspricht.[215] Dies ist wirksam, denn es dürfen die Gewährleistungsrechte nur nicht durch starre Rügefristen formularmäßig ausgeschlossen werden. Für den B2B-Verkehr gilt hinsichtlich verdeckter Mängel, dass eine unangemessene Benachteiligung des Kunden vorliegt, wenn Beanstandungen wegen Waren, die be- oder verarbeitet worden sind, bei verborgenen Fehlern nur noch erhoben werden könnten, wenn diese nachweislich auf einem Verschulden des Klauselverwenders als Verkäufer beruhen; eine Klausel, die den Rügeverlust ohne Rücksicht auf ein Verschulden des Klauselverwenders schlechthin an den bestimmungsgemäßen Vorgang der Be- oder Verarbeitung anknüpft ist daher unwirksam.[216]

Falls Mängel auftreten, so muss **jeder Mangel einzeln** gegenüber dem AGB- 234
Verwender angezeigt werden. Dabei kommt es für die Rechtzeitigkeit der Rüge auf

---

211 Nicht hinnehmbar ist bspw. auch unter Kaufleuten eine Klausel, wonach ein Rügeverlust aller offener sowie versteckter Mängel innerhalb von drei Tagen eintritt; BGH, NJW 1992, 575.

212 OLG Koblenz, NJW-RR 2004, 1553.

213 Der BGH hat bspw. eine 14-tägige Rügefrist noch für angemessen erachtet (BGH, NJW 1985, 3016). Allerdings wurde auch schon eine Rügefrist von nur fünf Tagen als wirksam behandelt (OLG Hamm, NJW-RR 1992, 1012).

214 Nach Oetker/*Koch* HGB, § 377 Rn. 147 soll darüber hinaus auch Raum für die Berücksichtigung fehlenden Verschuldens des Kunden bleiben; aA: MüKo/*Grunewald* HGB, § 377 Rn. 126.

215 Eine solche Klausel wäre demnach auch im B2C-Bereich wirksam, bei dem das Klauselverbot des § 309 Nr. 8 lit. b) ee) BGB greift. Dieses Klauselverbot für Ausschlussfristen soll aber grundsätzlich nicht auf den B2B-Bereich übertragbar sein, da sich die maßgeblichen Wertungen für eine Inhaltskontrolle insoweit aus § 377 HGB ergeben; vgl. Stoffels AGB-Recht, Rn. 961.

216 BGH, NJW 1996, 1537.

deren Absendung an (§ 377 Abs. 4 HGB). Einer bestimmten Form bedarf die Mängelrüge zwar nicht; sie kann mündlich, fernmündlich oder – was im Hinblick auf die Beweisfunktion zu empfehlen ist – schriftlich erfolgen. Die Mängelrüge muss allerdings so präzise sein, dass Art und Umfang des Mangels für den Klauselverwender in der Rolle des Verkäufers erkennbar werden und er in die Lage versetzt wird, die Beanstandung zu prüfen.

235 Fehlt es an einer rechtzeitigen Mängelrüge, so sind die **Rechtsfolgen** erheblich. Nach der Musterklausel Ziff. 8.1 Satz 2 sowie nach § 377 Abs. 2 Hs. 1, Abs. 3 Hs. 2 HGB können insbesondere die Gewährleistungsrechte (s.u.) wegen des Mangels nicht mehr wirksam geltend gemacht werden, weil die Ware samt Mangel nach der gesetzlichen Fiktion **als ordnungsgemäße Leistung genehmigt gilt**. Es kann also weder Nacherfüllung, Minderung, Rücktritt, Schadensersatz oder Ersatz vergeblicher Aufwendungen verlangt noch Ansprüche wegen Schlechterfüllung oder Verletzung von mit dem Mangel zusammenhängenden Nebenpflichten erhoben werden. Außerdem können auch Ansprüche des Kunden gegen Dritte ausgeschlossen sein (z.B. bei einem finanzierten Kauf zwischen dem Kunden und einem Darlehensgeber).[217] Dies ist jedoch dann nicht anzunehmen, wenn der AGB-Verwender als Verkäufer den Mangel arglistig verschwiegen hat (§ 377 Abs. 5 HGB), also den Kunden absichtlich über das Bestehen des Mangels durch Vorspiegeln eines Vorzugs der Ware oder Unterlassen einer gebotenen Aufklärung bzw. Offenbarung täuscht in der Erwartung, dass der Kunde ihn nicht erkennt, den Mangel bei Kenntnis aber rügen würde.[218]

236 Weitere Regelungen können seitens des AGB-Verwenders zur Form der Rüge[219], zur Bestimmung einer Untersuchungspflicht[220] oder zur Durchführung einer bestimmten Untersuchungsmethode[221] getroffen werden.

237 Die in der Praxis nunmehr häufiger verwendete Qualitätssicherungsvereinbarung stellt zudem ein Modell dar, das gerade für die sog. Just-in-time Geschäfte zweckmäßig erscheint. Danach können die Untersuchungs- und Rügeobliegenheiten speziell geregelt werden und ein interessengerechter Mittelweg zwischen Warenausgangs- und Wareneingangskontrolle gewählt werden, wonach der Käufer beim Verkäufer ein Qualitätssicherungssystem einrichtet und die Ware nur noch auf solche Mängel untersuchen muss, die trotz des vereinbarten Qualitätssicherungssystems eintreten können. Dies ist jedoch in Abweichung von der verkäufergünstigen Vorschrift des § 377 HGB verkäuferseitig nicht zu empfehlen und daher eher in Einkaufs-AGB zu finden.

---

217 Oetker/*Koch* HGB, § 377 Rn. 139.
218 BGH, NJW 1986, 317.
219 Oetker/*Koch* HGB, § 377 Rn. 149.
220 MüKo/*Grunewald* HGB, § 377 Rn. 125.
221 MüKo/*Grunewald* HGB, § 377 Rn. 129.

Weil der Rügeverlust gewissermaßen einem **Haftungsausschluss** gleichkommt, wird in Ziff. 8.1 Satz 3 der Muster-AGB klarstellend darauf hingewiesen, in welchen Fällen dieser nicht eintritt bzw. nicht eintreten darf.[222] Bei vorsätzlichem und grob fahrlässigem Handeln des AGB-Verwenders kann die Haftung vertraglich wegen § 276 Abs. 3 und §§ 310 Abs. 1, 307 BGB unter Berücksichtigung der Wertung des Klauselverbotes aus § 309 Nr. 7 lit. b) BGB nicht abbedungen werden. Ebenso wenig kann die Haftung wegen arglistigen Handelns des AGB-Verwenders ausgeschlossen werden, da ansonsten ein Widerspruch zu der Regelung des § 377 Abs. 5 HGB (s.o.) entstünde. Im Falle der Verletzung von Leib, Leben oder Gesundheit darf die Haftung wegen §§ 310 Abs. 1, 307 BGB unter Berücksichtigung des Klauselverbotes aus § 309 Nr. 7 lit. a) BGB nicht ausgeschlossen werden. Die Übernahme einer Garantie oder eines Beschaffungsrisikos (vgl. § 276 Abs. 1 Satz 1, § 443 bzw. § 639 BGB) begründet eine verschuldensunabhängige Einstandspflicht des AGB-Verwenders, die nicht durch einen formularmäßigen Haftungsausschluss ausgeschaltet werden kann. Sonstige zwingende Haftungstatbestände, wie bspw. die Haftung für fehlerhafte Produkte nach dem ProdHaftG (§ 14 ProdHaftG) oder die Verletzung von Kardinalpflichten, sowie die Berücksichtigung von Mitverschulden des Kunden werden durch den Rügeverlust mithin nicht berührt. 238

Unberührt bleibt der **Rückgriffsanspruch in der Lieferkette** gem. §§ 478, 479 BGB. Das hat zur Folge, dass dem Kunden als Letztverkäufer einer neu hergestellten Sache gegenüber dem AGB-Verwender als Lieferant gewisse Erleichterungen und Privilegierungen zugutekommen, wenn die Ware im Rahmen eines Verbrauchsgüterkaufs (§ 474 Abs. 1 Satz 1 BGB) verkauft wird, der Endabnehmer den Kunden wegen eines Sachmangels in Anspruch genommen hat und Letzterer deswegen Regress bei seinem Lieferanten, dem Klauselverwender, nimmt. Die Sondervorschriften der §§ 478, 479 BGB sind zwar grundsätzlich dispositiv; eine formularmäßige Abweichung zu Lasten des Kunden als Letztverkäufer ist jedoch nur zulässig, wenn ihm ein gleichwertiger Ausgleich für den Regressverzicht eingeräumt wird (§ 478 Abs. 4 BGB).[223] Unabhängig davon, muss der Kunde in jedem Fall seiner Rügeobliegenheit gem. § 377 BGB nachkommen; so sieht es auch das Gesetz in § 478 Abs. 6 BGB vor. Zum Erhalt seiner Mängelgewährleistungsrechte aus § 437 BGB sowie des Aufwendungsersatzanspruchs aus § 478 Abs. 2 BGB muss der Kunde daher die Ware auch dann unverzüglich untersuchen, wenn am Ende der Vertriebskette ein Verbraucher steht.[224] § 377 HGB ist damit geeignet, die Rückgriffskette zu unterbrechen. 239

222 Vgl. ausführlich zum Haftungsausschluss und dessen Einschränkungen Rn. 374 ff.

223 Palandt/*Weidenkaff* BGB, § 478 Rn. 20 ff.

224 Baumbach/*Hopt* HGB, § 377 Rn. 48; Oetker/*Koch* HGB, § 377 Rn. 142.

3. Zusätzliche Mängelrüge gegenüber dem Transportunternehmen

240 In Bezug auf die Mangelrüge kann es beim Einsatz eines Transportunternehmens zudem sinnvoll sein, in AGB eine **Obliegenheit** zu statuieren, wonach der Kunde schon zur Mängelanzeige gegenüber dem Transportunternehmen angewiesen wird. Die Transportperson kann insofern als Erklärungsbote des Kunden agieren.[225] Dies muss im Interesse beider Parteien als zulässig erachtet werden.[226] Allerdings ist dies nur möglich für offensichtliche oder bei Anlieferung **erkennbare Mängel** (Sach- und Transportmängel). Stück- und Gewichtsmängel sollte sich der Kunde vom Transportunternehmer an Ort und Stelle bescheinigen lassen; auf Veranlassung des Kunden sollten die Mängel insgesamt in schriftlicher oder sonst textlicher Form durch den Transportunternehmer aufgenommen werden. Die Rügefrist verlängert sich dadurch aber nicht. Für den Fall, dass der Kunde dieser Obliegenheit nicht nachkommt, würde dies dieselben Folgen, also den Rügeverlust und insbesondere den Verlust der Mängelgewährleistungsrechte nach sich ziehen (s.o.).

4. Gewährleistung

241 In den Muster-AGB finden die einzelnen Gewährleistungsrechte keine eigene Erwähnung. Dies ist bewusst so gewählt, da das Gesetz in den **§§ 437 ff. bzw. 634 ff. BGB** ausführliche, detaillierte Regelungen zur Gewährleistung enthält und die sich fortentwickelnde Rechtsprechung zu diesbezüglichen AGB-Klauseln einem „Minenfeld“ für den AGB-Verwender gleichkommt. Die Freizeichnung ist insoweit, wenn überhaupt, nur in engen Grenzen möglich. Bei unzulässigen Klauseln besteht zudem die Gefahr einer Wettbewerbswidrigkeit i.S.d. UWG. Soweit dennoch ein Regelungsbedarf besteht, werden zugunsten des Klauselverwenders insbesondere Abweichungen von der Gesetzeslage hinsichtlich der Gewährleistungsfrist und eines Gewährleistungsausschlusses vorgeschlagen, die zulässig und wirksam sind (s.u. bzgl. Ziff. 8.2 und 8.3).

242 Die Gewährleistungsrechte im Einzelnen sind: Nacherfüllung, Rücktritt, Minderung, Schadensersatz sowie Ersatz vergeblicher Aufwendungen. Darüber hinaus besteht beim Werkvertrag die Möglichkeit zur Selbstvornahme und des Ersatzes der dazu erforderlichen Aufwendungen. Die Voraussetzungen dieser Rechte und Ansprüche sind grundsätzlich vom Anspruchssteller, mithin dem Kunden darzulegen und zu beweisen, sobald dieser die Ware bzw. das Werk angenommen hat.

---

225 Oetker/*Koch* HGB, § 377 Rn. 82.

226 Vgl. Klauselmuster in Schmitt/*Stange* Gestaltung von Wirtschaftsverträgen, Kap. 8 Rn. 56.

a) Nacherfüllung

Primär besteht für den Kunden ein Anspruch auf Nacherfüllung gem. §§ 437 Nr. 1, 439 bzw. §§ 634 Nr. 1, 635 BGB. Dieser korrespondiert mit dem **sog. Recht zur zweiten Andienung** des Verkäufers. Es kann zwischen **Nachbesserung** und **Ersatzlieferung/Neuherstellung** gewählt werden (sog. elektive Konkurrenz, § 439 Abs. 1, § 635 Abs. 1 BGB). Bevor der Kunde jedoch von seinem Nacherfüllungsrecht Gebrauch macht, sollte dieser die in seinem Verantwortungsbereich liegenden Fehler ausschließen, denn im Falle eines unberechtigten Nacherfüllungsverlangens kann der Klauselverwender als Verkäufer für seine vergeblich aufgewandten Kosten zur Überprüfung der Mangelhaftigkeit der Kaufsache Schadensersatz verlangen.[227] Beide Nacherfüllungsvarianten sind sowohl bei einer Gattungsschuld (§ 243 Abs. 1 BGB) als auch bei einem Stückkauf grundsätzlich möglich. Die Ersatzlieferung scheidet beim Stückkauf nicht von vornherein wegen Unmöglichkeit (§ 275 Abs. 1 BGB) aus; vielmehr ist auf den Willen der Vertragsparteien bei Vertragsschluss abzustellen. Eine Ersatzlieferung kommt beim Stückkauf dann in Betracht, wenn nach der Vorstellung der Parteien die Kaufsache im Falle ihrer Mangelhaftigkeit durch eine gleichartige und gleichwertige ersetzt und somit das Erfüllungsinteresse des Kunden befriedigt werden kann.[228] 243

Neben den **Kosten** für die reine Nacherfüllung muss der Klauselverwender als Verkäufer auch die weiteren zum Zwecke der Nacherfüllung erforderlichen Aufwendungen wie z.B. Transport-, Wege-, Arbeits- und Materialkosten tragen (§ 439 Abs. 2, § 635 Abs. 2 BGB). Hinsichtlich der Transportkosten ist maßgeblich, wo sich der Erfüllungsort (§ 269 BGB) der Nacherfüllung befindet;[229] Transportkosten fallen mithin nur an, wenn der Erfüllungsort für die Nacherfüllung nicht am Belegenheitsort der mangelhaften Sache liegt. In vielen Fällen wird der Erfüllungsort am Sitz des AGB-Verwenders als Verkäufer sein, was jedoch nicht ausnahmslos anzunehmen ist. Es kommt letztlich auf die Umstände des Einzelfalles an. Eine vertragliche Regelung bietet sich jedoch an. Hinsichtlich des Umfangs der Nacherfüllung sind im Rahmen der Ersatzlieferung vor allem die Ausbau- und Einbaukosten zu erwähnen. Für den Verbrauchsgüterkauf ist nunmehr höchstrichterlich entschieden, dass diese von der Ersatzlieferung umfasst sind.[230] Umstritten ist aber immer noch, ob dies auch für den B2B-Bereich gilt.[231] Dem unternehmerisch tätigen Kunden verbleibt in jedem Fall ein 244

---

227 BGH, NJW 2008, 1147.

228 BGH, NJW 2006, 2839. Dies ist jedoch gerade in der Literatur nicht unumstritten, vgl. Musielak, Hans-Joachim: Die Nacherfüllung beim Stückkauf, in: NJW 2008, 2801.

229 BGH, NJW 2011, 2278; vgl. zum Erfüllungsort bei Nacherfüllung im Rahmen eines Werkvertrag BGH, NJW 2008, 724.

230 EuGH, NJW 2011, 2269; anschließend auch BGH, NJW 2012, 1073 (bzgl. Ausbaukosten) und BGH, NJW 2013, 220 (bzgl. Einbaukosten).

231 Dagegen z.B. OLG Frankfurt, NJW-Spezial 2012, 622; auch BGH, NJW 2013, 220.

Schadensersatzanspruch für derartige Kosten, wobei dieser von einem Verschulden des Verkäufers abhängig ist. Insoweit sei nochmals darauf hingewiesen, dass der Vorlieferant kein Erfüllungsgehilfe des Verkäufers ist, sodass bei einer bereits mangelhaften Lieferung durch den Vorlieferanten keine schuldhafte Pflichtverletzung des Klauselverwenders als Verkäufer anzunehmen ist und er daher nicht haftet.

245 Der Klauselverwender ist in seiner Rolle als Verkäufer dann nicht zu der vom Kunden gewählten Form der Nacherfüllung verpflichtet, wenn dies **mit unverhältnismäßigen Kosten verbunden** ist; insofern steht ihm – abgesehen von den Fällen der objektiven und subjektiven Unmöglichkeit i.S.d. § 275 BGB – ein **Leistungsverweigerungsrecht** zu (§ 439 Abs. 3, § 635 Abs. 3 BGB) zu. Die Unverhältnismäßigkeit ist für jeden Sachverhalt einzeln zu beurteilen. Sie wurde bspw. angenommen, wenn die Kosten der Nacherfüllung den Wert der Sache im mangelfreien Zustand um 150% oder des mangelbedingten Minderwertes um 200% übersteigen.[232] Kommt ohnehin nur eine Art der Nacherfüllung in Betracht, so steht dies dem Leistungsverweigerungsrecht des Klauselverwenders nicht entgegen (absolute Unverhältnismäßigkeit, § 439 Abs. 3 Satz 3 Hs. 2 BGB).[233] Erfolgt eine Ersatzlieferung, ist die **mangelhafte Sache zurückzugeben** (§ 439 Abs. 4 bzw. § 635 Abs. 4 i.V.m. §§ 346 ff. BGB). Im Rahmen der Rückgewähr sind auch Nutzungen herauszugeben oder zu ersetzen. Die „neu“ eingefügte Regelung des § 474 Abs. 2 Satz 1, Abs. 5 Satz 1 BGB ändert daran nichts, da sie nur für den B2C-Verkehr gilt, also im unternehmerischen Verkehr nicht angewandt wird.

246 Hinsichtlich der **Regelung in AGB** ist u.a. Folgendes zu berücksichtigen: Das Nacherfüllungsrecht ist auch im B2B-Bereich nicht vollständig abdingbar. Insoweit gelten die Wertungen des § 309 Nr. 8 lit. b) bb) BGB.[234]

! **§ 309 Klauselverbote ohne Wertungsmöglichkeit**

„Auch soweit eine Abweichung von den gesetzlichen Vorschriften zulässig ist, ist in Allgemeinen Geschäftsbedingungen unwirksam

[...]

Nr. 8 (Sonstige Haftungsausschlüsse bei Pflichtverletzung)

b) (Mängel)

eine Bestimmung, durch die bei Verträgen über Lieferungen neu hergestellter Sachen und über Werkleistungen

[...]

bb) (Beschränkung auf Nacherfüllung)

die Ansprüche gegen den Verwender insgesamt oder bezüglich einzelner Teile auf ein Recht auf Nacherfüllung beschränkt werden, sofern dem anderen Vertragsteil nicht ausdrücklich das Recht

---

232 BGH, NJW 2009, 1660.

233 Dies gilt jedoch nur noch für den B2B-Verkehr. Für den B2C-Bereich ist die Vorschrift teleologisch zu reduzieren, weil der EuGH ein „Totalverweigerungsrecht“ als Verstoß gegen die Verbrauchsgüterkauf-Richtlinie gewertet hat, vgl. BGH, NJW 2012, 1073.

234 BGH NJW 1998, 677 und 679.

vorbehalten wird, bei Fehlschlagen der Nacherfüllung zu mindern oder, wenn nicht eine Bauleistung Gegenstand der Mängelhaftung ist, nach seiner Wahl vom Vertrag zurückzutreten;
[...]"

Während im Kaufvertragsrecht von Gesetzes wegen dem Kunden das **Wahlrecht** zwischen den Nacherfüllungsarten zusteht (§ 439 Abs. 1 BGB), verfügt im Werkvertragsrecht der Unternehmer über das Wahlrecht (§ 635 Abs. 1 BGB). Im Kaufvertragsrecht ist es allerdings zulässig, das Wahlrecht auf den AGB-Verwender in der Rolle des Verkäufers zu übertragen.[235] Wegen der größeren Sachnähe stellt dies keine unangemessene Benachteiligung des Kunden i.S.v § 307 Abs. 2 Nr. 1 BGB dar. Des Weiteren wirkt aber das Klauselverbot des § 309 Nr. 8 lit. b) cc) BGB auf den unternehmerischen Bereich,[236] um eine Entwertung des Nacherfüllungsrechts zu vermeiden. 247

---

§ 309 Klauselverbote ohne Wertungsmöglichkeit !
„Auch soweit eine Abweichung von den gesetzlichen Vorschriften zulässig ist, ist in Allgemeinen Geschäftsbedingungen unwirksam
[...]
Nr. 8 (Sonstige Haftungsausschlüsse bei Pflichtverletzung)
b) (Mängel)
eine Bestimmung, durch die bei Verträgen über Lieferungen neu hergestellter Sachen und über Werkleistungen
[...]
cc) (Aufwendungen bei Nacherfüllung)
die Verpflichtung des Verwenders ausgeschlossen oder beschränkt wird, die zum Zwecke der Nacherfüllung erforderlichen Aufwendungen, insbesondere Transport-, Wege-, Arbeits- und Materialkosten, zu tragen;
[...]"

Inwieweit im B2B-Verkehr von den gesetzlichen Vorgaben nach § 307 BGB zulässigerweise abgewichen werden kann, ist umstritten; teilweise wird auf die Höhe der Kosten[237] und teilweise auf den Einflussbereich abgestellt, wiederum andere akzeptieren eine Kompensation durch andere Vorteile.[238] Im B2B-Verkehr kann jedoch die Übernahme bestimmter Kosten seitens des Verkäufers ausgeschlossen werden (z.B. nicht im Rahmen der Nacherfüllung vom AGB-Verwender als Verkäufer geschuldete Aufwendungen, die sich daraus ergeben, dass der Kunde nach der Übergabe der 248

---

235 Dies gilt indes nur, wenn es sich nicht um einen Verbrauchsgüterkauf i.S.v. § 474 Abs. 1 Satz 1 BGB (§ 475 Abs. 1 BGB) handelt, vgl. Staudinger/*Matusche-Beckmann* BGB, § 439 Rn. 12.
236 Palandt/*Grüneberg* BGB, § 309 Rn. 77.
237 Gegen die summenmäßige Begrenzung der Nacherfüllungskosten auf die Höhe des Kaufpreises, weil eine Versicherungsdeckung durch die Produkthaftpflicht-Versicherung des Verkäufers besteht, BGH, NJW 2002, 673.
238 Vgl. Staudinger/*Coester-Waltjen* BGB, § 309 Rn. 72.

Kaufsache diese an einen anderen Ort als den Erfüllungsort verbracht hat, es sei denn, das Verbringen gehört zum bestimmungsgemäßen Gebrauch der Sache (z.B. bei Pkw)).

249 Insgesamt ist hinsichtlich der Indizwirkung der Klauselverbote des § 309 Nr. 8 lit. b) BGB zu beachten, dass diese lediglich für die Lieferung neu hergestellter Sachen gelten. Insoweit dürfen die gesetzlichen Gewährleistungsrechte in der Regel nicht vollständig und ersatzlos gestrichen werden; eine derartige Regelung wäre nach § 307 Abs. 2 Nr. 1 BGB unwirksam.[239] Während der Kunde beim Kauf einer neuen Sache berechtigterweise auf deren Fehlerfreiheit und Gebrauchstauglichkeit vertrauen kann, ist beim Erwerb gebrauchter Sachen eine geringere Erwartungshaltung anzusetzen. Daher erscheinen Gewährleistungsbeschränkungen zumindest im Zusammenhang mit der Lieferung gebrauchter Sachen in einem milderen Licht.[240]

b) Rücktritt

250 Ist innerhalb einer vom Kunden gesetzten Frist nicht nacherfüllt worden oder ist die Nacherfüllung aus anderen Gründen fehlgeschlagen oder verweigert worden, so besteht ein Recht zur **Lösung vom Vertrag**, §§ 437 Nr. 2, 440 bzw. §§ 634 Nr. 3, 636 i.V.m. §§ 323, 326 Abs. 5 BGB. Als Gestaltungsrecht muss der Kunde den Rücktritt gegenüber dem AGB-Verwender als Verkäufer erklären (§ 349 BGB). Eine solche Erklärung ist erst wirksam, wenn dem Verkäufer zuvor eine angemessene **Frist zur Nacherfüllung** gesetzt wurde und diese **erfolglos verstrichen** ist, es sei denn, die Fristsetzung ist ausnahmsweise nach §§ 323 Abs. 2, 326 Abs. 5 oder 440 BGB entbehrlich. Die Angemessenheit der Nacherfüllungsfrist beurteilt sich danach, welcher Zeitaufwand für den Verkäufer erforderlich ist, um unter normalen Geschäftsverhältnissen den gerügten Mangel zu beseitigen.[241] Der Fristsetzung bedarf es nicht, wenn z.B. der Verkäufer die Nacherfüllung ernsthaft und endgültig verweigert (§ 323 Abs. 2 Nr. 1 BGB), es sich um ein Fixgeschäft handelt (§ 323 Abs. 2 Nr. 2 BGB), die Nacherfüllung unmöglich ist (§ 326 Abs. 5 BGB), die Nacherfüllung fehlgeschlagen ist oder als fehlgeschlagen gilt (§ 440 BGB), oder sonstige Umstände des Einzelfalles nach einer Interessenabwägung die Fristsetzung entbehrlich machen (§ 323 Abs. 2 Nr. 3 BGB). Zum Rücktritt ist der Kunde mithin nur berechtigt, wenn der Mangel auch erheblich ist (§ 323 Abs. 5 Satz 2 BGB), wobei die Erheblichkeit des Mangels im Zeitpunkt der Rücktrittserklärung vorliegen muss.[242] Hinsichtlich der Anforderungen an die Erheblichkeit des Mangels werden unterschiedliche Ansätze vertreten; sie wird z.B. regelmäßig zu bejahen sein, wenn die Kosten der Mangelbe-

---

239 Staudinger/*Coester-Waltjen* BGB, § 309 Nr. 8 Rn. 52.

240 Vgl. Stoffels AGB-Recht, Rn. 921 ff., 956 ff.

241 BGH, NJW-RR 1993, 309.

242 BGH, NJW 2009, 508.

seitigung mindestens 5% der vereinbarten Gegenleistung ausmachen.[243] In jedem Fall ist eine umfassende Interessenabwägung vorzunehmen.[244] In diesem Rahmen ist auch das Verschulden des Verkäufers zu berücksichtigen, wobei bei arglistigem Verhalten eine unerhebliche Pflichtverletzung in der Regel zu verneinen ist.[245] Wenn kein erheblicher Mangel vorliegt und damit ein Rücktritt ausscheidet, verbleiben das Recht zur Minderung und ggf. Schadensersatzansprüche (s.u.).

Sollte das Rücktrittsrecht bestehen und seitens des Kunden ausgeübt werden, 251 so wird der Kauf- bzw. Werkvertrag in ein **Rückgewährschuldverhältnis** umgewandelt. Der (Nach-)Erfüllungsanspruch des Kunden erlischt. Die Vertragsparteien werden verpflichtet, die gegenseitig empfangenen Leistungen Zug um Zug herauszugeben (§§ 346, 348 BGB), wozu u.a. auch Wertersatz und Nutzungen gehören. Daneben kann der Kunde Schadensersatz verlangen (§ 325 BGB; s.u.).

Das Rücktrittsrecht ist in keinem Fall, auch **nicht** im B2B-Verkehr, vollständig 252 **abdingbar**; eine derartige Klausel wäre gem. § 307 Abs. 2 Nr. 1 BGB unwirksam.[246]

c) Minderung

Anstelle des Rücktritts kommt eine Minderung des Kaufpreises bzw. der Vergü- 253 tung in Betracht, §§ 437 Nr. 2, 441 bzw. §§ 634 Nr. 3, 638 BGB in Betracht. Es müssen dieselben Voraussetzungen wie bei einem Rücktritt vorliegen (z.B. fruchtloser Ablauf einer Nacherfüllungsfrist oder Entbehrlichkeit; s.o.). Die Minderung scheitert hingegen nicht, wenn der Mangel i.S.v. § 323 Abs. 5 Satz 2 BGB unerheblich ist (§ 441 Abs. 1 Satz 2, § 638 Abs. 1 Satz 2 BGB). Das Gesetz sieht in § 441 Abs. 3 bzw. § 638 Abs. 3 BGB eine Berechnungsformel für die Minderung vor. Danach ist der Kaufpreis um den Betrag verhältnismäßig herabzusetzen, der dem durch den Mangel geminderten Wert der Sache entspricht.[247] Die Minderung erfolgt allein durch Erklärung des Kunden. Erklärt der Kunde die Minderung, liegt darin die konkludente Aussage, die Kaufsache bzw. das Werk zu dem geminderten, d.h. verringerten Kaufpreis behalten zu wollen. Das Rücktrittsrecht entfällt sodann. Für den Fall, dass der Kunde bereits den vollen Kaufpreis gezahlt hat, kann er den zu viel gezahlten Betrag zurückverlangen (§ 441 Abs. 4 i.V.m. § 346 Abs. 1 BGB).

Ein möglicher Schadensersatzanspruch wird durch die Minderung grundsätz- 254 lich nicht ausgeschlossen. Der Schadensersatzanspruch erfasst dann zwar nicht den Mangelschaden, der bereits durch die Herabsetzung des Kaufpreises ausgeglichen ist. Wohl aber scheidet eine Kombination von Minderung und Schadensersatz statt der

---

243 BGH, NJW 2014, 3229.

244 U.a. BGH, NJW 2013, 1365; BGH, NJW 2014, 3229.

245 BGH, NJW 2006, 1960.

246 BGH, NJW 1993, 2436; bestätigt durch BGH, WM 1995, 1455.

247 Palandt/*Weidenkaff* BGB, § 437 Rn. 29, § 441 Rn. 12ff.

Leistung gem. § 281 BGB aus.[248] Es soll allerdings die Möglichkeit bestehen, von der erklärten Minderung auf Schadensersatz statt der Leistung (sog. kleiner Schadensersatz) analog § 325 BGB umzuschwenken.[249]

255 Ebenso wie der Rücktritt ist die Minderung nur in Grenzen durch AGB **einschränkbar**. Dies ist der Minderung als Ausdruck des das Schuldrecht prägenden Äquivalenzprinzips geschuldet, mit der die Gleichwertigkeit der beiderseitigen Leistungen sichergestellt werden soll.[250] Insoweit gelten die Wertungen des § 309 Nr. 8 lit. b) bb) BGB sowie § 307 BGB. Das bedeutet, bei einer Beschränkung der Nacherfüllung muss das Recht zur Minderung vorbehalten werden. Bei gebrauchten Sachen ist eine Einschränkung, eine Befristung oder sogar die Abbedingung des Minderungsrechts in den Grenzen von § 444 BGB möglich.[251] Dies gilt indes nur für den B2B-Verkehr; im B2C-Bereich ist der Ausschluss des Minderungsrecht nach §§ 474 Abs. 1, 475 Abs. 1 BGB nicht zulässig.

d) Schadens- und Aufwendungsersatz

256 Neben der Minderung bzw. dem Rücktritt (§ 325 BGB) kann sich der AGB-Verwender in der Rolle des Verkäufers unter bestimmten Voraussetzungen auch Schadensersatzansprüchen des Kunden gem. § 437 Nr. 3 i.V.m. §§ 280 ff. bzw. § 311a BGB entgegengesetzt sehen. Die Lieferung einer mangelbehafteten Sache bzw. die Herstellung eines mangelhaften Werkes stellt eine Pflichtverletzung i.S.v. § 280 Abs. 1 Satz 1 BGB dar. Insoweit sind hier das allgemeine Leistungsstörungsrecht sowie die Vorschriften der §§ 249 ff. BGB zur Beurteilung des erstattungsfähigen Schadensumfangs heranzuziehen.

257 Die folgenden Schadens- und Aufwendungsersatzansprüche haben gemein, dass sie – abgesehen von einer strengeren Haftung infolge der Übernahme einer Garantie oder eines Beschaffungsrisikos[252] – ein **Vertretenmüssen** des Verkäufers für den Mangel erfordern (§ 280 Abs. 1 Satz 2 i.V.m. § 276 BGB). Zu vertreten hat der AGB-Verwender als Schuldner grundsätzlich jede Art von Fahrlässigkeit sowie Vorsatz (§ 276 Abs. 1 BGB), soweit nicht die Haftung für leichte Fahrlässigkeit ausgeschlossen ist (vgl. Ziff. 11 dieser Muster-AGB). Dabei wird das Verschulden des Ver-

---

248 Palandt/*Weidenkaff* BGB, § 437 Rn. 31, § 441 Rn. 19; Staudinger/*Matusche-Beckmann* BGB, § 441 Rn. 40; aA: MüKo/*Westermann* BGB, § 441 Rn. 3; vom BGH bislang offen gelassen, vgl. in NJW 2011, 1217.

249 Z.B. bei voreilig erklärter Minderung, vgl. Staudinger/*Matusche-Beckmann* BGB, § 441 Rn. 40 oder bei Fehlschlagen der Berechnung der Minderung, vgl. BGH, NJW 2011, 1217.

250 Vgl. BGH, NJW 2008, 2497, wonach ein vollständiger Ausschluss der Minderung durch formularvertragliche Regelung in einem Gewerberaummietvertrag unzulässig ist.

251 Staudinger/*Matusche-Beckmann* BGB, § 441 Rn. 41.

252 Vgl. zu den Voraussetzungen der Übernahme von Garantien und Beschaffungsrisiken Rn. 87 ff.

käufers gem. § 280 Abs. 1 Satz 2 BGB vermutet. Der AGB-Verwender in der Rolle des schuldenden Verkäufers trägt somit die Darlegungs- und Beweislast dafür, dass er die Mangelhaftigkeit nicht zu vertreten hat. Eine generelle Untersuchungspflicht bezüglich der Mangelhaftigkeit trifft den Verkäufer als Händler regelmäßig zwar nicht;[253] vielmehr darf er grundsätzlich auf eine fehlerfreie Lieferung durch seinen Vorlieferanten oder Produzenten vertrauen.[254] Etwas anderes gilt jedoch bei sich aufdrängenden Mängeln. Im Übrigen hängt dies von der Art der Sache ab.

Zum einen kann der Kunde **Schadensersatz neben der Leistung** verlangen 258 (§ 437 Nr. 3 bzw. § 634 Nr. 4 i.V.m. § 280 Abs. 1 BGB). Das bedeutet, der Kunde kann sowohl Erfüllung, also die Lieferung einer mangelfreien Sache, als auch Schadensersatz verlangen. Es sind diejenigen Schäden zu ersetzen, die durch die Pflichtverletzung endgültig entstanden sind und auch durch eine rechtzeitige Nacherfüllung nicht mehr vermieden worden wären. Dazu zählen u.a. zusätzlich laufende Aufwendungen, Nutzungsausfall[255], entgangener Gewinn einschließlich eines Betriebsausfallschadens. Auch der sog. Mangelfolgeschaden, der im Einzelnen in seiner Bewertung sehr umstritten ist, fällt in den Bereich des Schadensersatzes neben der Leistung.[256] Diese Schäden kann der Kunde vom Zeitpunkt der Pflichtverletzung, d.h. in der Regel ab Fälligkeit oder Annahme der Erfüllung geltend machen.[257] Der Schadensersatz neben der Leistung kann neben Rücktritt bzw. Minderung geltend gemacht werden.

Zum anderen kann der Kunde **Schadensersatz statt der Leistung** verlangen 259 (§ 437 Nr. 3 bzw. § 634 Nr. 4 i.V.m. §§ 280 Abs. 1, 3, 281 ff./311a BGB). Beim Schadensersatz statt der Leistung **wegen Schlechtleistung** (§ 281 BGB), also allein wegen der Lieferung einer mangelhaften Sache bzw. eines mangelhaften Werkes, ist zunächst der fruchtlose Ablauf der Frist zur Nacherfüllung abzuwarten, sofern die Fristsetzung nicht gem. §§ 281 Abs. 2, 440 BGB entbehrlich ist (vgl. Rn. 250). Zu unterscheiden ist seitens des Kunden sodann zwischen dem „kleinen Schadensersatzanspruch" nach § 281 Abs. 1 Satz 1 BGB und dem „großen Schadensersatzanspruch" (Schadensersatz statt der ganzen Leistung) nach § 281 Abs. 1 Satz 3 BGB. Während der Kunde beim **„kleinen Schadensersatz"** die mangelhafte Sache behält und den Minderwert liquidiert, weist er beim **„großen Schadensersatz"** die Kaufsache bzw. das Werk zurück und kann Ersatz des gesamten ihm durch die Nichterfüllung des

---

253 BGH, NJW 1981, 1269.

254 Dauner-Lieb/Langen/*Büdenbender* BGB/Schuldrecht, § 437 Rn. 65.

255 Der Nutzungsausfall kann im Übrigen auch als Schadensersatz statt der Leistung (§§ 281, 283, 311a BGB) oder als Verzugsschaden (§ 286 BGB) geltend gemacht werden, vgl. BGH, NJW 2008, 911 sowie Palandt/*Weidenkaff* BGB, § 437 Rn. 35.

256 Dafür spricht, dass auch dieser Schaden durch den Mangel verursacht wurde und durch eine Nacherfüllung nicht vermieden werden könnte; vgl. MüKo/*Westermann* BGB, § 437 Rn. 32.

257 MüKo/*Ernst* BGB, § 280 Rn. 69.

Vertrags entstandenen Schadens ersetzt verlangen (sog. Mangel- bzw. Nichterfüllungsschaden).[258] Der „große Schadensersatz" setzt voraus, dass der Mangel erheblich ist, was – ebenso wie beim Rücktritt (s.o.) – nach einer umfassenden Interessenabwägung zu beurteilen ist.[259] Der Umfang des „kleinen Schadensersatzes" richtet sich danach, wie der Kunde stehen würde, wenn ordnungsgemäß nacherfüllt worden wäre; der Verkäufer hat u.a. einen Ausgleich durch Ersatz des Minderwertes, der Aufwendungen für die Mängelbeseitigung sowie des entgangenen Gewinns für die Weiterveräußerung (§ 252 BGB) zu leisten.[260] Vom „großen Schadensersatz" sind zudem u.a. die Kosten eines Deckungskaufs, die Freistellung von der Haftung aus einem Weiterverkauf sowie etwaige Kosten eines Rechtsstreits zwischen dem Kunden und seinem Abnehmer umfasst, weil der Kunde so zu stellen ist, als sei ordnungsgemäß erfüllt worden.[261] Trotz Ablaufs der Nacherfüllungsfrist kann der Kunde Erfüllung in Form der mangelfreien Leistung verlangen, und zwar solange, bis er sein Schadensersatzverlangen kundtut (§ 281 Abs. 4 BGB); erst dann geht der Erfüllungsanspruch unter. Zuvor kann also auch der Klauselverwender in der Rolle als Verkäufer seine (mangelfreie) Leistung bzw. Nacherfüllung erbringen.[262]

260 Liegt jedoch ein nicht behebbarer Mangel vor, ist also die Lieferung der Sache bzw. des Werkes in mangelfreiem Zustand sowie die Nacherfüllung unmöglich (§ 275 BGB), so kann der Kunde – ohne Fristsetzung zur Nacherfüllung – Schadensersatz statt der Leistung **wegen nachträglicher Unmöglichkeit** (§ 283 BGB) bzw. **wegen anfänglicher Unmöglichkeit** (§ 311a BGB) verlangen. Für den Zeitpunkt der Unmöglichkeit ist auf den Vertragsschluss abzustellen. Ein Fall der Unmöglichkeit ist anzunehmen, wenn die geschuldete Leistung weder vom Schuldner noch von einem Dritten erbracht werden kann (§ 275 Abs. 1 BGB; z.B. Nichtexistenz der geschuldeten Sache, absolutes Fixgeschäft, sonstiges Unvermögen). Gleichermaßen ist Unmöglichkeit zu bejahen, wenn die Leistungserbringung mit einem grob unverhältnismäßigen Aufwand verbunden und deshalb nicht zumutbar ist (§ 275 Abs. 2 BGB; Kosten-Nutzen-Vergleich; z.B. drohende Existenzvernichtung bei Leistungserbringung, oder wenn die Erbringung der Leistung von einem Dritten abhängt, der für seine Mitwirkung unverhältnismäßige Forderungen stellt). Überdies ist Unmöglichkeit zu bejahen, wenn die Leistung für den Schuldner aus persönlichen Gründen unzumutbar ist (§ 275 Abs. 3 BGB; z.B. schwere Erkrankung oder Tod eines Angehörigen, strafbewehrte Einberufung des Arbeitnehmers in der Türkei), wobei diese Fallgruppe im B2B-Verkehr regelmäßig keine Rolle spielt. Der Umfang dieses Schadensersatzanspruches statt der Leistung gestaltet sich ebenso wie unter Rn. 259.

---

258 BGH, NJW 1989, 2534.
259 BGH, NJW 2013, 1431.
260 Jauernig/*Berger* BGB, § 437 Rn. 21.
261 Jauernig/*Berger* BGB, § 437 Rn. 21.
262 Palandt/*Weidenkaff* BGB, § 281 Rn. 49.

Des Weiteren kann der Kunde **Aufwendungsersatz** verlangen (§ 437 Nr. 3 bzw. § 634 Nr. 4 i.V. § 284 BGB), jedoch nur **anstelle** eines Schadensersatzes statt der Leistung wegen Schlechtleistung, sodass die o.g. Voraussetzungen insoweit vorliegen müssen. Ersatzfähig sind danach die seitens des Kunden im Vertrauen auf den Erhalt der Leistung getätigten Aufwendungen (= **freiwillige Vermögensopfer**), die er billigerweise machen durfte. Dazu zählen z.B. Kosten einer nutzlos gewordenen Finanzierung, Vertragskosten wie Untersuchungs- und Transportkosten, Überführungs- und Zulassungskosten, Fracht, Zölle usw.[263] Nicht darunter fällt der unterbliebene Gewinn wegen des Verzichts auf ein günstigeres Alternativgeschäft.[264] Der Anwendungsbereich dieser Vorschrift ist schließlich nicht (mehr) auf den Ersatz von Aufwendungen nichtkommerzieller Zwecke beschränkt, sondern erfasst gleichermaßen Aufwendungen, die für kommerzielle Zwecke getätigt wurden.[265] 261

Entscheidender **Zeitpunkt** für das Eingreifen der Gewährleistungsrechte ist der **Gefahrübergang**. Vor diesem Zeitpunkt findet das allgemeine Leistungsstörungsrecht der §§ 280 ff. BGB Anwendung. **Weitere Schäden**, die unabhängig von einem Mangel der Sache bzw. des Werkes in der Vermögenssphäre des Kunden eingetreten sind (z.B. wegen Verletzung des Integritätsinteresses durch Nebenpflichtverletzungen in Form von Aufklärungs- und Warnpflichten etc., § 241 Abs. 2 BGB), werden nicht von § 437 Nr. 3 BGB erfasst, sondern lösen unmittelbar die Anwendung der §§ 280 ff. BGB wegen Pflichtverletzung des Verkäufers aus. Dies gilt auch für den Verzögerungsschaden.[266] 262

e) Selbstvornahme

Über die o.g. Rechte hinaus sieht das Werkvertragsrecht ein Recht auf Selbstvornahme des Kunden vor (§§ 634 Nr. 2, 637 BGB). Im Hinblick auf das sog. Recht zur zweiten Andienung muss auch insoweit zunächst eine Frist zur Nacherfüllung gesetzt werden, sofern diese nicht unter den Voraussetzungen des § 323 Abs. 2 BGB (s.o.) oder wegen Fehlschlagens oder Unzumutbarkeit der Nacherfüllung für den Kunden entbehrlich ist (§ 637 Abs. 2 BGB). Aufgrund des Selbstvornahmerechts wird dem Kunden gestattet, die Mängelbeseitigung an dem Werk selbst durchzuführen und Ersatz der dafür entstandenen Aufwendungen, sogar in Form eines Vorschusses (§ 637 Abs. 3 BGB) zu verlangen. Der Kunde muss seine Aufwendungen für die Mängelbeseitigung nachweisen und über den erhaltenen Kostenvorschuss Abrechnung erteilen. Im Falle des nicht zweckentsprechend verbrauchten Vorschusses 263

---

263 Palandt/*Weidenkaff* BGB, § 284 Rn. 5.

264 Palandt/*Weidenkaff* BGB, § 437 Rn. 42.

265 BGH, NJW 2005, 2848, u.a. zur Überflüssigkeit der auf der sog. Rentabilitätsvermutung beruhenden Unterscheidung zwischen kommerziellen und nichtkommerziellen Aufwendungen.

266 Staudinger/*Matusche-Beckmann* BGB, § 437 Rn. 13.

besteht ein Rückforderungsanspruch des AGB-Verwenders in der Rolle des Unternehmers i.S.v. § 633 BGB.[267]

264 Regelungen zum Selbstvornahmerecht sind in AGB zwar möglich. Häufig sind sie indes nur in Einkaufs-AGB vorzufinden, weil dem Kunden dadurch ein weiteres Recht eingeräumt wird. Die Einräumung eines Selbstvornahmerechts erscheint aber auch in Verkaufs-AGB sinnvoll, wenn eine dringende Nachbesserung durch den Verkäufer schon aufgrund der räumlichen Entfernung erschwert ist.

5. Gewährleistungsfrist

265 Der Zeitraum, in dem die o.g. Gewährleistungsrechte geltend gemacht werden können, bedeutet für den Unternehmer in der Rolle des Verkäufers ein gewisses Risiko. Im Hinblick auf die Rechtssicherheit und den Schuldnerschutz soll die Inanspruchnahme des Verkäufers nicht für unbestimmte Zeit möglich sein, sodass sie nach Ablauf einer (Verjährungs-) Frist ein Ende findet. Ansprüche sind nach Ablauf dieses Zeitraums **juristisch nicht mehr durchsetzbar**. Es ist daher im Sinne des AGB-Verwenders in der Rolle des Verkäufers, die Gewährleistungsfrist möglichst kurz zu halten.

266 Die allgemeine gesetzliche Verjährungsfrist gem. §§ 194 ff. BGB beträgt grundsätzlich drei Jahre. In Bezug auf verschiedene Vertragsarten sind abweichende Regelungen vorgesehen, so z.B. für die Mängelansprüche aus einem Kaufvertrag in § 438 BGB und für die Mängelansprüche aus einem Werkvertrag in § 634a BGB. Abgesehen davon steht es den Vertragsparteien als Ausdruck der Privatautonomie frei eigene Regelungen zu vereinbaren, wodurch die Verjährungsfrist verkürzt oder verlängert wird. Für die grundsätzliche Zulässigkeit solcher Vereinbarungen steht schon die gesetzliche Regelung des § 202 BGB. Im Gegensatz zum kaufrechtlichen B2C-Bereich, in dem wegen § 475 Abs. 2 BGB eine Verkürzung der Verjährungsfrist erst nach Kenntnis und Mitteilung des Mangels an den Verkäufer vereinbart werden kann, ist eine derartige Vereinbarung zwischen Unternehmern jederzeit möglich.

267 Die übliche Verjährungsfrist für Mängelansprüche[268] beträgt beim Kaufvertrag gem. § 438 Abs. 1 Nr. 3 BGB sowie beim Werkvertrag gem. § 634a Abs. 1 Nr. 1 BGB zwei Jahre. Es ist jedoch allgemein anerkannt, dass im B2B-Verkehr eine **Verkürzung** der Gewährleistungsfrist – wie hier in Ziff. 8.2 Satz 1 der Muster-AGB – auf **ein**

---

267 BGH, NJW 2010, 1192.

268 Unter Mängelansprüche sind im Folgenden auch die Gestaltungrechte Rücktritt und Minderung aufzufassen. Diese verjähren als solche zwar nicht. Über § 438 Abs. 4 und 5 bzw. § 634a Abs. 4 und 5 BGB gelten jedoch die Fristen für die Verjährung des Nacherfüllungsanspruchs, sodass die Gestaltungsrechte nach Fristablauf nicht mehr wirksam ausgeübt werden können.

Jahr (12 Monate) zulässig ist.[269] Die Musterklausel hält der Inhaltskontrolle sowohl hinsichtlich der Frist als auch hinsichtlich der Anknüpfung für den Fristbeginn stand. Insoweit ist das Klauselverbot des § 309 Nr. 8 lit. b) ff) BGB über § 307 BGB im B2B-Verkehr zu berücksichtigen.[270]

---

§ 309 Klauselverbote ohne Wertungsmöglichkeit **!**

„Auch soweit eine Abweichung von den gesetzlichen Vorschriften zulässig ist, ist in Allgemeinen Geschäftsbedingungen unwirksam

[...]

Nr. 8 (Sonstige Haftungsausschlüsse bei Pflichtverletzung)

b) (Mängel)

eine Bestimmung, durch die bei Verträgen über Lieferungen neu hergestellter Sachen und über Werkleistungen

ff) (Erleichterung der Verjährung)

die Verjährung von Ansprüchen gegen den Verwender wegen eines Mangels in den Fällen des § 438 Abs. 1 Nr. 2 und des § 634a Abs. 1 Nr. 2 erleichtert oder in den sonstigen Fällen eine weniger als ein Jahr betragende Verjährungsfrist ab dem gesetzlichen Verjährungsbeginn erreicht wird;

[...]"

Eine Verjährungsfrist von unter einem Jahr kann auch im B2B-Verkehr im Rahmen **268** des Verkaufs neu hergestellter Sache oder von Werkleistungen grundsätzlich nicht wirksam vereinbart werden. Beim Verbrauchsgüterkauf über neue Sachen ist hingegen schon eine Verkürzung der Mängelgewährleistungsansprüche von weniger als zwei Jahren unzulässig (§ 475 Abs. 2 BGB). Bei gebrauchten Sachen finden diese strengen Maßstäbe allerdings keine Anwendung. Insoweit kann die Haftung für Mängel grundsätzlich sogar ausgeschlossen werden, wobei bei einem formularmäßigen Ausschluss durch AGB neben § 444 BGB gewisse Schranken zu beachten sind (z.B. kein Ausschluss der Haftung für Körperschäden, Vorsatz etc.).[271]

Die **Verjährungsfrist beginnt** nach der allgemeinen gesetzlichen Regelung des **269** § 199 Abs. 1 BGB regelmäßig mit Entstehen des Anspruchs und Kenntnis der anspruchsbegründenden Umstände. Gem. § 438 Abs. 3 BGB wird indes auf den Zeitpunkt der Ablieferung der Sache abgestellt, der identisch ist mit dem sich aus § 377 Abs. 1 HGB ergebenden Zeitpunkt. Nach § 634a Abs. 2 BGB kommt es grundsätzlich auf den Zeitpunkt der Abnahme des Werkes (§ 640 BGB) an.

Die Musterklausel sieht für den Fristbeginn einheitlich zunächst den **Zeitpunkt** **270** **des Gefahrübergangs** vor. Nach der insofern relevanten Musterklausel Ziff. 7.3 er-

---

269 Palandt/*Ellenberger* BGB, § 202 Rn. 15.

270 Staudinger/*Coester-Waltjen* BGB, § 309 Nr. 8 Rn. 97. Dahingegen wird schon die Vorstellung hinsichtlich von Konstellationen geäußert, die im unternehmerischen Geschäftsverkehr sogar zu einer moderaten Unterschreitung der einjährigen Mindestverjährungsfrist berechtigen; vgl. Stoffels AGB-Recht, Rn. 963.

271 Palandt/*Grüneberg* BGB, § 309 Rn. 85.

folgt der Gefahrübergang bei einer Holschuld mit Übergabe des Produkts an den Kunden, bei einem Versendungskauf mit Übergabe an die Transportperson, ansonsten spätestens mit Verlassen des Machtbereichs des AGB-Verwenders, es sei denn, es ist eine Bringschuld vereinbart, bei der es auf die Übergabe des Produkts am Sitz des Kunden ankommt. Ablieferung bedeutet dahingegen in der Regel, dass das Produkt in den Machtbereich des Kunden gelangen muss, indem es ihm tatsächlich übergeben oder zur Verfügung gestellt wird.[272] Demzufolge weicht die Musterklausel von den gesetzlichen Vorgaben ab. Da die Regelung des § 438 Abs. 2 BGB jedoch nicht zwingend ist,[273] erscheint diese Abweichung im B2B-Bereich noch zulässig,[274] solange die Verjährungsfrist dadurch nicht erheblich verkürzt wird. Denn neben dem Schutz des Kunden hinsichtlich der Länge der Gewährleistungsfrist erfasst das Klauselverbot des § 309 Nr. 8 lit. b) ff) BGB mittelbar auch Verschlechterungen wie die Vorverlegung des Verjährungsbeginns,[275] sodass hinsichtlich der Verschiebung des Zeitpunkts gewisse Grenzen gesetzt sind. Für das Werkvertragsrecht ist zu beachten, dass eine Klausel nach § 307 BGB unwirksam ist, wenn sie statt an die Abnahme an die Übergabe anknüpft.[276] Die Abnahme des Werkes begründet mithin den Gefahrübergang auf den Kunden (§ 644 BGB), sodass die Musterklausel insoweit dem Gesetz entspricht, aber dennoch aus Klarstellungsgründen sinnvoll ist.

271 Für den Fall der kundenseitigen An- oder Abnahmeverweigerung, wovon sowohl die Nichtabholung der Ware als auch die Ablehnung der Abnahme usw. erfasst sind, soll es für den Verjährungsbeginn auf den Zeitpunkt der Bereitstellung zur Warenübernahme ankommen. Nach § 446 Satz 3 BGB steht der Übergabe zwar der Annahmeverzug i.S.d. §§ 293 ff. BGB gleich. Einhellige Meinung ist jedoch, dass für die Ablieferung der Annahmeverzug des Kunden nicht genügen soll.[277] Damit hätte es aber der Kunde in der Hand, den Verjährungsbeginn hinauszuzögern, was durch die Regelung in der Musterklausel vermieden werden soll.

272 Da die Verjährungserleichterungen als **Haftungsbegrenzungen** zu qualifizieren sind,[278] müssen bestimmte Haftungsfälle – wie in Ziff. 8.2 Satz 2 der Muster-AGB aufgeführt – von der Verkürzung der Gewährleistungsfrist ausgenommen werden. Das sind zum einen Schadensersatzansprüche wegen der Verletzung von Leib, Le-

---

272 Vgl. im Einzelnen Palandt/*Weidenkaff* BGB, § 438 Rn. 15.

273 MüKo/*Westermann* BGB, § 438 Rn. 42.

274 Der BGH (NJW 1980, 1950) hat bislang nur in nur in einem einzigen Fall für den Verjährungsbeginn auf den Zeitpunkt des Gefahrübergangs abgestellt. In der Literatur wird übereinstimmend die Ablieferung als maßgeblicher Zeitpunkt für den Verjährungsbeginn betrachtet; vgl. statt vieler Staudinger/*Matusche-Beckmann* BGB, § 438 Rn. 70.

275 BGH, NJW-RR 1987, 1236.

276 BGH, NJW-RR 2004, 949.

277 BGH, NJW 1995, 3381; Palandt/*Weidenkaff* BGB, § 438 Rn. 15; Dauner-Lieb/Langen/*Büdenbender* BGB, § 438 Rn. 37.

278 MüKo/*Grothe* BGB, § 202 Rn. 10.

ben und Gesundheit und wegen grob fahrlässigen Verhaltens aufgrund der Wertungen von § 309 Nr. 7 lit. a) und b) BGB[279] sowie wegen vorsätzlichen Verhaltens aufgrund von § 276 Abs. 3 BGB. Keine Haftungs- bzw.- Gewährleistungsbeschränkung ist aufgrund der gesetzlichen Regeln von § 444 bzw. § 639 BGB zulässig bei arglistigem Verschweigen eines Mangels durch den AGB-Verwender sowie bei der Übernahme einer Garantie. Bei Änderung des Verschuldensmaßstabs durch Übernahme eines Beschaffungsrisikos i.S.v. § 276 Abs. 1 BGB und damit der Festlegung einer teilweise unbeschränkten Haftung, würde eine anderweitige Regelung zur Abschwächung der Einstandspflicht eine unangemessene Benachteiligung darstellen. Für die Fälle des Lieferantenregresses i.S.d. §§ 478, 479 BGB enthält § 479 BGB eine gesetzliche Sonderregelung zur Verjährung, bei der es sich um (halb)zwingendes Recht handelt.[280] Danach verjährt der nach § 478 Abs. 2 BGB bestehende Aufwendungsersatzanspruch des Kunden wegen Nacherfüllungskosten, die er gegenüber seinem Käufer aufbringen musste, in zwei Jahren (§ 479 Abs. 1 BGB), wobei dies nur bei neu hergestellten, nicht gebrauchten Sachen gilt. Für die übrigen Ansprüche aus § 437 BGB bleibt es bei der Anwendung der Verjährungsregelung des § 438 BGB. § 479 Abs. 2 BGB trifft eine Sonderregelung zur sog. Ablaufhemmung, wonach die Rückgriffsansprüche des Kunden gegenüber dem Klauselverwender als seinem Lieferanten frühestens zwei Monate nach dem Zeitpunkt, in dem der Kunde die Ansprüche des Verbrauchers als Endabnehmer erfüllt hat, verjähren können. Dies ist nötig, damit dem Kunden keine „Verjährungsfalle" droht, indem er noch von dem Verbraucher als Endabnehmer in Anspruch genommen werden kann, während er selbst keine Ansprüche mehr gegenüber seinem Lieferanten geltend machen kann. Die Regelung des § 479 BGB ist in Bezug auf die Verjährung der vom Vertretenmüssen unabhängigen Ansprüche des Unternehmers (Kunden) nicht zu dessen Lasten isoliert modifizierbar, weil ein „gleichwertiger Ausgleich" i.S.v. § 478 Abs. 4 BGB für eine isolierte zeitliche Verkürzung der Rechte des Unternehmers kaum vorstellbar sein dürfte.[281] Zum anderen sind die gesetzlichen, im Kauf- und Werkvertragsrecht gleichlaufenden Gewährleistungsfristen gem. § 438 Abs. 1 Nr. 2 und § 634a Abs. 1 Nr. 2 BGB nicht auszuschließen. Insoweit entfaltet das Klauselverbot des § 309 Nr. 8 lit. b) ff) BGB über §§ 310 Abs. 1, 307 BGB im B2B-Verkehr Wirkung,[282] sodass es bei der gesetzlichen Verjährungsfrist von fünf Jahren bleibt. Der Hintergrund ist, dass auch im Handelsverkehr Verjährungsfristen bei Zeiträumen angemessen berücksichtigt werden müssen, in welchen gewöhnlich in Betracht kommende Mängel auftreten und daher den Kunden im Hinblick auf zunächst verborgene – wie bei Bauleistungen, Bauwerken, in Bauwerke eingebaute

---

279 BGH, NJW-RR 2009, 1416.
280 Staudinger/*Coester-Waltjen* BGB, § 309 Nr. 8 Rn. 67; MüKo/*Lorenz* BGB, § 479 Rn. 4.
281 MüKo/*Lorenz* BGB, § 479 Rn. 17.
282 U.a. BGH NJW 1984, 1750; BGH NJW 1993, 2054.

Sachen und diesbezügliche Planungs- und Überwachungsleistungen typischerweise erst später sichtbare – Mängel in unzumutbarer Weise benachteiligen würden.[283] Für andere Ansprüche, die nicht mangelbedingt unter die Gewährleistungsrechte fallen, gilt mithin weder § 438 bzw. § 634a BGB noch die Regelung dieser Musterklausel Ziff. 8. Dauer und Beginn der Verjährung richten sich vielmehr nach den für diese Ansprüche geltenden Regeln; das gilt insbesondere für die Ansprüche aus unerlaubter Handlung.[284]

273 Klarstellend wird in der Musterklausel Ziff. 8.2 Satz 3 auf den **Vorrang der Individualabrede** (305b BGB) hingewiesen, wonach die Gewährleistungsfrist im Einzelfall durch mündliche, textliche oder schriftliche Vereinbarung bestimmt werden kann. Innerhalb der sehr weiten Schranken des § 202 BGB – wonach keine Erleichterung der Verjährung bei Haftung wegen Vorsatzes und keine über 30 Jahre hinausgehende Verjährungsfrist vereinbart werden darf – sind Verlängerungen oder Verkürzungen der Verjährungsfrist, die Festsetzung eines früheren oder späteren Verjährungsbeginns, die Erweiterung oder Einschränkung von Hemmungstatbeständen oder Tatbeständen des Neubeginns möglich.[285]

274 Die Regelung zur Gewährleistungsfrist hat schließlich keine Auswirkung auf das Vorliegen eines Mangels bzw. dessen Nachweis. Es handelt sich gerade **nicht** um eine **Beweislastumkehr** dahingehend, dass bei Auftreten eines Mangels innerhalb der Gewährleistungsfrist vermutet wird, der Mangel habe bereits bei Gefahrübergang vorgelegen.[286] Darauf wird nur zur Klarstellung in der Musterklausel Ziff. 8.2 Satz 4 hingewiesen.

6. Ausschluss der Gewährleistung

275 AGB werden im B2B-Verkehr gerade auch zu dem Zweck verwandt, die unternehmerischen Risiken kommerzieller und technischer Art einzugrenzen. Dazu ist es erforderlich einen wirksamen Gewährleistungsausschluss zu formulieren, da ansonsten die Anwendung des dispositiven Rechtes folgt, die für den AGB-Verwender nicht unbedingt ökonomisch förderlich ist. Die grundsätzliche Zulässigkeit eines Gewährleistungsausschlusses ergibt sich schon aus § 444 bzw. § 639 BGB. Klauseln über einen Gewährleistungsausschluss haben sich mithin an den für Haftungsfreizeichnungs- und Haftungsbegrenzungsklauseln entwickelten Maßstäben messen zu lassen, wenn sie gleichartige Wirkungen entfalten. Wegen der Berücksichtigung der Wertungen der Klauselverbote der §§ 308, 309 BGB über § 307 BGB für den B2B-

---

283 Staudinger/*Coester-Waltjen* BGB, § 309 Rn. 97.
284 Palandt/*Weidenkaff* BGB, § 438 Rn. 3.
285 Palandt/*Ellenberger* BGB, § 202 Rn. 4.
286 Eine solche Vermutungsregel existiert nur beim Verbrauchsgüterkauf gem. § 476 BGB.

Bereich und der sich fortentwickelnden Rechtsprechung ist bei der Gestaltung der Klausel zum Gewährleistungsausschluss Vorsicht geboten.

Schon **von Gesetzes wegen** ist die Berufung auf die Gewährleistungsrechte 276
zumindest im Kauf- und Werklieferungsvertragsrecht ausgeschlossen, wenn der Kunde den Mangel bei Vertragsschluss kannte oder kennen musste (§ 442 BGB).

Da die Regelungen der §§ 433 ff. BGB über die Gewährleistungsrechte dispositiv 277
sind, kann der Klauselverwender im Rahmen der **Vertragsfreiheit** und der gesetzlichen Zulässigkeit u.a. die Haftung für bestimmte Arten von Mängeln ausschließen, das Wahlrecht zwischen Nachbesserung und Ersatzlieferung beschränken, den Schadensersatz statt der ganzen Leistung ausschließen usw.[287] Darüber hinaus kann die **Gewährleistung** und die daraus folgende Haftung – wie hier in Ziff. 8.3 der Muster-AGB vorgeschlagen – **von Tatsachen abhängig** gemacht werden.[288] Demzufolge sind die Gewährleistungsrechte hier grundsätzlich ausgeschlossen, soweit Mängel und daraus entstehende Schäden nicht auf einem nachweisbar vom AGB-Verwender zu verantwortenden Fehler (fehlerhaftes Material, fehlerhafte Konstruktion, mangelhafte Ausführung, fehlerhafte Herstellung, mangelhafte Nutzungsanleitung; vgl. Ziff. 8.3 Satz 1 der Muster-AGB) beruhen. Überdies kann die Gewährleistung für Mängel und Schäden infolge fehlerhaften Umgangs mit dem Produkt durch den Kunden ausgeschlossen werden. Dies erscheint sinnvoll, denn schließlich liegt die ordnungsgemäße Verwendung des Produkts nicht mehr im Verantwortungsbereich des AGB-Verwenders. Die auf ein Verschulden des Kunden zurückzuführenden Mängel am Produkt können mithin in den AGB näher spezifiziert werden (z.B. fehlerhafte Benutzung, ungeeignete Lagerbedingungen, sonstige ungeeignete Einflüsse auf das Produkt).

Nichtsdestotrotz findet die **Enthaftung** ihre **Grenzen** in den gesetzlich zwin- 278
genden Vorgaben, wie sie in der Musterklausel Ziff. 8.3 Satz 3 aufgeführt sind.[289] Auf den Gewährleistungsausschluss kann sich der AGB-Verwender demnach nicht berufen, wenn er den Mangel gegenüber dem Kunden arglistig verschwiegen hat oder eine Garantie für die Beschaffenheit des Produkts übernommen hat (§ 444, § 639 BGB). Wegen der über § 307 BGB für den B2B-Verkehr geltenden Wertungen des § 309 Nr. 7 lit. a) und b) BGB darf die Haftung nicht für die Verletzung von Leib, Leben oder Gesundheit sowie bei grob fahrlässigem Verhalten ausgeschlossen werden.[290] Das Verbot des Haftungsausschlusses für vorsätzliches Handeln geht aus § 276 Abs. 3 BGB hervor. Die Übernahme eines Beschaffungsrisikos begründet eine insoweit verschuldensunabhängige Haftung i.S.v. § 276 Abs. 1 BGB, derer sich der

---

287 BeckOK/*Faust* BGB, § 444 Rn. 4.
288 Palandt/*Weidenkaff* BGB, § 444 Rn. 8.
289 Vgl. ausführlich zur Begrenzung der Enthaftung Rn. 387 ff.
290 BGH, NJW 2007, 3774.

Klauselverwender nicht unter dem Deckmantel eines Gewährleistungsausschlusses entziehen kann. Ebenso wenig kann und darf die Gewährleistung für gesetzlich zwingende Haftungstatbestände ausgeschlossen werden, wozu u.a. die Ersatzpflicht des Herstellers nach dem ProdHaftG (§ 14 ProdHaftG) sowie die Haftung für die Verletzung wesentlicher Vertragspflichten (sog. Kardinalpflichten) zählt. Hinsichtlich der Wirksamkeit eines Gewährleistungsausschlusses sollte man sich mithin die Kontrollfrage stellen, worauf sich der Vertragspartner zwingend verlassen können muss. Bei einem Eingriff in wesentliche synallagmatische Rechte muss die wirksame Gestaltung von AGB wohl vereint werden.

279 Als weitere Möglichkeit kann zudem eine Verbindung zu der Klausel über die Haftungsfreizeichnung/-begrenzung hergestellt werden. Dies kann durch die folgende beispielhafte Formulierung erfolgen:

Klauselmuster

„Weitergehende Ansprüche wegen oder im Zusammenhang mit Mängeln oder Mängelfolgeschäden, gleich aus welchem Grund bestehen nur nach Maßgabe der Bestimmungen unter Ziff. 11."

280 Letztendlich ist zu empfehlen, die Gewährleistungs- sowie die Haftungsfreizeichnung in Einzelfällen einer individualvertraglichen Regelung zuzuführen.

7. Gewährleistungsausschluss bei Lieferantenregress

281 Die Muster-AGB schließen in Ziff. 8.4 den Rückgriffsanspruch des Kunden nach §§ 478, 479 BGB für den Fall aus, dass der Kunde die gelieferte Ware vor der Weiterveräußerung an den Verbraucher als Endabnehmer entgegen eines vertraglich vereinbarten Bestimmungszwecks bearbeitet, verarbeitet oder verändert. Damit wird zugunsten des Klauselverwenders klargestellt, dass bei einer nicht bestimmungsgemäßen Verwendung der Ware durch deren Weiterverarbeitung die §§ 478, 479 BGB keine Anwendung finden, weil insofern keine Identität mehr mit dem Produkt vorliegt, welches der Klauselverwender an den Kunden liefert und dieser an den Endabnehmer veräußert. Nach § 478 Abs. 1 BGB ist der Anwendungsbereich des Lieferantenregresses gem. §§ 478, 479 BGB aber nur bei Kauf- bzw. Werklieferungsverträgen über **neu hergestellte Sachen** eröffnet, die in der gesamten Lieferkette durchgereicht werden. Einbezogen werden damit alle ungebrauchten beweglichen Sachen, auch wenn diese nicht im engeren Sinne neu hergestellt sind; unschädlich ist insoweit eine zwischenzeitliche Lagerzeit.[291] Wird die Sache jedoch zwischenzeitlich durch den Kunden gebraucht und verändert, so ist sie nicht mehr als neu einzustufen, was einen erheblichen Einschnitt in der

291 MüKo/*Lorenz* BGB, § 478 Rn. 8.

Lieferkette bedeutet und zum Ausschluss des Lieferantenregresses nach §§ 478, 479 BGB führt.[292]

Dies steht im Einklang mit dem Zweck der Regelung über den Lieferantenregress, wonach dem Kunden als Letztverkäufer ein Rückgaberecht sowie Mängelrechte eingeräumt werden, damit der Einzelhandel nicht das volle Risiko des Verbrauchsgüterkaufs tragen muss, zumal Sachmängel meist bei der Herstellung, der Lagerung oder dem Antransport verursacht werden.[293] Dem Klauselverwender soll indes kein Mangel zugerechnet werden, der infolge einer durch den Kunden vorgenommenen Veränderung der Ware entsteht. 282

Abgesehen von der Anwendung der Vorschriften der §§ 478, 479 BGB über den Lieferantenregress gelten diese ohnehin nur zwischen den Unternehmern in der Lieferkette, wenn der Letztverkauf ein Verbrauchsgüterkauf (B2C-Geschäft) ist und die Lieferkette dem deutschen Recht unterliegt.[294] Im Rahmen des Lieferantenregresses kann der Kunde gegenüber dem AGB-Verwender als seinem Lieferanten ohne eine Fristsetzung die Mängelrechte aus § 437 BGB geltend machen (§ 478 Abs. 1 BGB) sowie darüber hinaus im Wege des Aufwendungsersatzanspruchs (§ 478 Abs. 2 BGB) die Kosten, die er zum Zwecke der Nacherfüllung gegenüber dem Endabnehmer verauslagt hat, erstattet verlangen. Des Weiteren findet die Beweislastregel des § 476 BGB zugunsten des Kunden im Regressverhältnis (§ 478 Abs. 3 BGB) Anwendung. Das führt dazu, dass der Klauselverwender das Nichtvorliegen eines Mangels bei Gefahrübergang zu beweisen hat, wenn sich der Mangel innerhalb von sechs Monaten nach Gefahrübergang an den Endabnehmer zeigt. Die Vorzüge dieser Rückgriffsansprüche gelten mithin in der gesamten Lieferkette zwischen den jeweiligen Lieferanten und Kunden, sofern diese Unternehmer sind (§ 478 Abs. 5 BGB). 283

Die Bestimmungen über den Lieferantenregress sind zwar grundsätzlich abdingbar; die Vorschrift des § 478 BGB wird insoweit als halbzwingend bezeichnet. Eine Einschränkung erfolgt jedoch gem. § 478 Abs. 4 BGB insofern, als ein vollständiger Ausschluss des Lieferantenregress nur zulässig ist, wenn ein gleichwertiger Ausgleich (z.B. Pauschalbeträge je Gewährleistungsfall, Rabatte, Stundung etc.) zugunsten des Kunden vereinbart wurde. Davon ausgenommen sind allerdings Schadensersatzansprüche (§ 478 Abs. 4 Satz 2 BGB). Weil die zwingende gesetzliche Regelung über den Lieferantenregress jedenfalls nicht in standardisierter Form ausgehebelt werden darf, ist folgender Praxistipp zu beherzigen, wonach im Rahmen jeder gewährleistungsbeschränkenden, standardisierten Vertragsklausel der Fall des Lieferantenregresses nach §§ 478, 479 BGB ausgenommen werden sollte, wobei aus Gründen des AGB-rechtlichen Transparenzgebotes (§ 307 Abs. 1 Nr. 2 BGB) nicht 284

292 Staudinger/*Matusche-Beckmann* BGB, § 478 Rn. 5.
293 Palandt/*Weidenkaff* BGB, § 478 Rn. 2.
294 Palandt/*Weidenkaff* BGB, § 478 Rn. 3.

nur auf die Vorschriften der §§ 478, 479 BGB verwiesen, sondern deren Inhalt zumindest plakativ (z.B. Regelungen über den Lieferantenregress) veranschaulichend der Regelung zugefügt werden sollte.[295]

8. Anerkennung von Sachmängeln

285 Nach den Regeln der Darlegungs- und Beweislast muss jede Partei die für sich günstigen Tatsachen darlegen und ggf. beweisen. Mithin muss der Kunde grundsätzlich – anders als beim Verbrauchsgüterkauf i.S.v. §§ 474 ff. BGB – das Vorliegen eines Mangels bei Gefahrübergang beweisen, wenn er die Ware angenommen hat (vgl. § 363 BGB) und danach Gewährleistungsrechte ausüben möchte. Erkennt der AGB-Verwender in seiner Rolle als Verkäufer einen Mangel an, so wird dieser unstreitig gestellt mit der Folge, dass sich die Beweislast umkehrt. Damit der Klauselverwender aber nicht vorschnell und unbewusst in diese „Falle" gerät, wird – wie in Ziff. 8.5 der Muster-AGB – empfohlen, die Anerkennung von Mängeln von einem Schriftformerfordernis abhängig zu machen. Eine solche Regelung ist ohne Weiteres zulässig. Ihr steht jedenfalls nicht das über § 307 BGB für den B2B-Verkehr wirkende Verbot von Beweislastklauseln aus § 309 Nr. 12 BGB entgegen, da durch die Musterklausel die Beweislast noch nicht umgekehrt wird.

L. Preise, Zahlungsbedingungen und Unsicherheitseinrede

I. Mustertext

Klauselmuster

286 **9. Preise/Zahlungsbedingungen/Unsicherheitseinrede**

9.1 Alle Preise verstehen sich ab Werk bzw. Lager und grundsätzlich in EURO netto ausschließlich See- oder Lufttransportverpackung, Fracht, Porto und, soweit eine Transportversicherung vereinbart wurde, Versicherungskosten, zuzüglich vom Kunden zu tragender Mehrwertsteuer (soweit gesetzlich anfallend) in der jeweils gesetzlich vorgeschriebenen Höhe, zuzüglich etwaiger länderspezifischer Abgaben bei Lieferung in andere Länder als die Bundesrepublik Deutschland, sowie zuzüglich Zoll und anderer Gebühren und öffentlicher Abgaben für die Lieferung/Leistung.
[Etwaig Regelung zur Erfüllungswirkung bei Zahlung in anderen Devisen als EURO aufnehmen]

9.2 Andere Zahlungsmethoden als Barzahlung oder Banküberweisung bedürfen gesonderter Vereinbarung zwischen uns und dem Kunden; dies gilt insbesondere für die Begebung von Schecks und Wechseln.

9.3 Bei vereinbarter Überweisung gilt als Tag der Zahlung das Datum des Geldeinganges bei uns oder der Gutschrift auf unserem Konto bzw. auf dem Konto der von uns spezifizierten Zahlstelle.
[Etwaig Regelungen zu Abschlagszahlungen bei Werkleistungen ergänzen]

---

295 Schmitt/*Schmitt* Gestaltung von Wirtschaftsverträgen, Kap. 8 Rn. 55.

9.4 Der Kaufpreis wird bei vereinbarter Holschuld mit Zugang der Mitteilung von der Bereitstellung der Ware, bei Versendungsschuld mit Übergabe an den Frachtführer und bei vereinbarter Bringschuld mit Ablieferung der Ware zur Zahlung fällig. Der Kunde ist zum Skonto in Höhe von 3% berechtigt, wenn und soweit die Zahlung binnen 10 Kalendertagen nach Fälligkeit der Vergütung – Eingang des Geldes auf unserem Konto – erfolgt und soweit sich der Kunde nicht mit der Zahlung anderer Rechnungen im Rückstand befindet.

9.5 Wir sind berechtigt, die Vergütung einseitig im Falle der Erhöhung von Materialherstellungs- und/oder Material- und/oder Produktbeschaffungskosten, Lohn- und Lohnnebenkosten, Sozialabgaben sowie Energiekosten und Kosten durch Umweltauflagen, und/oder Währungsschwankungen und/oder Zolländerung, und/oder Frachtsätze und/oder öffentliche Abgaben entsprechend zu erhöhen, wenn diese die Warenherstellungs- oder Beschaffungskosten oder Kosten unserer vertraglich vereinbarten Leistungen unmittelbar oder mittelbar beeinflussen und wenn zwischen Vertragsabschluss und Lieferung mehr als 4 Monate liegen. Eine Erhöhung im vorgenannten Sinne ist ausgeschlossen, soweit die Kostensteigerung bei einzelnen oder aller der vorgenannten Faktoren durch eine Kostenreduzierung bei anderen der genannten Faktoren in Bezug auf unsere Gesamtkostenbelastung für die Lieferung aufgehoben wird. Reduzieren sich vorgenannte Kostenfaktoren, ohne dass die Kostenreduzierung durch die Steigerung anderer der vorgenannten Kostenfaktoren ausgeglichen wird, ist die Kostenreduzierung im Rahmen einer Preissenkung an den Kunden weiterzugeben.

Liegt der neue Preis auf Grund unseres vorgenannten Preisanpassungsrechtes 20% oder mehr über dem ursprünglichen Preis, so ist der Kunde zum Rücktritt von noch nicht vollständig erfüllten Verträgen berechtigt. Er kann dieses Recht jedoch nur unverzüglich nach Mitteilung des erhöhten Preises geltend machen.

9.6 Tragen wir ausnahmsweise vertragsgemäß die Frachtkosten, so trägt der Kunde die Mehrkosten, die sich aus Tariferhöhungen der Frachtsätze nach Vertragsschluss ergeben.

[Etwaig Regelung zum Beginn von Zahlungsfristen (z.B. Eingang Ware oder Rechnung etc.) ergänzen]

9.7 Mit Eintritt des Verzuges werden Verzugszinsen in Höhe von 9 Prozentpunkten über dem bei Fälligkeit der Zahlungsforderung jeweiligen Basiszinssatz der Europäischen Zentralbank berechnet. Die Geltendmachung eines darüber hinausgehenden Schadens bleibt vorbehalten.

[Etwaig Regelung zur Gesamtfälligkeit und/oder Zurückbehaltungsrechten bei Zahlungsverzug ergänzen]

9.8 Ein Zurückbehaltungs- oder Aufrechnungsrecht des Kunden besteht nur hinsichtlich solcher Gegenansprüche, die nicht bestritten oder rechtskräftig festgestellt sind.

9.9 Ein Zurückbehaltungsrecht kann vom Kunden nur insoweit ausgeübt werden, als sein Gegenanspruch auf dem gleichen Vertragsverhältnis beruht.

9.10 Angebotene Wechsel nehmen wir nur ausnahmsweise kraft ausdrücklicher Vereinbarung und nur erfüllungshalber herein. Wir berechnen Diskontspesen vom Fälligkeitstag der Rechnung bis zum Verfallstag des Wechsels, sowie Wechselkosten. Zinsen und Kosten für die Diskontierung oder die Einziehung von Wechseln hat der Kunde zu tragen. Bei Wechseln und Schecks gilt der Tag ihrer Einlösung als Zahltag. Bei einer Ablehnung der Wechseldiskontierung durch unsere Hausbank, oder bei Vorliegen von vernünftigen Zweifeln daran, dass eine Wechseldiskontierung während der Wechsellaufzeit erfolgt, sind wir berechtigt, unter Rücknahme des Wechsels sofortige Barzahlung zu verlangen.

9.11 Eingehende Zahlungen werden zunächst zur Tilgung der Kosten, dann der Zinsen und schließlich der Hauptforderungen nach ihrem Alter verwendet.

II. Erläuterungen

287 Im synallagmatischen Leistungsaustauschverhältnis stellt der Preis das Entgelt für die Ware dar. Mit der Kaufpreiszahlung (§ 433 Abs. 2 BGB) entrichtet der Kunde den Gegenwert für die Leistung des Verkäufers. Nach dem Grundsatz der Vertragsfreiheit können die Vertragsparteien Leistung und Gegenleistung grundsätzlich frei regeln. Formularmäßige Abreden sind daher von der Inhaltskontrolle der §§ 307 ff. BGB ausgenommen, solange sie nur Art und Umfang der Hauptleistung oder der hierfür zu erbringenden Vergütung (Preis) unmittelbar bestimmen.[296] Der Transparenzkontrolle (§ 307 Abs. 3 Satz 2, Abs. 1 BGB) müssen Preisvereinbarungen dennoch standhalten. Davon zu unterscheiden sind die kontrollfähigen **(Preis-) Nebenabreden**, also solche Abreden, die zwar mittelbare Auswirkungen auf Preis und Leistung haben, an deren Stelle aber, wenn eine wirksame vertragliche Regelung fehlt, dispositives Gesetzesrecht treten kann.[297] Im Rahmen einer Zahlungsklausel können schließlich die Art der Zahlung, Fälligkeit und Zahlungsort sowie etwaige Gegenrechte und deren Einschränkungen geregelt werden.

1. Preise

288 Allgemein versteht man unter dem Kaufpreis einen Gesamtkaufpreis und damit regelmäßig den Bruttopreis, der bereits die Mehrwertsteuer (Umsatzsteuer) enthält,[298] sofern eine solche anfällt. Im Rahmen des gesetzlich Zulässigen ist der Kaufpreis allerdings **frei vereinbar.**[299] Dies gilt mithin auch für eine Preisklausel in AGB in Bezug auf die Mehrwertsteuer sowie sonstige Elemente im Zusammenhang mit der Abwicklung des Kaufvertrags, solange dies nicht zu einer unangemessenen Benachteiligung des Kunden i.S.v. § 307 BGB führt.

289 Verkäufergünstig gelten nach der in Verkaufs-AGB üblichen Musterklausel Ziff. 9.1 die Preise „**ab Werk** bzw. Lager". Diese Klausel korrespondiert mit der EXW-Klausel in Ziff. 7.1 dieser Muster-AGB. Der AGB-Verwender als Verkäufer hat seine Leistungspflichten in Form der Bereitstellung an seinem Werk bzw. Lager zu erfüllen und verlangt für die bis zu diesem Zeitpunkt entstandenen Kosten den Kaufpreis. Bei einer vereinbarten Bringschuld übernimmt der AGB-Verwender als Verkäufer zudem die Transportkosten. Im Übrigen fallen die Kosten einer besonderen Verpackung für einen See- oder Lufttransport, die Frachtkosten sowie Porto dem Kunden zur Last. Wünscht der Kunde bei einem Versendungskauf eine Transport-

---

296 Schon BGH NJW 1985, 3013.
297 Ständige Rechtsprechung des BGH, z.B. NJW 1994 318; NJW 2010, 2789; NJW 2014, 2708.
298 Ständige Rechtsprechung des BGH, z.B. NJW 1988, 2042; NJW 2001, 2464; NJW 2005, 1496.
299 Jauernig/*Berger* BGB, § 433 Rn. 15.

versicherung und wird eine solche auf seine Weisung (§ 447 Abs. 2 BGB) abgeschlossen, ist es außerdem gerechtfertigt, ihm die Versicherungskosten aufzuerlegen.[300]

Trotz des üblichen Bruttopreises, wovon selbst bei Angeboten an einen zum **290**
Vorsteuerabzug berechtigten Unternehmer auszugehen ist,[301] können die Vertragsparteien einen Nettopreis vereinbaren, wofür u.a. auch ein Handelsbrauch oder eine Verkehrssitte maßgeblich sein können.[302] Will der Verkäufer die **Mehrwertsteuer** hinzugerechnet wissen, so muss er eine – wie in der Musterklausel Ziff. 9.1 vorgeschlagene – Nettopreisabrede treffen („**Nettopreise zzgl. MwSt**").[303] Gleichbedeutend ist die Formulierung „Nettopreise ohne MwSt".[304] Die Formulierung „Preise sind Nettopreise + MwSt" ist aber dahingehend auszulegen, dass der Preis die Mehrwertsteuer nicht enthält.[305] Zulässig ist eine derartige Regelung indes nur, wenn sie nicht gegen die Preisangabenverordnung (PAngV) verstößt, die bei Preisangaben im geschäfts- und gewerbsmäßigen Verkehr mit Letztverbrauchern greift. Letztverbraucher in diesem Sinne sind neben privaten Verbrauchern auch gewerbliche oder selbstständig beruflich tätige Kunden.[306] Allerdings findet die PAngV nach ihrem § 9 Abs. 1 Nr. 1 keine Anwendung auf Angebote oder Werbung gegenüber Letztverbrauchern, die die Ware oder Leistung in ihrer selbstständigen beruflichen oder gewerblichen, behördlichen oder dienstlichen Tätigkeit verwenden (B2B). Die Mehrwertsteuer ist in der jeweils gesetzlich vorgeschriebenen Höhe zum Zeitpunkt der Lieferung zu zahlen, wobei derzeit der Normal-Steuersatz 19% beträgt (§ 12 Abs. 1 UStG) und bestimmte Leistungen nur mit einem ermäßigten Steuersatz von 7% besteuert werden (§ 12 Abs. 2 UStG), sofern keine Steuerbefreiung nach § 4 UStG besteht. Hinsichtlich der Mehrwertsteuer ist schließlich zu beachten, dass diese als Teil des Kaufpreises dem Begriff des „Entgelts" in § 309 Nr. 1 BGB unterfällt.[307] Umsatzsteuergleitklauseln sollen gleichwohl im B2B-Verkehr zulässig sein.[308]

Darüber hinaus ist es gerechtfertigt, wenn sich die Preise bei Exportlieferungen **291**
zuzüglich der Zölle sowie anderer Gebühren und öffentlicher Abgaben verstehen

---

300 BeckOK/*Faust* BGB, § 448 Rn. 6.

301 BGH, WM 1973, 677. Dem vorsteuerabzugsberechtigten Kunden ist jedoch der Vorsteuerabzug zu ermöglichen, weswegen der AGB-Verwender in seiner Rolle als Verkäufer als kaufrechtliche Nebenpflicht die Rechnung unter gesondertem Ausweis der Mehrwertsteuer aufzustellen hat (§ 14 Abs. 4 Nr. 8 UStG); Staudinger/*Beckmann* BGB, § 433 Rn. 100.

302 BGH, NJW 2001, 2464 sowie NJW 2005, 1496.

303 LG Osnabrück, MMR 2005, 125.

304 BGH, NJW-RR 2005, 1496.

305 OLG München, NJW 1970, 661; aA: LG Mönchengladbach, NJW 1972, 1719.

306 Köhler/Bornkamm/*Köhler* UWG, Vorbemerkung Rn. 19.

307 Staudinger/*Beckmann* BGB, § 433 Rn. 99; OLG Düsseldorf, NJW 1979, 1509. Zur Möglichkeit der Preisanpassung i. Ü. s.u. Rn. 303ff.

308 Palandt/*Grüneberg* BGB, § 309 Rn. 7.

und somit als Kaufnebenkosten i.S.v. § 448 Abs. 1 BGB vom Kunden zu übernehmen sind. Dies gilt jedoch nur unter der Prämisse, dass es sich nicht um eine gesondert vereinbarte Bringschuld des AGB-Verwenders handelt.

292 Nach der Musterklausel Ziff. 9.1 sind die **Preise in Euro** zu entrichten, was der hiesigen nationalen und in Europa verbreiteten Währung entspricht und somit für den AGB-Verwender regelmäßig günstig ist. Die Verweisung auf eine konkrete Währung zählt zu den wesensnotwendigen Bestandteilen der Geldschuld und damit zu den sog. essentialia negotii eines Kaufvertrags. Geld im engeren Sinne ist das gesetzliche Zahlungsmittel, das jeder Gläubiger einer Geldschuld kraft Gesetzes annehmen muss.[309] Die Währung bestimmt die Höhe der Schuld sowie die Tilgungsmöglichkeit.[310] Fehlt es an einer Bezeichnung der Währung und handelt es sich um ein Handelsgeschäft, gilt die Auslegungsregel des § 361 HGB, wonach im Zweifel die Währung, die an dem Ort gilt, wo der Vertrag erfüllt werden soll, als die vertragsmäßige zu betrachten ist. Im Übrigen gilt das Prinzip in dubio pro debitore, sodass bei Zweifeln die Wohn- bzw. Geschäftswährung des Schuldners im Zeitpunkt der Entstehung des Geldschuldverhältnisses zu Grunde zu legen ist.[311] Den Vertragsparteien steht es jedoch frei, durch AGB oder Individualabrede die Zahlungsverbindlichkeit in einer fremden Währung zu vereinbaren.

2. Zahlungsmethoden und Erfüllungswirkung

293 Das Kaufvertragsrecht geht in § 433 Abs. 2 BGB im Grundsatz von der Barzahlungspflicht des Käufers/Kunden aus, die aber heute nur noch beim Handkauf im Vordergrund steht.[312] In der Praxis ist heutzutage vielmehr die **bargeldlose Zahlung** durch Banküberweisung oder Vorlage von Geldkarten verbreitet. Die Regelung in der Musterklausel Ziff. 9.2 entspricht dennoch dem Gesetz, denn eine Geldschuld wie die Kaufpreisschuld kann sowohl durch Barzahlung als auch Banküberweisung sowie im Lastschriftverfahren oder im elektronischen Zahlungsverkehr erfüllt werden.[313]

294 In der Musterklausel Ziff. 9.2 wird der Kunde vorrangig zur Begleichung seiner Zahlungspflicht zur Barzahlung oder Banküberweisung berechtigt. Andere Zahlungsmethoden bedürfen danach einer gesonderten Vereinbarung. Dies ist im Hinblick auf sog. Erfüllungssurrogate, wie insbesondere Scheck und Wechsel,[314] nicht zu

---

309 Palandt/*Grüneberg* BGB, § 245 Rn. 3.
310 BeckOK/*Grothe* BGB, § 244 Rn. 26.
311 BeckOK/*Grothe* BGB, § 244 Rn. 26.
312 MüKo/*Westermann* BGB, § 433 Rn. 73.
313 Vgl. Palandt/*Grüneberg* BGB, § 362 Rn. 8 ff.
314 Zum Umgang mit Wechseln siehe Musterklausel Ziff. 9.10 sowie unter Rn. 330 f.

beanstanden, da es dem Tatbestand des § 364 Abs. 2 BGB entspricht und der Klauselverwender erst selbst noch Befriedigung mittels des geleisteten Erfüllungssurrogats suchen muss.

Wird der Kaufpreis in bar geleistet, so tritt **Erfüllung gem. § 362 Abs. 1 BGB** mit 295
Einigung und Übergabe der erforderlichen Banknoten und Münzen ein. Erfüllung in diesem Sinne tritt bei der Banküberweisung ein, wenn die Kaufpreissumme dem Konto des AGB-Verwenders als Verkäufer und Gläubiger gutgeschrieben ist und er somit frei darüber verfügen kann.[315] Dieser Zeitpunkt ist wichtig, da erst mit der Erfüllung das Entstehen von Verzugszinsen und –schäden vermieden bzw. beendet wird. Der Kunde hat insoweit zu beachten, dass sein Zahlungsdienstleister (Bank) sicherstellt, dass der geschuldete und vom Kunden angewiesene Betrag regelmäßig spätestens am Ende des auf den Zugangszeitpunkt des Zahlungsauftrags folgenden Geschäftstags beim Zahlungsdienstleister des Zahlungsempfängers (AGB-Verwender/Verkäufer) eingeht; für grenzüberschreitende Zahlungsvorgänge innerhalb Europas beträgt die Ausführungsfrist maximal vier Tage (§ 675s BGB). Den vorstehenden Ausführungen sowie der Rechtslage entspricht damit auch die Musterklausel Ziff. 9.3, wonach als Tag der Zahlung das Datum des Geldeingangs beim AGB-Verwender oder auf dessen Konto bzw. auf dem Konto der spezifizierten Zahlstelle gilt.

Bei Auslandsgeschäften außerhalb der EURO-Zone und **Zahlungen in ande-** 296
ren Devisen als EURO besteht für jeden Unternehmer das Risiko von Kursschwankungen der fremden Währung. Ist aber dennoch die Möglichkeit einer Zahlung in anderen Devisen als EURO eröffnet, so erscheint im Weiteren eine Regelung zur Erfüllungswirkung dahingehend zweckmäßig, dass Erfüllung erst dann Eintritt, wenn die Devisenzahlung am Tages des Zahlungseingangs dem vereinbarten EURO-Betrag entspricht. Erfolgt die Zahlung in einer fremden Währung, lässt dies nicht auf eine Fremdwährungsschuld i.S.d. §§ 244, 245 BGB schließen. Erst wenn der Schuldner zur Zahlung in einer Fremdwährung vertraglich verpflichtet wird, liegt ein Anwendungsfall des § 244 BGB vor, wonach trotz der Fremdwährungsschuld im Inland in EURO gezahlt werden kann. Regelmäßig wird der AGB-Verwender als Verkäufer aber keine Fremdwährungsschuld vereinbaren, sondern – wie in Ziff. 9.1 dieser Muster-AGB – den Preis in EURO festsetzen. Demzufolge ist der Kaufpreis als Geldsummenschuld[316] in der Höhe des vereinbarten EURO-Betrags zu leisten. Die Erfüllungswirkung gem. § 362 Abs. 1 BGB tritt auch hier mit Bewirken der Leistung, also mit dem Zahlungseingang beim AGB-Verwender ein.

---

315 BGH, NJW 1999, 210; EuGH, NJW 2008, 1935.
316 U.a. Jauernig/*Berger* BGB, Anmerkungen zu den §§ 244, 245 Rn. 9.

297 Für die Bewirkung der Zahlung und damit die Erfüllung trägt der Schuldner, also der Kunde, die Beweislast.[317] Nimmt der AGB-Verwender in seiner Rolle als Gläubiger der Kaufpreisschuld die Zahlung des Kunden als Erfüllung an, so trifft ihn die Beweislast dafür, dass die Leistung nicht dem Inhalt der Forderung entsprach (§ 363 BGB).[318]

3. Abschlagszahlungen

298 Sind – von diesen Muster-AGB nicht erfasste – **Werkleistungen** Gegenstand des Vertragsverhältnisses, so ist der Preis in Form der Vergütung (§ 632 BGB) grundsätzlich erst mit Abnahme des Werkes zu entrichten (§ 641 BGB). Der Klauselverwender in der Rolle des Unternehmers ist vorleistungspflichtig. Optional kann in die AGB eine Klausel aufgenommen werden, wonach der Klauselverwender in seiner Position als Werkunternehmer berechtigt ist, Teilzahlungen entsprechend des Fortgangs der Auftragsbearbeitung zu erstellen und/oder Abschlagszahlungen entsprechend des Fortgangs der Bearbeitung zu verlangen, soweit Werkleistungen erbracht werden."

299 Nach § 632a BGB besteht nunmehr die Möglichkeit des Verlangens von Abschlagszahlungen, um den die Werkleistungen zu erbringenden Unternehmer zu entlasten und die mit der Vorfinanzierung verbundenen wirtschaftlichen Nachteile und Risiken hinsichtlich eines Ausfalls mit seiner Forderung auszugleichen. Bei Abschlagszahlungen handelt es sich um Zahlungen auf bereits erbrachte Teilleistungen (z.B. Zahlungen entsprechend des Baufortschritts); sie sind als Anzahlung auf die Vergütung für das Gesamtwerk aufzufassen.[319] Während gem. § 632a Abs. 1 BGB dem Unternehmer insoweit ein Anspruch auf Abschlagszahlungen zusteht, der sich in erster Linie nach der Vereinbarung zwischen den Vertragsparteien richtet,[320] existiert eine diesbezügliche Norm für Teilzahlungen nicht. Teilleistungen sind zwar regelmäßig nicht zulässig (§ 266 BGB). Allerdings gilt die Vorschrift des § 266 BGB nicht für Teilforderungen, sodass der AGB-Verwender in der Rolle des Unternehmers in den Grenzen von Treu und Glauben (§ 242 BGB) Teilforderungen geltend machen kann.[321]

4. Fälligkeit der Zahlung

300 Der Kaufpreiszahlungsanspruch gem. § 433 Abs. 2 BGB entsteht grundsätzlich mit Entstehung der Forderung (§ 271 BGB) und ist **sofort**, also mit Vertragsschluss fällig.

---

317 BGH, NJW 1969, 875; BGH, NJW 1982, 1516; BGH, NJW 1993, 1704.
318 Dauner-Lieb/Langen/*Avenarius* BGB, § 362 Rn. 6.
319 Palandt/*Sprau* BGB, § 632a Rn. 4.
320 Palandt/*Sprau* BGB, § 632a Rn. 3, 5.
321 MüKo/*Krüger* BGB, § 266 Rn. 21.

Da es sich beim Kaufvertrag um einen gegenseitigen Vertrag handelt, ist die Zahlung im Regelfall Zug um Zug gegen Übergabe und Eigentumsverschaffung der Ware zu leisten (§§ 320, 322 BGB). Der Zeitpunkt der Fälligkeit des Kaufpreiszahlungsanspruchs steht einer **Parteivereinbarung** in AGB offen und wird im unternehmerischen Geschäftsverkehr regelmäßig **nach hinten verschoben.**[322] Die einseitige Bestimmung durch den AGB-Verwender als Gläubiger des Zahlungsanspruchs, z.B. in einer Rechnung, genügt hingegen in der Regel nicht.[323]

Nach der Musterklausel Ziff. 9.4 Satz 1 wird der Kaufpreis daher bei einer Holschuld erst mit Zugang der Mitteilung von der Bereitstellung der Ware, bei einem Versendungskauf mit der Übergabe an die Transportperson und bei einer Bringschuld mit Ablieferung der Ware beim Kunden fällig. Die Zahlungsverpflichtung geht hiernach mit dem Erfüllungsort und dem Gefahrübergang auf den Kunden einher. Darüber hinaus sind aber weitere Möglichkeiten zur Benennung des Fälligkeitszeitpunktes möglich (z.B. Zugang der Rechnung). **301**

Der Kunde hat den Kaufpreis dann grundsätzlich **ohne Abzüge** zu entrichten. **302** Allerdings kann dem Kunden ein **Skonto** (Preisnachlass) zugestanden werden, um eine beschleunigte Zahlung zu erreichen und damit den Verlust an Liquidität auszugleichen. Der Abzug eines Skontos für vorzeitige oder pünktliche Zahlung ist durch den Kunden allerdings nur zulässig, wenn dies vereinbart, im betreffenden Geschäftszweig handelsüblich oder einseitig gestattet ist.[324] Rechtlich bedeutet die Gewährung von Skonto einen aufschiebend bedingten Teilerlass für den Fall fristgerechter Zahlung (§§ 397, 158 Abs. 1 BGB).[325] Mangels anderweitiger Vereinbarung kommt es zwar außerhalb des Anwendungsbereichs der Zahlungsverzugs-Richtlinie[326] entsprechend § 270 BGB nicht auf den Eingang des Geldes beim Verkäufer an, sondern auf das Absenden durch den Kunden.[327] Hier befinden wir uns aber im Rahmen des B2B-Verkehrs im Anwendungsbereich der Zahlungsverzugs-Richtlinie, die gerade für den Geschäftsverkehr gilt. Eine entsprechende Vereinbarung ist in der Musterklausel Ziff. 9.4 Satz 2 sowohl hinsichtlich der Einräumung eines Skontos als auch hinsichtlich der Rechtzeitigkeit der Zahlung – maßgeblicher Zeitpunkt ist danach nämlich wie bei der Erfüllung (s.o.) der Zahlungseingang auf dem Konto des AGB-Verwenders innerhalb von 10 Tagen nach Fälligkeit (s.o.) – getroffen worden. Zahlt der Kunde daher bereits binnen 10 Tagen nach Fälligkeit, ist er zum Skontoab-

---

322 Palandt/*Weidenkaff* BGB, § 433 Rn. 41.

323 BGH, ZIP 2008, 510.

324 Staudinger/*Beckmann* BGB, § 433 Rn. 170.

325 Dauner-Lieb/Langen/*Büdenbender* BGB, § 433 Rn. 45.

326 Richtlinie 2011/7/EU des Europäischen Parlaments und des Rates vom 16. Februar 2011 zur Bekämpfung von Zahlungsverzug im Geschäftsverkehr, umgesetzt in nationales Recht durch Gesetz vom 22.07.2014 (BGBl. I S. 1218) in § 271a BGB.

327 BeckOK/*Faust* BGB, § 433 Rn. 55 unter Hinweis auf BGH, NJW 1998, 1302.

zug in Höhe von 3% des Kaufpreises berechtigt. Zur Absicherung des AGB-Verwenders wird in der Musterklausel die Möglichkeit des Skonto zusätzlich noch davon abhängig gemacht, dass der Kunde sich nicht mit der Zahlung anderer Rechnungen im Rückstand befindet. Die Skontogewährung erstreckt sich schließlich auch auf vereinbarte und berechtigte Abschlagszahlungen des Kunden.[328]

5. Preisanpassungen nach Vertragsschluss

303 Im Rahmen von Vertragsverhältnissen kann es nach Zustandekommen des Vertrags aufgrund der marktwirtschaftlichen Entwicklungen zu Veränderungen kommen, die die weitere Abwicklung betreffen und die Relation zwischen Leistung und Gegenleistung „aus den Angeln heben" kann. Gerade bei langfristigen Lieferverträgen kann die Preisgestaltung für den AGB-Verwender als Verkäufer nicht unerheblichen Schwankungen hinsichtlich sog. Gestehungskosten begegnen, wozu insbesondere Material- und Lohnkosten sowie sonstige zur Herstellung erforderliche Aufwendungen zählen. Daher soll eine Preisanpassungsklausel – wie in Ziff. 9.5 dieser Muster-AGB vorgesehen – in Verkaufs-AGB aufgenommen werden. Sie stellt ein geeignetes und anerkanntes Instrument zur Bewahrung des Gleichgewichts von Preis und Leistung dar.[329] Denn Preisanpassungsklauseln dienen dazu, einerseits dem Verwender das Risiko langfristiger Kalkulationen abzunehmen und ihm seine Gewinnspanne trotz nachträglicher ihn belastender Kostensteigerungen zu sichern, und andererseits den Vertragspartner davor zu bewahren, dass der Klauselverwender mögliche künftige Kostenerhöhungen vorsorglich schon bei Vertragsschluss durch Risikoaufschläge aufzufangen versucht.[330] **Nicht** jedoch darf die Preisanpassung zu einer **Erzielung eines zusätzlichen Gewinns** führen.[331] Das bedeutet letztlich, dass die Formulierung der Klausel neben der Kostensteigerung auch eine etwaige Kostensenkung berücksichtigen muss.[332]

304 Als **Preisnebenabrede** unterliegt die Preisanpassungsklausel der Inhaltskontrolle der §§ 307 ff. BGB, da sie von dem das dispositive Recht beherrschenden Grundsatz abweicht, nachdem die Parteivereinbarung bei Vertragsschluss für die gesamte Dauer bindend ist.[333] Dabei macht es keinen Unterschied, ob die Bestimmungen dem Klauselverwender das Recht zu einer einseitigen Preisänderung einräumen oder ob sie eine automatische Preisanpassung zur Folge haben.[334]

---

328 OLG Düsseldorf, NJW-RR 2000, 1691; Palandt/*Ellenberger*, § 157 Rn. 16b.
329 Ständige Rechtsprechung des BGH, u.a. NJW-RR 2010, 1205 sowie NJW 2015, 1167.
330 Ständige Rechtsprechung des BGH, u.a. BGH, NJW 2009, 2051 sowie BeckRS 2012, 16299.
331 Ständige Rechtsprechung des BGH, u.a. BGH, NJW 2008, 2172 sowie NJW 2010, 2789.
332 BGH, NJW 2008, 2172.
333 BGH, NJW 1985, 853.
334 BGH, NJW 2010, 2789.

Zu unterscheiden ist zunächst zwischen **Preisvorbehalts- und Preisanpassungsklauseln**. Während eine Preisvorbehaltsklausel sich dadurch kennzeichnet, dass der Preis bei Vertragsschluss offen oder jedenfalls noch unverbindlich bleibt und erst später bspw. durch den AGB-Verwender verbindlich nach Billigkeitsgesichtspunkten oder eigenem über §§ 315 ff. BGB gebundenen Ermessen festgelegt wird (vgl. § 1 Abs. 2 Nr. 1 PrKlG[335]), soll bei Preisanpassungsklauseln in ihrer Gestalt als Kostenelementeklausel der ursprünglich vereinbarte Preis nachträglich auf Grund und in Abhängigkeit zu geänderten Kosten/Selbstkosten des AGB-Verwenders wegen der Entwicklung der Preise oder Werte für Güter oder Leistungen verändert und angepasst werden (vgl. § 1 Abs. 2 Nr. 3 PrKlG). Darüber hinaus gibt es Spannungsklauseln, in denen der Preis zu im Wesentlichen gleichartigen oder zumindest vergleichbaren Gütern und Leistungen in Verhältnis gesetzt wird (vgl. § 1 Abs. 2 Nr. 2 PrKlG), die jedoch in der Praxis recht unüblich sind. 305

Den Parteiinteressen entsprechend sind in Lieferverträgen häufig Preisanpassungsklauseln in Form von **Kostenelementeklauseln** zu finden. Unbeachtlich der Vorgaben des PrKlG kommt es für die Wirksamkeit einer solchen Klausel – wie sie auch in Ziff. 9.5 dieser Muster-AGB vorgeschlagen ist – auf die **Inhalts- und Transparenzkontrolle** an. 306

Eine Klausel, nach der Preise kurzfristig erhöht werden können, ist nach § 309 Nr. 1 BGB zunächst einmal unzulässig, wenn die Preiserhöhung innerhalb von vier Monaten nach Vertragsschluss erfolgen soll. 307

---

§ 309 Klauselverbote ohne Wertungsmöglichkeit !

„Auch soweit eine Abweichung von den gesetzlichen Vorschriften zulässig ist, ist in Allgemeinen Geschäftsbedingungen unwirksam

Nr. 1 (kurzfristige Preiserhöhungen)

eine Bestimmung, welche die Erhöhung des Entgelts für Waren oder Leistungen vorsieht, die innerhalb von vier Monaten nach Vertragsschluss geliefert oder erbracht werden sollen; dies gilt nicht bei Waren oder Leistungen, die im Rahmen von Dauerschuldverhältnissen geliefert oder erbracht werden;

[...]“

Das Klauselverbot gem. § 309 Nr. 1 BGB gilt allerdings im Ausgangspunkt nur für gegenüber Verbrauchern verwendeten AGB. Ihm kommt im B2B-Verkehr über §§ 310 Abs. 1, 307 BGB keine Indizwirkung zu.[336] Vielmehr muss eine im B2B-Verkehr verwendete Preisanpassungsklausel aufgrund des Transparenzgebotes (§ 307 Abs. 1 Satz 2 BGB) klar und verständlich sein. Demzufolge müssen triftige Gründe und der Umfang der Preisänderung erkennbar und nachvollziehbar sein. Dazu soll es erfor- 308

335 Gesetz über das Verbot der Verwendung von Preisklauseln bei der Bestimmung von Geldschulden (Preisklauselgesetz) vom 7. September 2007.

336 Stoffels AGB-Recht, Rn. 825.

derlich sein, die maßgeblichen Kostenfaktoren und deren Gewichtung bei der Kalkulation des Gesamtpreises im Rahmen des Möglichen offenzulegen.[337] Eine Preisanpassungsklausel ist z.B. selbst im B2C-Bereich hinreichend transparent, wenn aus ihr der Anlass und Modus der einseitigen Änderung des Entgelts hervorgeht und sich das Entgelt verhältnismäßig zu den Kostensteigerungen der einzelnen Preisbestandteile **erhöht oder verringert** und daher zusätzliche Gewinnspannen ausgeschlossen sind.[338] Im Übrigen darf der AGB-Verwender als Verkäufer seine erhöhten Geschäftskosten gewöhnlich auf die Kunden abwälzen;[339] die Preisanpassungsklausel darf dem AGB-Verwender nur nicht das Recht zur Preiserhöhung nach seinem Gutdünken einräumen.[340] Kurzfristige Preiserhöhungen können daher zulässig sein, wenn der Klauselverwender ein berechtigtes Interesse hat, welches in der Klausel zum Ausdruck gebracht wird, und die Interessen des Vertragspartners ebenfalls berücksichtigt werden.[341] Eine Vielzahl von Entscheidungen ist in diesem Zusammenhang bislang zu Energie- und Gaslieferungsverträgen ergangen.[342]

309 Die Musterklausel Ziff. 9.5 Absatz 1 dürfte schließlich dem vertraglichen Äquivalenzinteresse gerecht werden und dieses wahren, als sie sowohl die Preissteigerung, aber nur bei einer sich tatsächlich für den AGB-Verwender spürbaren Kostenerhöhung, als auch die Preissenkung zugunsten des Kunden vorsieht. Darüber hinaus wird sogar die Viermonatsfrist des § 309 Nr. 1 BGB gewahrt, obwohl man nach teilweise vertretener Ansicht in dem auf schnelle Reaktion angewiesenen Handelsverkehr keine generelle Mindestzeit für unveränderbare Preise angeben könne.[343] Kurzfristige Preiserhöhungen können daher zulässig sein, wenn der Klauselverwender ein berechtigtes Interesse hat, welches in der Klausel zum Ausdruck gebracht wird, und die Interessen des Vertragspartners ebenfalls berücksichtigt werden.[344]

310 Das dem Kunden bei einer Preissteigerung von 20% oder mehr nach Ziff. 9.5 Absatz 2 eingeräumte **Rücktrittsrecht** erscheint interessengerecht. Im B2B-Bereich spielt dies zwar eine untergeordnete Rolle, ist aber nicht generell entbehrlich.[345] Sollte die Preisanpassungsklausel jedoch unwirksam sein, so vermag die Benachteiligung des Kunden nicht zwingend durch ein dem Kunden eingeräumtes Sonderkündigungsrecht ausgeglichen werden.[346]

---

337 BGH, NJW-RR 2008, 134.
338 OLG Karlsruhe, GRUR-RR 2015, 125.
339 BGH, NJW 1985, 426.
340 Stoffels AGB-Recht, Rn. 827.
341 BGH, NJW 1985, 426.
342 Z.B. BGH, NJW 2011, 1342; NJW 2008, 2172; NJW 2007, 1054; NJW-RR 2005, 1717.
343 Staudinger/*Coester-Waltjen* BGB, § 309 Nr. 1 Rn. 28.
344 BGH, NJW 1985, 426.
345 Staudinger/*Coester-Waltjen* BGB, § 309 Nr. 1 Rn. 28; BeckOK/*Becker* BGB, § 309 Nr. 1 Rn. 38; aA: Stoffels AGB-Recht, Rn. 827 unter Verweis auf BGH, NJW 1985, 426 und NJW 1985, 853.
346 BGH, WM 2010, 481.

Abschließend ist darauf hinzuweisen, dass auch hier der Vorrang der Individualabrede gem. § 305b BGB gilt. Aus praktischen Erwägungen und zur Klarstellung ist zu empfehlen, dass bei der Vereinbarung des Preises festgelegt wird, dass dieser unter dem Vorbehalt der entsprechenden Preisanpassungsklausel steht. **Festpreisabreden** dürfen durch AGB indes nicht ausgehöhlt werden.[347] Der Verwender einer solchen Preisanpassungsklausel sollte aber stets im Blick haben, dass diese ihm nur nützlich ist, wenn er bereit ist, im Streitfall seine Kalkulationen offen zu legen. 311

6. Frachtkosten

Nach der gesetzlichen Regelung des § 407 Abs. 2 HGB ist zwar grundsätzlich der Absender, also hier der AGB-Verwender als Verkäufer verpflichtet, die Frachtkosten zu zahlen. Aufgrund der in Ziff. 7.1 dieser Muster-AGB festgelegten Lieferung ex works Incoterms 2010 reist die Ware auf Gefahr und Kosten des Kunden, sodass dieser auch die Frachtkosten zu tragen hat (vgl. § 448 Abs. 1 BGB). Für den Fall, dass ausnahmsweise aufgrund individueller Vereinbarung der Klauselverwender die Frachtkosten übernimmt, soll jedoch der Kunde die sich aus Tariferhöhungen der Frachtsätze nach Vertragsschluss ergebenden Mehrkosten tragen (Musterklausel Ziff. 9.6). Insoweit handelt es sich ebenfalls um eine kurzfristige Preiserhöhung durch formularmäßige Preisnebenabrede. Demzufolge muss die Klausel der Transparenz- und Inhaltskontrolle gem. § 307 Abs. 1 Satz 2, Abs. 2 BGB standhalten, wobei die Preiserhöhungsklausel im B2B-Verkehr nicht denselben strengen Maßstäben wie im nichtkaufmännischen Verkehr entsprechen muss. Im Rahmen einer Gesamtabwägung wird die Musterklausel wohl als zulässig erachtet werden können, da sie tatbestandlich hinreichend konkret ist, die Frachtsätze sowie die Tariferhöhungen nachvollziehbar sind und die Mehrkosten keine versteckte Preiserhöhung darstellen; auch das Maß der Preiserhöhung wird überschaubar sein. 312

7. Zahlungsfristen und Verzug

Der Preis als das Entgelt für die Ware wird zu dem in Ziff. 9.4 dieser Muster-AGB genannten Zeitpunkt fällig und ist, soweit nichts anderes vereinbart wird, spätestens innerhalb von 30 Tagen nach Fälligkeit und Zugang der Rechnung bzw. einer gleichwertigen Zahlungsaufstellung zu zahlen; andernfalls gerät der Kunde in Zahlungs- und damit Schuldnerverzug gem. § 286 Abs. 3 BGB. 313

Zahlungsfristen sind einer Vereinbarung der Vertragsparteien zugänglich. Hierzu findet sich neuerdings für nach dem 28. Juni 2014 entstandene Schuldver- 314

347 MüKo/*Wurmnest* BGB, § 309 Nr. 1 Rn. 32.

hältnisse eine Regelung in § 271a BGB, die gem. § 286 Abs. 5 BGB auch für Vereinbarungen über den Eintritt des Schuldverzugs entsprechend gilt. In AGB festgelegte Zahlungsfristen unterliegen zudem den Klauselverboten der § 308 Nr. 1a und Nr. 1b BGB, die nach § 310 Abs. 1 Satz 1 BGB ausnahmsweise im B2B-Bereich direkt und nicht nur aufgrund einer Indizwirkung gelten. Die Vorschriften sind aufgrund der Richtlinie zur Bekämpfung des Zahlungsverzugs im Geschäftsverkehr (RL 2011/7/EU) in das BGB eingefügt worden. Während nach § 271a BGB unter bestimmten Voraussetzungen[348] noch eine Zahlungsfrist von mehr als 60 Tagen[349] sowie eine Überprüfungs-/Annahmefrist von mehr als 30 Tagen wirksam vereinbart werden kann, sind die Maßstäbe für AGB-Klauseln strenger, da hier schon eine Zahlungsfrist von mehr als 30 Tagen (§ 308 Nr. 1a BGB) bzw. eine Überprüfungs-/Annahmefrist von mehr als 15 Tagen (§ 308 Nr. 1b BGB) unangemessen lang ist. Der (persönliche) Anwendungsbereich der § 308 Nr. 1a und Nr. 1b BGB beschränkt sich jedoch auf die Konstellationen, in denen der Klauselverwender zahlungspflichtiger Unternehmer ist; sie sind daher nicht hier, sondern vielmehr für Einkaufs-AGB relevant. Die Fristenregelung des § 271a BGB gilt hingegen generell im Geschäftsverkehr zwischen Unternehmern sowie zwischen Unternehmern und öffentlichen Auftraggebern. Allerdings erscheint in Verkaufs-AGB eine derart lange Zahlungsfrist nicht sinnvoll, wenn der Klauselverwender in seiner Position als Verkäufer regelmäßig ein Interesse an einer möglichst schnellen Zahlung hat.

315 Neben der **Vereinbarung** über die **Dauer der Zahlungsfrist** kann optional eine Regelung zum **Beginn von Zahlungsfristen** getroffen werden, wonach z.B. für eine (vereinbarte) Zahlungsfrist auf den Tag der Lieferung abzustellen ist. Zu achten ist hierbei jedoch darauf, dass durch ein Verschieben des Fristbeginns nicht wieder zu lange (Maximum-) Fristen festgelegt werden (s.o. Rn. 314). Die Zahlungsfrist kann jedoch nicht vor dem Zugang bzw. vom AGB-Verwender als Gläubiger der Zahlungsforderung behaupteten Zugang der Rechnung zu laufen beginnen.[350]

316 Vereinbaren die Vertragsparteien ein Zahlungsziel und besteht somit ein fälliger und wirksamer Zahlungsanspruch, so gerät der Kunde automatisch in Zahlungsverzug (§ 286 BGB), wenn er nicht innerhalb dieser Frist leistet; eine Mahnung ist in diesem Fall entbehrlich (vgl. § 286 Abs. 2 BGB). Dies gilt mithin nur, wenn der Kun-

---

348 Die Vereinbarung über die Dauer der Zahlungsfrist muss ausdrücklich getroffen werden und darf im Hinblick auf die Belange des Gläubigers nicht grob unbillig sein (§ 271a Abs. 1 Satz 1 BGB).

349 Für Entgeltforderungen gegenüber einem öffentlichen Auftraggeber müssen bereits bei der Vereinbarung einer Zahlungsfrist von mehr als 30 Tagen besondere Voraussetzungen vorliegen, § 271a Abs. 2 Satz 1 Nr. 1 BGB.

350 Vgl. § 271a Abs. 1 Satz 2 und Satz 3 BGB sowie Palandt/*Grüneberg*, § 286 Rn. 30 zur berichtigenden Auslegung von § 286 Abs. 3 Satz 2 BGB.

de nicht die Einrede des nicht erfüllten Vertrags gem. § 320 BGB erhebt, weil ihm bspw. aufgrund der Lieferung mangelhafter Ware ein Anspruch auf Nacherfüllung aus § 439 BGB zusteht;[351] bei Mängeln im Werkvertragsrecht findet die Sonderregelung für das Leistungsverweigerungsrecht gem. § 641 Abs. 3 BGB Anwendung. Liegt keine Parteivereinbarung vor oder ist diese unwirksam, so tritt der Verzug erst mit Mahnung, soweit erforderlich, oder Klageerhebung bzw. der Zustellung eines Mahnbescheids (§ 286 Abs. 1 BGB) ein. Im Übrigen gerät der Kunde **spätestens 30 Tage** nach Fälligkeit und Zugang der Rechnung bzw. einer gleichwertigen Zahlungsaufstellung in Zahlungsverzug (§ 286 Abs. 3 BGB). Eines Hinweis auf diese Folge bedarf es ausdrücklich gem. § 286 Abs. 3 Satz 1 Hs. 2 BGB nur gegenüber einem Verbraucher, nicht jedoch im B2B-Verkehr. Den Zugang der Rechnung bzw. der Zahlungsaufstellung muss schließlich der Klauselverwender gem. § 130 BGB nachweisen. Dahingegen trägt der Kunde die Beweislast für die rechtzeitige Zahlung, da er die Erfüllung des Kaufpreises schuldet. Maßgeblich ist insoweit der Geldeingang beim AGB-Verwender (vgl. Musterklausel Ziff. 9.3).

Mit Eintritt des Zahlungsverzugs werden die Rechtsfolgen des Verzugs gem. 317 §§ 286 ff. BGB ausgelöst. Dazu gehört – wie in Ziff. 9.7 dieser Muster-AGB formuliert – insbesondere, dass der Kunde **Verzugszinsen** zu zahlen hat. Diese betragen von Gesetzes wegen nach § 288 Abs. 1 Satz 1, Abs. 2 BGB bei Rechtsgeschäften im B2B-Verkehr neun Prozentpunkte über dem Basiszinssatz der Europäischen Zentralbank. Ein höherer Verzugszins kann zwar grundsätzlich vereinbart werden, es ist in AGB jedoch im Hinblick auf §§ 307 Abs. 2 Nr. 1, 309 Nr. 5 BGB bedenklich,[352] bzw. insbesondere vor dem Hintergrund der jüngst erhöhten Pauschale in § 288 BGB unwirksam. Der Verzugszins steht dem AGB-Verwender in seiner Rolle als Verkäufer und Gläubiger der Zahlungsforderung als objektiver Mindestschaden zu, unabhängig davon, ob ihm tatsächlich ein Schaden entstanden ist oder nicht.[353] Außerdem hat der AGB-Verwender als Gläubiger einen Anspruch auf eine Schadenspauschale in Höhe von € 40,00, die seine Beitreibungskosten abdecken soll.[354] Ein tatsächlich eingetretener und **darüber hinausgehender Schaden** kann selbstverständlich geltend gemacht werden. Die Musterklausel Ziff. 9.7 Satz 2 entspricht insoweit der gesetzlichen Regelung des § 288 Abs. 4 BGB. Ein entsprechender Vorbehalt erscheint sinnvoll, um den Anschein einer abschließenden Regelung zu vermeiden. Ein höherer Verzögerungsschaden kann unter den Voraussetzungen des § 286 BGB verlangt werden. Dazu zählen z.B. der Verlust von Anlagenzinsen, die Aufwendungen von Kreditzinsen sowie eine Geldentwertung oder etwaige Kursverluste bei Fremdwährungsschulden.

---

351 Ausführlich zum Mangel, den Mängelrechten sowie dem Nacherfüllungsanspruch siehe Rn. 213 ff.

352 MüKo/*Ernst* BGB, § 288 Rn. 39.

353 BGH, NJW 2011, 3648.

354 Palandt/*Grüneberg* BGB, § 288 Rn. 15.

318 Handelt es sich um ein beiderseitiges Handelsgeschäft i.S.v. §§ 343, 344 Abs. 2 HGB zwischen Kaufleuten, so können grundsätzlich sog. **Fälligkeitszinsen** gem. § 353 HGB in Höhe von 5% (§ 352 Abs. 1 HGB) gefordert werden. Für eine Geldforderung, die fällig ist, besteht demnach bereits ab dem Zeitpunkt der Fälligkeit eine Zinspflicht. Ab Verzugseintritt richtet sich die Verzinsung hingegen nach § 288 BGB (s.o.).[355]

319 Abgesehen von den bereits aufgeführten Verzugsfolgen kann eine Regelung in AGB aufgenommen werden, wonach z.B. bei einer Ratenzahlungsvereinbarung der Zahlungsverzug des Kunden die sofortige **Fälligkeit aller Zahlungsansprüche** aus der Geschäftsverbindung mit dem Kunden bewirkt. Führt eine solche Klausel jedoch im Ergebnis zu einer Vorfälligkeit, so wird ihre Wirksamkeit kritisch bewertet.[356] Des Weiteren kann z.B. im Rahmen von Raten- oder Teillieferungsverträgen der Klauselverwender zur Ausübung seines **Zurückbehaltungsrechts** aus § 320 BGB berechtigt sein.

8. Unsicherheitseinrede

320 Als Ausprägung des funktionellen Synallagmas, das bei Bestehen einer Vorleistungspflicht nicht aufgehoben, sondern nur gelockert ist, begründet § 321 BGB zugunsten der vorleistungspflichtigen Partei eine die Leistungspflicht **aufschiebende Einrede.**[357] Die vorleistungspflichtige Partei kann danach die Leistung verweigern, wenn nach Abschluss des Vertrags die Gegenleistung **wegen mangelnder Leistungsfähigkeit des Vertragspartners** gefährdet ist.

321 Beim kaufvertraglichen Synallagma sind die Leistungen grundsätzlich Zug um Zug zu leisten, ohne dass eine Vertragspartei **vorleistungspflichtig** ist. Anders sieht dies im Werkvertragsrecht aus, wo der Unternehmer mit der Herstellung des Werkes grundsätzlich vorleistungspflichtig ist (vgl. § 641 BGB). In Einzelfällen kann jedoch der Käufer vorleistungspflichtig sein, z.B. bei einer Vereinbarung „Zahlung (Kasse) gegen Dokumente“[358], „cash on delivery“[359] oder bei einem Kauf per Nachnahme. Demgegenüber kann auch der Verkäufer vorleistungspflichtig sein, wenn z.B. die Vereinbarung eines Zahlungsziels[360] oder ein Versendungskauf[361] vorliegt.

355 OLG Düsseldorf, BeckRS 2005, 30364633; Ebenroth/Boujong/Joost/Strohn/*Kindler*, § 353 Rn. 29.

356 So AG München, NJW-RR 1991, 251; aA: OLG Celle, NJW-RR 1995, 370 sowie OLG Brandenburg, NJW-RR 2004, 273 zu Fitness- und Sport-AGB.

357 BeckOK/*H. Schmidt* BGB, § 321 Rn. 1.

358 BGH, NJW 1971, 979.

359 BGH, NJW 1985, 550.

360 Palandt/*Grüneberg* BGB, § 320 Rn. 16.

361 BGH, NJW 1979, 1782.

Die Rechtsfolge einer Vorleistungspflicht ist, dass das Leistungsverweigerungsrecht aus § 320 BGB entfällt und der Vertragspartner daher nur dann in Verzug gesetzt werden kann, wenn die vorleistungspflichtige Partei bereits geleistet bzw. ihre Leistung zumindest angeboten hat.

Die Unsicherheitseinrede kann daher hier sowohl für den AGB-Verwender als 322 Verkäufer als auch für den Kunden relevant werden, wenn zum maßgeblichen Zeitpunkt der Fälligkeit der Vorleistungspflicht eine Verschlechterung der Vermögensverhältnisse des Vertragspartners (z.B. Eröffnung des Insolvenzverfahrens, Ablehnung eines wichtigen Kredits, Hingabe ungedeckter Schecks etc.) oder ein sonstiges Leistungshindernis (z.B. Export- oder Importverbote, Kriegsereignisse, Zusammenbruch von Zulieferern etc.) eintritt.[362] Soweit die Gegenleistung nicht dennoch erbracht oder eine Sicherheit geleistet wird, kann die vorleistungspflichtige Partei ihre **Leistung zunächst verweigern** (§ 321 Abs. 1 Satz 1 BGB), und nach Ablauf einer angemessenen Frist sogar vom Vertrag **zurücktreten** (§ 321 Abs. 2 BGB).

Die Regelung über die Unsicherheitsabrede ist zwar dispositiv. Ob eine Ein- 323 schränkung oder Erweiterung in AGB zulässig ist, wird jedoch uneinheitlich bewertet.[363]

9. Zurückbehaltungsrecht und Aufrechnung des Kunden

Kommt es im Rahmen der Vertragsabwicklung zu Leistungsstörungen auf Seiten des 324 AGB-Verwenders in seiner Rolle als Verkäufer (z.B. wegen Lieferung einer mangelhaften Ware, verspätete Lieferung), so steht dem Kunden vor dem Hintergrund der synallagmatischen Leistungen und dem grundlegenden Gebot der vertraglichen Abwicklungsgerechtigkeit grundsätzlich ein Zurückbehaltungsrecht dahingehend zu, dass er seiner Zahlungspflicht nur Zug um Zug gegen Erfüllung seiner Forderung (z.B. die Lieferung der (mangelfreien) Ware, Nacherfüllung oder anderweitiger Anspruch) nachkommen muss, §§ 320, 322 bzw. §§ 273, 274 BGB. Steht dem Kunden ein eigener Zahlungsanspruch (z.B. Aufwendungsersatzanspruch gem. § 439 Abs. 2 BGB, Schadensersatzanspruch o.a.) zu, so kann er diesen dem Zahlungsanspruch des AGB-Verwenders zur Aufrechnung gegenüber stellen, §§ 387 ff. BGB.

Das **Zurückbehaltungsrecht** aus § 320 BGB gibt dem Kunden das Recht, die ei- 325 gene Leistung, also die ihm obliegende Kaufpreiszahlung, bis zur Bewirkung der Gegenleistung zu verweigern, es sei denn, er ist vorleistungspflichtig. Das in § 273 BGB geregelte Zurückbehaltungsrecht gewährt dem Kunden das Recht, seine eigene Leistung zu verweigern, wenn und solange ihm aus demselben rechtlichen Verhält-

---

362 Palandt/*Grüneberg* BGB, § 321 Rn. 5, 6.

363 Bejahend z.B. BeckOK/*H. Schmidt* BGB, § 321 Rn. 2; verneinend z.B. Palandt/*Grüneberg* BGB, § 321 Rn. 2; differenzierend MüKo/*Emmerich* BGB, § 321 Rn. 28.

nis mit dem Klauselverwender ein fälliger Anspruch (Gegenanspruch) gegen diesen zusteht. Die Auslegung des Begriffs „aus demselben rechtlichen Verhältnis" ist im weitesten Sinne zu verstehen.[364] Für die Konnexität genügt, dass den Ansprüchen ein innerlich zusammenhängendes, einheitliches Lebensverhältnis zu Grunde liegt.[365] Ein solches wird z.B. bei Ansprüchen aus ständiger Geschäftsverbindung bejaht, sofern die – im Gegensatz zu § 320 BGB, der auf das gleiche Vertragsverhältnis abstellt – verschiedenen Verträge wegen ihres zeitlichen oder sachlichen Zusammenhangs als eine natürliche Einheit erscheinen.[366]

326 Dieses Rechtsinstitut kann jedoch durch Parteivereinbarung eingeschränkt oder abbedungen werden, was für den Klauselverwender in seiner Rolle als Verkäufer zweckmäßig sein kann, weil das als Einrede ausgestaltete Leistungsverweigerungsrecht der Sicherung des Gegenanspruchs des Kunden dient und somit von diesem als Druckmittel zur Erzwingung der Erfüllung seiner Forderung eingesetzt werden kann. Hinsichtlich einer Vereinbarung in AGB sind allerdings die Klauselverbote des § 309 Nr. 2 lit. a) und b) BGB zu beachten.

---

§ 309 Klauselverbote ohne Wertungsmöglichkeit
„Auch soweit eine Abweichung von den gesetzlichen Vorschriften zulässig ist, ist in Allgemeinen Geschäftsbedingungen unwirksam
[...]
Nr. 2 (Leistungsverweigerungsrechte)
eine Bestimmung, durch die
a) das Leistungsverweigerungsrecht, das dem Vertragspartner des Verwenders nach § 320 zusteht, ausgeschlossen oder eingeschränkt wird oder
b) ein dem Vertragspartner des Verwenders zustehendes Zurückbehaltungsrecht, soweit es auf demselben Vertragsverhältnis beruht, ausgeschlossen oder eingeschränkt, insbesondere von der Anerkennung von Mängeln durch den Verwender abhängig gemacht wird;
[...]"

---

327 Diese Klauselverbote gelten jedoch nur für den B2C-Bereich, sodass eine **Abbedingung** des Zurückbehaltungsrechts in AGB zwischen Unternehmern – wie hier konkludent in Ziff. 9.8 und Ziff. 9.9 der Muster-AGB geschehen – grundsätzlich zulässig ist.[367] Dies gilt aber nicht, soweit die der Geltendmachung des Zurückbehaltungsrechts zugrunde liegenden **Gegenforderungen unbestritten oder rechtskräftig festgestellt** sind.[368] Denn insoweit ist ein berechtigtes Interesse des Klauselverwenders an der Durchsetzung seiner Ansprüche, ohne dabei durch die Gegenrechte sei-

364 Palandt/*Grüneberg* BGB, § 273 Rn. 9.
365 Ständige Rechtsprechung des BGH; u.a. BGH, NJW 1991, 2645 sowie NJW 2014, 2177.
366 Palandt/*Grüneberg* BGB, § 273 Rn. 10 unter Verweis auf BGH, NJW 1970, 2019.
367 BGH NJW 1992, 575.
368 BGH a.a.O.

nes Vertragspartners behindert zu werden, nicht anzuerkennen.[369] Da ein pauschaler Ausschluss des Zurückbehaltungsrechts auch im B2B-Verkehr nach § 307 BGB unwirksam wäre, sollte das Bestehen des Zurückbehaltungsrechts für unbestrittene und rechtskräftig festgestellte Gegenansprüche, wie in der Musterklausel Ziff. 9.8, ausdrücklich aufgenommen werden.[370] Darüber hinaus wird durch die Musterklausel Ziff. 9.9. das Zurückbehaltungsrecht weiter dahingehend eingeschränkt, dass nur Gegenansprüche aus demselben Vertragsverhältnis, also aufgrund der vertraglichen Gegenleistung, den Kunden zur Verweigerung seiner Leistung in Form der Kaufpreiszahlung gem. § 320 BGB berechtigen. Für das im Handelsverkehr nach den §§ 369 ff. HGB erweiterte Zurückbehaltungsrecht gilt mithin das soeben Ausgeführte.[371]

Neben dem Zurückbehaltungsrecht ist die **Aufrechnung**[372] ein, auch wirtschaftlich betrachtet, beliebtes Verteidigungsmittel, das zur wechselseitigen Tilgung der sich gegenüberstehenden Forderungen von Klauselverwender und Kunde führt. Die dazu erforderliche Aufrechnungslage i.S.v. § 387 BGB setzt voraus, dass sich zwei gleichartige und gegenseitige Forderungen gegenüberstehen, die erfüllbar und fällig sind. Das bedeutet, AGB-Verwender und Schuldner sind gleichzeitig Schuldner und Gläubiger. Gegenüber dem Kaufpreiszahlungsanspruch des AGB-Verwenders als erfüllbare Hauptforderung kann der Kunde mit einem sonstigen Zahlungsanspruch als fällige Gegenforderung die Aufrechnung erklären (§ 389 BGB). Dies hat gem. § 389 BGB zur Folge, dass die Ansprüche als erloschen gelten, soweit sie sich der Höhe nach decken. Abgesehen von den gesetzlichen Aufrechnungsverboten der §§ 390 ff. BGB, kann die Aufrechnung durch vertragliche Vereinbarung auch in AGB in den Grenzen der §§ 309 Nr. 3, 307 BGB ausgeschlossen werden. 328

§ 309 Klauselverbote ohne Wertungsmöglichkeit !
„Auch soweit eine Abweichung von den gesetzlichen Vorschriften zulässig ist, ist in Allgemeinen Geschäftsbedingungen unwirksam
[...]
Nr. 3 (Aufrechnungsverbot)
eine Bestimmung, durch die dem Vertragspartner des Verwenders die Befugnis genommen wird, mit einer unbestrittenen oder rechtskräftig festgestellten Forderung aufzurechnen;
[...]“

369 BGH NJW 1985, 319.
370 Stoffels AGB-Recht, Rn. 840.
371 Vgl. Ebenroth/Boujong/Joost/Strohn/*Lettl* HGB, § 369 Rn. 37.
372 Abzugrenzen ist die Aufrechnung zur Anrechnung, bei der sich nicht zwei selbstständige Forderungen gegenüberstehen, sondern von einem Anspruch unselbstständige Rechnungsposten in Abzug zu bringen sind; vgl. Palandt/*Grüneberg* BGB, § 387 Rn. 2.

329 Dieses Klauselverbot findet über §§ 310 Abs. 1, 307 BGB uneingeschränkt Anwendung im B2B-Bereich,[373] da der Gerechtigkeitsgehalt der Aufrechnungsmöglichkeit bei der Beteiligung von Unternehmern nicht anders als im Verhältnis zu Privaten ist.[374] Dementsprechend ist auch eine Klausel in AGB so – wie hier in der Musterklausel Ziff. 9.8 – zu gestalten, dass zumindest eine Aufrechnung mit **unbestrittenen und rechtskräftig festgestellten Gegenforderungen** des Kunden möglich ist.

10. Wechsel und Diskontierung

330 Entsprechend der Regelung in der Musterklausel Ziff. 9.2, die die Begebung von Wechseln an eine **gesonderte Vereinbarung** zwischen den Vertragsparteien knüpft, wird in Ziff. 9.10 dieser Muster-AGB näher auf das Verfahren und die Erfüllungswirkung bei angebotenen Wechseln eingegangen. Auf die Zahlung durch Wechsel braucht sich ein Verkäufer allerdings nicht einzulassen, ebenso wenig wie ein Käufer verpflichtet ist, einen auf ihn gezogenen Wechsel zur Abdeckung des Kaufpreises zu akzeptieren; dies gilt selbst bei einer dauerhaften Geschäftsverbindung mit ständigen Wechselabreden.[375] Dem Wechsel kommt letztlich eine Finanzierungsfunktion zu, bei der der Kunde den Kaufpreis nicht sofort aufbringen muss, sondern der den Wechsel ausstellende AGB-Verwender in seiner Rolle als Gläubiger den Kunden als Schuldner anweist, zu einem bestimmten Tag an einem bestimmten Ort den im Wechsel benannten Betrag zu zahlen. Durch Diskontierung des vom Kunden unterschriebenen Wechsels (Akzept) erhält der AGB-Verwender mithin sofort Geld.

331 Wechsel stellen im Hinblick auf das Zahlungsmittel für den Kaufpreis ein sog. Erfüllungssurrogat dar, das entweder an Erfüllungs statt (§ 364 Abs. 1 BGB) oder erfüllungshalber (§ 364 Abs. 2 BGB) wirken kann. Während bei der Leistung an Erfüllungs statt die Forderung mit dem Bewirken der Leistung erlischt, tritt bei der Leistung erfüllungshalber Erfüllung erst ein, wenn sich der Gläubiger aus dem Geleisteten befriedigt hat.[376] Einhergehend mit der überwiegenden Rechtsprechung wird in der Musterklausel Ziff. 9.10 Satz 1 für die Hingabe von Wechseln auf eine **Leistung erfüllungshalber** abgestellt.[377] Demzufolge wird in der Musterklausel Ziff. 9.10 Satz 4 für den Zahltag auch auf den Tag der Einlösung abgestellt, sodass der Kaufpreiszahlungsanspruch erst dann erfüllt ist. Weil die Hingabe eines Wechsels regelmäßig im Interesse des Kunden liegt, erscheint es – wie in Ziff. 9.10 Satz 2

---

373 BGH, NJW 1985, 310; BGH, NJW 2007, 3421,
374 Staudinger/*Coester-Waltjen* BGB, § 309 Nr. 3 Rn. 14.
375 Staudinger/*Beckmann* BGB, § 433 Rn. 184.
376 Palandt/*Grüneberg* BGB, § 364 Rn. 5.
377 BGH, NJW 1986, 424.

und 3 der Muster-AGB – gerechtfertigt, diesem die **Diskontspesen** und Wechselkosten sowie die Zinsen und Kosten für die Diskontierung und Einziehung von Wechseln aufzuerlegen;[378] eine unangemessene Benachteiligung des Kunden i.S.v. § 307 BGB kann mithin nicht angenommen werden. Um das Risiko einer ausbleibenden Erfüllung des Klauselverwenders zu reduzieren, soll nach der Musterklausel Ziff. 9.10 Satz 5 bei einer Ablehnung der Wechseldiskontierung durch die Bank oder bei Vorliegen von Zweifeln einer Diskontierung während der Wechsellaufzeit unter Rücknahme des Wechsels wieder die Barzahlung verlangt werden können. Dies entspricht der Zurückweisung eines **nicht diskontfähigen Wechsels**, sodass der Klauselverwender sofort wieder auf die Kaufpreisforderung zurückgreifen kann.[379]

11. Tilgungsbestimmungen

Mit der Musterklausel Ziff. 9.11 wird eine Tilgungsbestimmung vorgenommen, die 332
der gesetzlichen Regelung des § 367 Abs. 1 BGB gleicht. Danach wird eine eingehende Zahlung des Kunden, die nicht zur Tilgung der ganzen Schuld ausreicht, zunächst auf die Kosten (z.B. Wechsel-, Prozess-, Vollstreckungskosten sowie sonstige zur Durchsetzung des Anspruchs entstandene Aufwendungen), dann auf Zinsen und schließlich auf die Hauptforderungen in der Reihenfolge ihres Alters angerechnet. Damit wird das grundsätzlich dem Kunden zustehende **Tilgungsbestimmungsrecht** aus § 266 Abs. 1 BGB ausgeschlossen. Trifft der Schuldner dennoch bei Leistung eine abweichende Tilgungsbestimmung, so darf der AGB-Verwender die Annahme der Leistung ablehnen (§ 367 Abs. 2 BGB); er kann sie aber auch annehmen.[380] Bestehen allerdings mehrere Schulden bzw. Forderungen gegen den Kunden, so gilt zunächst nach § 366 BGB die vom Kunden festgelegte Tilgungsreihenfolge hinsichtlich der Hauptforderungen. Dahinter steht der Gedanke, dass Erfüllung (§ 362 Abs. 1 BGB) nur eintreten kann, wenn die Leistung einer Schuld zugeordnet werden kann.

Nach höchstrichterlicher Rechtsprechung können jedoch grundsätzlich auch in 333
AGB die Tilgungsbestimmungen des § 366 BGB abbedungen werden, allerdings nur dann, wenn in den an die Stelle des Gesetzes tretenden Regelungen auch die Belange des Schuldners in angemessener Weise berücksichtigt werden. Insbesondere muss der Kunde bei der Erfüllung wissen, auf welche Schuld er leistet.[381] Unwirksam

378 BGH, NJW 1965, 1853; vgl. auch Graf von Westphalen, Vertragsrecht und AGB-Klauselwerke, Zahlungsbedingungen Rn. 18.

379 Staudinger/*Beckmann* BGB, § 433 Rn. 184.

380 Palandt/*Grüneberg* BGB, § 367 Rn. 2.

381 BGH, NJW 1984, 2404.

ist allerdings eine Klausel, die es einem Gläubiger erlaubt, nach seinem billigen Ermessen (§ 315 BGB) die Zahlung auf die Forderungen zu verrechnen.[382]

M. Eigentumsvorbehalt und Pfandrechte

I. Mustertext

Klauselmuster

334 **10. Eigentumsvorbehalt, Pfändungen**

10.1 Wir behalten uns das Eigentum an allen von uns gelieferten Waren vor (nachstehend insgesamt **„Vorbehaltsware"**), bis alle unsere Forderungen aus der Geschäftsverbindung mit dem Kunden einschließlich der künftig entstehenden Ansprüche aus später abgeschlossenen Verträgen beglichen sind. Dies gilt auch für einen Saldo zu unseren Gunsten, wenn einzelne oder alle Forderungen von uns in eine laufende Rechnung (Kontokorrent) aufgenommen werden und der Saldo gezogen ist.

10.2 Der Kunde hat die Vorbehaltsware ausreichend, insbesondere gegen Feuer und Diebstahl, zu versichern. Ansprüche gegen die Versicherung aus einem die Vorbehaltsware betreffenden Schadensfall werden bereits hiermit in Höhe des Wertes der Vorbehaltsware an uns abgetreten.

10.3 Der Kunde ist berechtigt, die gelieferten Produkte im gewöhnlichen Geschäftsverkehr weiter zu verkaufen. Andere Verfügungen, insbesondere Verpfändungen oder Einräumung von Sicherungseigentum, sind ihm nicht gestattet. Wird die Vorbehaltsware bei Weiterveräußerung vom Dritterwerber nicht sofort bezahlt, ist der Kunde verpflichtet, nur unter Eigentumsvorbehalt weiter zu veräußern. Die Berechtigung zur Weiterveräußerung der Vorbehaltsware entfällt ohne weiteres, wenn der Kunde seine Zahlung einstellt, oder uns gegenüber in Zahlungsverzug gerät.

10.4 Der Kunde tritt uns bereits hiermit alle Forderungen einschließlich Sicherheiten und Nebenrechte ab, die ihm aus oder im Zusammenhang mit der Weiterveräußerung von Vorbehaltsware gegen den Endabnehmer oder gegen Dritte erwachsen. Er darf keine Vereinbarung mit seinen Abnehmern treffen, die unsere Rechte in irgendeiner Weise ausschließen oder beeinträchtigen, oder die Vorausabtretung der Forderung zunichtemachen. Im Falle der Veräußerung von Vorbehaltsware mit anderen Gegenständen gilt die Forderung gegen den Drittabnehmer in Höhe des zwischen uns und dem Kunden vereinbarten Lieferpreises als abgetreten, sofern sich aus der Rechnung nicht die auf die einzelnen Waren entfallenden Beträge ermitteln lassen.

10.5 Der Kunde bleibt zur Einbeziehung der an uns abgetretenen Forderung bis zu unserem jederzeit zulässigen Widerruf berechtigt. Wir verpflichten uns jedoch die Einzugsermächtigung nur bei berechtigtem Interesse zu widerrufen. Ein solches berechtigtes Interesse liegt beispielsweise vor, wenn der Kunde seinen Zahlungsverpflichtungen nicht ordnungsgemäß nachkommt oder in Zahlungsverzug gerät. Auf unser Verlangen ist er verpflichtet, uns die zur Einziehung abgetretener Forderungen erforderlichen Auskünfte und Unterlagen vollständig zu geben und, sofern wir dies nicht selbst tun, seine Abnehmer unverzüglich von der Abtretung an uns zu unterrichten.

---

382 BGH, NJW 1999, 2943.

10.6 Nimmt der Kunde Forderungen aus der Weiterveräußerung von Vorbehaltswaren in ein mit seinen Abnehmern bestehendes Kontokorrentverhältnis auf, so tritt er einen sich zu seinen Gunsten ergebenden anerkannten Schlusssaldo bereits jetzt in Höhe des Betrages an uns ab, der dem Gesamtbetrag der in das Kontokorrentverhältnis eingestellten Forderung aus der Weiterveräußerung unserer Vorbehaltsware entspricht.

10.7 Hat der Kunde Forderungen aus der Weiterveräußerung der von uns gelieferten oder zu liefernden Produkten bereits an Dritte abgetreten, insbesondere aufgrund echten oder unechten Factorings, oder sonstige Vereinbarungen getroffen, aufgrund derer unsere derzeitigen oder künftigen Sicherungsrechte gemäß Ziff. 10 beeinträchtigt werden können, hat er uns dies unverzüglich anzuzeigen. Im Falle eines unechten Factorings sind wir berechtigt, vom Vertrag zurückzutreten und die Herausgabe bereits gelieferter Produkte zu verlangen. Gleiches gilt im Falle eines echten Factorings, wenn der Kunde nach dem Vertrag mit dem Factor nicht frei über den Kaufpreis der Forderung verfügen kann.

10.8 Bei kundenseitig verschuldetem vertragswidrigem Handeln, insbesondere bei Zahlungsverzug, sind wir nach Rücktritt vom Vertrag zur Rücknahme aller Vorbehaltswaren berechtigt. Der Kunde ist in diesem Fall ohne weiteres zur Herausgabe verpflichtet und trägt die für die Rücknahme erforderlichen Transportkosten. In der Rücknahme der Vorbehaltsware durch uns liegt ein Rücktritt vom Vertrag. Wir sind bei Rücktritt berechtigt die Vorbehaltsware zu verwerten. Der Verwertungserlös wird, abzüglich angemessener Kosten der Verwertung, mit denjenigen Forderungen verrechnet, die uns der Kunde aus der Geschäftsbeziehung schuldet. Zur Feststellung des Bestandes der von uns gelieferten Ware dürfen wir jederzeit zu den normalen Geschäftsstunden die Geschäftsräume des Kunden betreten. Von allen Zugriffen Dritter auf Vorbehaltsware oder uns abgetretener Forderung hat uns der Kunde unverzüglich schriftlich zu unterrichten.

10.9 Übersteigt der Wert der für uns nach vorstehenden Bestimmungen bestehenden Sicherheiten die gesicherten Forderungen insgesamt um mehr als 10%, sind wir auf Verlangen des Kunden insoweit zur Freigabe von Sicherheiten nach unserer Wahl verpflichtet.

10.10 Bearbeitung und Verarbeitung der Vorbehaltsware erfolgt für uns als Hersteller, ohne uns jedoch zu verpflichten. Wird die Vorbehaltsware mit anderen, uns nicht gehörenden Gegenständen verarbeitet oder untrennbar verbunden, so erwerben wir das Miteigentum an der neuen Sache im Verhältnis des Netto-Rechnungsbetrages unserer Ware zu den Netto-Rechnungsbeträgen der anderen verarbeiteten oder verbundenen Gegenstände. Werden unsere Waren mit anderen beweglichen Gegenständen zu einer einheitlichen Sache verbunden, die als Hauptsache anzusehen ist, so überträgt der Kunde uns schon jetzt im gleichen Verhältnis das Miteigentum hieran. Der Kunde verwahrt das Eigentum oder Miteigentum unentgeltlich für uns. Die hiernach entstehenden Miteigentumsrechte gelten als Vorbehaltsware. Auf unser Verlangen ist der Kunde jederzeit verpflichtet, uns die zur Verfolgung unserer Eigentums- oder Miteigentumsrechte erforderlichen Auskünfte zu erteilen.
[Etwaig bei Verträgen mit Auslandsbezug Regelungen ergänzen, die den Kunden verpflichten, im Zielland erforderliche Maßnahmen zu ergreifen, um den Eigentumsvorbehalt so weit wie möglich zu sichern]

10.11 Bei Pfändungen oder sonstigen Eingriffen Dritter hat uns der Kunde unverzüglich schriftlich zu benachrichtigen, damit wir Klage gemäß § 771 ZPO erheben können. Soweit der Dritte nicht in der Lage ist, uns die gerichtlichen und außergerichtlichen Kosten einer Klage gemäß § 771 ZPO zu erstatten, haftet der Kunde für den uns entstehenden Ausfall.

II. Erläuterungen

335 Der Eigentumsvorbehalt nach § 449 Abs. 1 BGB und §§ 929, 158 Abs. 1 BGB ist ein klassisches **Sicherungsmittel** für Verkäufer, die dem Kunden die Vorbehaltsware zur Verfügung stellen und nicht sogleich den vollen Kaufpreis für die Ware erhalten. Der insofern in Vorleistung tretende Verkäufer übereignet die Vorbehaltsware unter der aufschiebenden Bedingung der Kaufpreiszahlung. Bis zur vollständigen Zahlung bleibt der AGB-Verwender als Verkäufer damit Eigentümer. Der Erwerber erhält ein Anwartschaftsrecht an der Sache.

! **§ 449 BGB Eigentumsvorbehalt**
„(1) Hat sich der Verkäufer einer beweglichen Sache das Eigentum bis zur Zahlung des Kaufpreises vorbehalten, so ist im Zweifel anzunehmen, dass das Eigentum unter der aufschiebenden Bedingung vollständiger Zahlung des Kaufpreises übertragen wird (Eigentumsvorbehalt).
[...]"

---

336 Mit Zahlung des Kaufpreises geht das Eigentum auf den Kunden über. Die vollständige Zahlung umfasst auch angefallene Nebenkosten, zum Beispiel für die Fracht, Zinsen und Mehrwertsteuer, soweit eine Erstattung dieser Posten vorgesehen ist.[383] Bis zum Bedingungseintritt kann der Verkäufer als Eigentümer zwar über die Sache verfügen. Mit Eintritt der Bedingung werden gegenüber dem Kunden jedoch solche Verfügungen unwirksam, die den Eigentumserwerb des Kunden verhindern würden, § 161 Abs. 1 Satz 1 BGB:

! **§ 161 BGB Unwirksamkeit von Verfügungen während der Schwebezeit**
„(1) Hat jemand unter einer aufschiebenden Bedingung über einen Gegenstand verfügt, so ist jede weitere Verfügung, die er während der Schwebezeit über den Gegenstand trifft, im Falle des Eintritts der Bedingung insoweit unwirksam, als sie die von der Bedingung abhängige Wirkung vereiteln oder beeinträchtigen würde.
[...]"

---

337 Da der Kunde planmäßig Besitz an der Ware erhält, die Sachherrschaft über das Sicherungsgut ausübt und oftmals erst durch Weiterverkauf oder Verarbeitung die Mittel zur Zahlung des Kaufpreises erhält, ist es im Sinne beider Parteien, die genauen Berechtigungen und Verpflichtungen des Eigentumsvorbehaltes vertraglich auszugestalten.

338 Treffen hinsichtlich des Eigentumsvorbehalts Allgemeine Verkaufsbedingungen des Verkäufers und Allgemeine Einkaufsbedingungen des Kunden so aufeinander,

---

383 Staudinger/*Beckmann* BGB, § 449 Rn. 41; MüKo/*Westermann* BGB, § 449 Rn. 22.

dass sie sich gegenseitig widersprechen, gelten besondere rechtliche Erwägungen. Werden in einem bestimmten Geschäftszweig Verträge für gewöhnlich nur unter Eigentumsvorbehalt abgeschlossen, kann dies einen gutgläubigen, unbelasteten Eigentumserwerb verhindern.[384]

1. Art des Eigentumsvorbehalts

Abhängig davon, welche Befugnisse dem Vorbehaltskäufer eingeräumt werden, 339
gibt es verschiedene Ausgestaltungen von Eigentumsvorbehalten. Ein **einfacher Eigentumsvorbehalt** ermächtigt den Vorbehaltskäufer zum Besitz und Gebrauch der Sache. Dagegen spricht man von einem **verlängerten Eigentumsvorbehalt**, wenn die Abrede auch eine Einwilligung nach § 185 Abs. 1 BGB zur Weiterveräußerung und/oder Verarbeitung umfasst.[385] Des Weiteren ist auch die Vereinbarung eines **erweiterten Eigentumsvorbehalts** möglich. Hierbei erstreckt sich der Vorbehalt nicht nur auf Zahlung der Kaufpreisforderung aus dem konkreten Vertrag, sondern auf die Zahlung aller Forderungen aus dem Geschäftsverhältnis mit dem Vertragspartner. Diese Konstellation, auch bekannt als **Kontokorrentvorbehalt**, ist im B2B-Verkehr anerkannt.[386] In dieser Konstellation erwirbt der Kunde Eigentum an den Vorbehaltswaren, sobald er alle Forderungen aus der Geschäftsbeziehung beglichen hat. Erwirbt er daraufhin vom gleichen Anbieter weitere Waren unter erweitertem Eigentumsvorbehalt, lebt der alte Eigentumsvorbehalt nicht wieder auf, auch dann nicht, wenn sich die alte Ware noch im Lager des Kunden befindet. Eine anderslautende AGB-rechtliche Regelung wäre auch zwischen Unternehmern nach § 307 Abs. 2 Nr. 1 BGB unwirksam. Eine Kombination aus verlängertem und erweitertem Eigentumsvorbehalt wie in den Muster-AGB ist im kaufmännischen Geschäftsverkehr zulässig, soweit eine Übersicherung ausgeschlossen ist.[387]

Explizit im Gesetz in § 449 Abs. 3 BGB verankert ist die Unzulässigkeit eines 340
Konzernvorbehaltes:

---

384 BGH, NJW-RR 2004, 555; weitere Ausführungen dazu in Kap. 2 Rn. 64 ff. unter „Kollision von Allgemeinen Geschäftsbedingungen".

385 Siehe dazu im Folgenden unter Rn. 343 ff. „Eingeräumte und verwehrte Verfügungsbefugnisse" und Rn. 360 ff. „Verarbeitungs- und Verbindungsklausel".

386 BGH, NJW 1994, 1154; BGH, NJW 1991, 2285; BGH, NJW 1978, 632; zur Unwirksamkeit eines erweiterten Eigentumsvorbehaltes gegenüber Verbrauchern siehe OLG Koblenz, NJW-RR 1989, 1459.

387 BGH, NJW 1987, 487; BGH, NJW 1985, 1836; zur Übersicherung siehe unten Rn. 358 „Übersicherungsklausel".

> **§ 449 BGB Eigentumsvorbehalt**
> „[...]
> **(3)** Die Vereinbarung eines Eigentumsvorbehalts ist nichtig, soweit der Eigentumsübergang davon abhängig gemacht wird, dass der Käufer Forderungen eines Dritten, insbesondere eines mit dem Verkäufer verbundenen Unternehmens, erfüllt."

341 Damit will der Verwender erreichen, dass das Eigentum nicht schon mit Begleichung aller Forderungen aus der Geschäftsbeziehung übertragen wird, sondern erst mit Tilgung aller Ansprüche, die Unternehmen des gleichen Konzerns haben. Eine solche Vereinbarung würde allerdings den Eigentumserwerb an der Vorbehaltsware unzumutbar lange in die Zukunft verschieben und somit die geschäftliche Verfügungsfreiheit des Erwerbers unzumutbar einschränken. Dieses Verbot gilt nicht nur für Formularverträge, sondern auch für Individualvereinbarungen mit diesem Inhalt. Ausgenommen hiervon sind solche Forderungen, die zwischen Kunde und Verkäufer begründet worden sind, und die der Verkäufer später an Dritte abgetreten hat. Zudem führt ein Konzernvorbehalt nicht zur Nichtigkeit des gesamten Vertrages. Die Formulierung, dass der Eigentumsvorbehalt „soweit" nichtig sei, indiziert, dass Kaufvertrag und einfacher Eigentumsvorbehalt bestehen bleiben. Nur die Ausweitung auf Forderungen Dritter ist nichtig.

2. Pflicht zur Versicherung

342 Häufig wird der Kunde in Allgemeinen Verkaufs- und Lieferbedingungen dazu verpflichtet, eine Versicherung für die Vorbehaltsware abzuschließen. Bei welchem Versicherer dies geschieht, ist seine Wahl. Die Hintergründe einer solchen Abrede sind verständlich, denn der Vorbehaltsverkäufer ist weiterhin Eigentümer und Träger der Sachgefahr. Bei Untergang der Sache, geht auch seine Sicherheit unter. Der Vorbehaltskäufer ist dagegen derjenige, in dessen Sphäre sich die Sache befindet. Den Vorbehaltskäufer trifft deswegen auch ohne vertragliche Versicherungspflicht eine Verpflichtung zur ordnungsgemäßen Behandlung der Vorbehaltsware.[388]

3. Eingeräumte und verwehrte Verfügungsbefugnisse

343 Mit der Musterklausel Ziff. 10.3 willigt der Verwender der Allgemeinen Verkaufsbedingungen gemäß § 185 Abs. 1 BGB ein, dass der Kunde die Vorbehaltsware im ordentlichen Geschäftsverkehr veräußern darf. Einer solchen **Einwilligung** bedarf es zur Weiterveräußerung, da der Kunde mangels vollständiger Kaufpreiszahlung noch nicht Eigentümer der Ware geworden ist und somit grundsätzlich nicht verfügungsbefugt ist, lastenfreies Eigentum an der Vorbehaltsware auf andere zu übertragen.

388 BGH, WM 1961, 1197.

Die Formulierung, dass die **Weiterveräußerung im „gewöhnlichen" Geschäftsverkehr** zu erfolgen hat, dient dabei ebenfalls dem Sicherungsinteresse des Verwenders. Ein „ordnungsmäßiger" oder „normaler" Geschäftsgang bei der Veräußerung von Waren wird allein durch das objektive kaufmännische Verhalten bei der Vornahme eines Verkaufsgeschäfts bestimmt.[389] Ein Verkauf der Ware weit unter Wert oder der Verkauf eines ganzen Lagers ist von der Ermächtigung nicht mehr gedeckt.[390] Die Rechtsprechung sieht solche Abreden des Vorbehaltskäufers mit dem Dritterwerber nicht mehr als von der Weiterveräußerungsermächtigung umfasst an, die die Vorausabtretung der Forderung zur Sicherung des Vorbehaltsverkäufers vereiteln.[391] 344

Die Verfügungsbeschränkung des Vertragspartners, dass er über die Vorbehaltsware nicht anderweitig verfügen darf, insbesondere **keine Verpfändungen** einräumen **oder sie als Sicherungseigentum übertragen** darf, beschränkt sich auf die Vorbehaltsware an sich. Das Recht, die Sache pfänden zu lassen oder diese zur Sicherung zu übereignen, setzt ohnehin das Eigentum an der Sache voraus. Entgegenstehendes Verhalten ist rechtsmissbräuchlich und kann zur Entstehung von Schadensersatzforderungen des Verwenders gegen den Vertragspartner führen. 345

Die Vertragsklausel löst jedoch keine dinglichen Verfügungsbeschränkungen hinsichtlich des Anwartschaftsrechts des Vertragspartners aus.[392] Es bleibt ihm unbenommen sein Anwartschaftsrecht an der Sache abzutreten. Nach Ansicht des BGH widerspreche dies nicht dem Sicherungsinteresse des Vorbehaltsverkäufers. Das Anwartschaftsrecht entscheide letztlich nur darüber, wer das Eigentum erwirbt, nachdem die durch das Vorbehaltseigentum gesicherten Forderungen des Verkäufers getilgt wurden. Dies sei aber dem Verkäufer regelmäßig gleichgültig. Vereinbaren die Parteien gleichwohl eine Verfügungsbeschränkung über das Anwartschaftsrecht, so gilt diese nach § 137 BGB lediglich auf schuldrechtlicher Ebene zwischen Vorbehaltsverkäufer und Vorbehaltskäufer. Der Vorbehaltsverkäufer kann gegen den Verfügenden **Unterlassungs- und Schadensansprüche** geltend machen.[393] Die Beschränkung gilt aber nicht auf dinglicher Ebene gegenüber dem Erwerber, selbst wenn dieser nicht gutgläubig ist. 346

Ähnliches gilt für die Verpflichtung des Vertragspartners, dass er, sofern der Dritterwerber nicht sofort bezahlt, die Vorbehaltsware nur unter Eigentumsvorbehalt zwischen sich und dem Dritterwerber weiterveräußern dürfe. Dieser sog. **nachgeschaltete Eigentumsvorbehalt** entfaltet ebenfalls keine sachenrechtliche Be- 347

---

389 BGH, NJW 1977, 901.
390 Staudinger/*Beckmann* BGB, § 449 Rn. 131.
391 BGH, NJW 1979, 1206; BGH, NJW 1959, 1681.
392 BGH, NJW 1970, 699; BGH, NJW 1956, 665.
393 MüKo/*Armbrüster* BGB, § 137 Rn. 1, 25, 30 ff.

schränkung auf das Geschäft zwischen Vorbehaltskäufer und Dritterwerber. Jedoch kann der Verwender auch in dieser Konstellation bei Verstoß gegen diese Regelung Schadensersatzansprüche geltend machen.

4. Abtretung künftiger Zahlungsansprüche

348 Die Musterklausel Ziff. 10.4 beinhaltet die typischen Regelungen, die einen verlängerten Eigentumsvorbehalt kennzeichnen. Zur Wahrung eines langfristigen Sicherungsinteresses des Verwenders, tritt **anstelle des Eigentumsvorbehalts** die aus dem Weiterverkauf **resultierende Kaufpreisforderung**. Für die Wirksamkeit der Abtretung zukünftig entstehender Ansprüche ist erheblich, dass die Abtretungsvereinbarung so bestimmt ist, dass zum Zeitpunkt der Forderungsentstehung eindeutig ist, ob diese von der Vorausabtretung umfasst ist oder nicht. Dem **Grundsatz der Bestimmbarkeit** ist genüge getan, wenn die **Geschäftsunterlagen des Vertragspartners des Klauselverwenders zweifelsfreien Aufschluss** über das rechtliche Schicksal der zedierten Forderung geben, wenn sich also aus Lieferscheinen, Sammelrechnungen oder Debitorenkonten genau feststellen lässt, an wen und zu welchen Rechnungsbeträgen die vom Vorbehaltsverkäufer bezogenen Waren vom Vorbehaltskäufer weiterveräußert worden sind, welche Forderungen noch offen stehen und – falls ein Kontokorrentenverhältnis zwischen Vorbehaltskäufer und Dritterwerber besteht – in welcher Höhe sie in einem anerkannten Saldo aufgegangen sind. Dass die Feststellung der abgetretenen Forderungen angesichts der Vielzahl der Abtretungen oder der Kompliziertheit ihrer Verbuchung mit einem erheblichen Arbeits- und Zeitaufwand verbunden sind, steht insofern nicht entgegen.[394] Die Wirksamkeit der Regelung, dass der Vorbehaltskäufer mit dem Dritterwerber keine Abreden treffen dürfe, die die Sicherung des Verkäufers durch Übergang der vorausabgetretenen Forderung aus dem Weiterverkauf vereitele oder zunichte mache, wurde in ständiger Rechtsprechung bestätigt.[395] Andernfalls sei das Geschäft schon nicht mehr von der Weiterveräußerungsermächtigung im ordnungsgemäßen Geschäftsverkehr gedeckt.

5. Einzugsermächtigung und Widerruf

349 Der Vorbehaltskäufer erhält zudem in der Musterklausel Ziff. 10.5 die **Einzugsermächtigung** für die abgetretenen Zahlungsforderungen, die **inhaltlich mit der**

394 BGH, NJW 1978, 538.

395 BGH, NJW 1979, 1206, darin aber gleichsam die Feststellung, dass die Einrichtung eines Kontokorrentenverhältnisses keine die Vorausabtretung vereitelnde Abrede ist, siehe unter „Aufnahme eines weiteren Kontokorrentenverhältnisses“, Rn. 350; BGH, BB 1970, 17; BGH, NJW 1959, 1681.

Weiterveräußerungsbefugnis Hand in Hand geht. Der gutgläubige Dritterwerber wird regelmäßig nichts von der Vorausabtretung seiner Kaufpreiszahlungsforderung an den Vorbehaltsverkäufer wissen und deswegen, geschützt von §§ 407, 408 BGB, gutgläubig an den Vorbehaltskäufer zahlen. Der Vertragspartner wird durch die Klausel berechtigt diese Zahlung **im Namen des Klauselverwenders** einzuziehen. Die Einzugsermächtigung darf nur **bei berechtigtem Interesse** des Vorbehaltsverkäufers entzogen werden. Um im Falle eines Widerrufs dem Klauselverwender auch die tatsächliche Möglichkeit der eigenen Forderungseinziehung zu eröffnen, wird der Kunde dazu verpflichtet alle erforderlichen Auskünfte und Unterlagen vollständig auszuhändigen. Darunter zählen insbesondere die **Namen** und **Anschriften** der Dritterwerber sowie die **Höhe der einzelnen Forderungen**.

6. Aufnahme eines weiteren Kontokorrentenverhältnisses

Die Regelung in der Musterklausel Ziff. 10.6, dass der Kunde im Falle eines Kontokorrentenverhältnisses mit dem Dritterwerber einen Teil des letztlich ergebenden Schlusssaldos an den AGB-Verwender abtritt, ist zulässig und erforderlich. Mit der Einstellung in ein Kontokorrent sind die **Einzelforderungen nicht mehr als solche abtretbar**. Eine Vorausabtretung im Rahmen eines verlängerten Eigentumsvorbehaltes scheitert folglich an der Kontokorrentenabrede mit dem Dritterwerber.[396] Gleichwohl ist die Einrichtung eines Kontokorrentenverhältnisses mit dem Dritterwerber nicht etwa wegen Verhinderung der Sicherung des Vorbehaltsverkäufers sittenwidrig, sondern zur Abwicklung von Massengeschäften **kaufmännisch rationell und vernünftig**. Sie erhält die Wettbewerbsfähigkeit in Massengeschäften und erleichtert die Zahlungsabwicklung mit den Abnehmern, woran auch der Vorbehaltsverkäufer ein Interesse hat. Dass die Vorausabtretung aus dem Eigentumsvorbehalt deswegen ins Leere geht, sei nach Auffassung des BGH ein Nebeneffekt des rechtlichen Konstrukts der Kontokorrentenabrede. Dem Vorbehaltsverkäufer sei es daher unbenommen in einer Klausel die **Vorausabtretung eines anerkannten Schlusssaldos** zu vereinbaren.[397] 350

7. Factoring

Unter Factoring versteht man den **entgeltlichen Verkauf und die Abtretung von Forderungen an einen Factor**, meist ein Kreditinstitut. Der veräußernde Forderungsgläubiger erhält im Gegenzug den Gegenwert der abgetretenen Forderung allerdings mit einem Risikoabschlag. In diesem Zusammenhang unterscheidet man 351

---

396 BGH, NJW 1979, 1206.
397 BGH, NJW 1979, 1206; BGH, NJW 1978, 538.

zwischen echtem und unechtem Factoring. Beim **echten Factoring** wird die Forderung endgültig an den Factor abgetreten. Dieser trägt somit auch das Risiko der Uneinbringlichkeit der Forderung. Die Rechtsprechung sieht darin einen Fall des Forderungskaufs.[398] Kollidiert ein echtes Factoring mit einem verlängerten Eigentumsvorbehalt, wird Letzterer dadurch nicht gefährdet, da meist der Erlös aus dem Forderungsverkauf dem Vorbehaltsverkäufer zufließt und dieser damit befriedigt wird. Zwar besteht einerseits das Risiko, dass der Vorbehaltskäufer den Betrag aus dem Factoring anderweitig verwendet, aber dieses Risiko besteht im gleichen Maße, wenn der Vorbehaltskäufer den Erlös aus dem Weitverkauf der Vorbehaltsware erhält. Auch hier hätte er die Möglichkeit den erzielten Verkaufsumsatz anderweitig zu investieren. Diese spezielle Form des Forderungskaufs ist folglich zulässig. Wenn der Vorbehaltsverkäufer also dem Vorbehaltskäufer eine Weiterveräußerungsermächtigung erteilt, ist dies regelmäßig so zu verstehen, dass er ihn auch zum Forderungsverkauf im Wege des echten Factorings ermächtigt.[399] Rechtsmissbräuchlich ist dagegen eine solche vertragliche Ausgestaltung, die dem ehemaligen Forderungsinhaber die freie Verfügungsbefugnis über den Erlös aus dem Factoring entzieht.

352 Verbleibt das Risiko der Uneinbringlichkeit beim vorherigen Forderungsgläubiger, spricht man vom **unechten Factoring**. Der Gegenwert der Forderung wird ihm vom Factor nur unter dem Vorbehalt der Realisierung der Forderung gutgeschrieben. Diese seltener auftretende Form des Factorings ist nach der Rechtsprechung als Kombination von Darlehen und Sicherungsabtretung zu verstehen.[400] Der Factor zahlt das Darlehen an den ehemaligen Forderungsinhaber und dieser tritt ihm zur Sicherheit die Forderung ab. Im Zusammenhang mit einem verlängertem Eigentumsvorbehalt, spricht man von einem unechten Factoring, wenn der Vorbehaltskäufer die Kaufpreisforderung aus dem Weiterverkauf der Vorbehaltsware an einen Factor, z.B. eine Bank, abtritt, um damit ein im Gegenzug gewährtes Darlehen zu sichern. Ein solches Vorgehen ist, anders als beim echten Factoring, nicht mehr von der Weiterveräußerungsbefugnis bzw. Einziehungsermächtigung gedeckt. Das Risiko des Vorbehaltsverkäufers besteht in dieser Konstellation in der Verschlechterung seiner Rechtsstellung im Insolvenzfall. Damit sich dieses Risiko realisiert, müsste zunächst der Vorbehaltskäufer den Factoringerlös/Darlehensbetrag zweckentfremden, also nicht zur Tilgung der Forderung des Vorbehaltsverkäufers nutzen. Sodann müsste er in die Zahlungsunfähigkeit geraten und ebenso der Dritterwerber, der eigentlich den Kaufpreis aus der Weiterveräußerung der Vorbehaltsware zahlen sollte. Der Factor würde sich anschließend an den Vorbehaltskäufer wenden, um die Forderung aus dem unechten Factoring zu realisieren und dadurch die Gläubi-

---

398 BGH, NJW 1977, 2207.
399 BGH, NJW 1987, 1878.
400 BGH, NJW 1982, 164.

gerchancen des Vorbehaltsverkäufers verschlechtern. In der Vornahme eines unechten Factorings ohne vorherige Einwilligung des Eigentümers wird deswegen vertragsbrüchiges Verhalten gesehen.[401]

Mit Ziff. 10.7 und Ziff. 10.3 der Muster-AGB verfolgt der Verwender das berechtigte 353
Interesse, zu verhindern, dass der Vorbehaltskäufer die Vorbehaltsware selbst oder die an deren Stelle tretende Weiterverkaufsforderung als Mittel zur Sicherung eines weiteren Kredits verwendet.[402] Die Verpflichtung des Kunden zur unverzüglichen Anzeige des Factorings ist deswegen gerechtfertigt, weil nur so dem Verwender die Möglichkeit gegeben wird, das Risiko der Realisierung seiner Forderung abzuschätzen. Der in Ziff. 10.7 festgehaltene Rücktrittsvorbehalt entspricht dabei den Anforderungen des mittels Indizwirkung über § 307 BGB im B2B-Verkehr geltenden § 308 Nr. 3 BGB. Die Vornahme eines unechten Factorings widerspricht der in den Muster-AGB ausdrücklich beschränkten Weiterveräußerungs- und Einziehungsermächtigung und stellt daher ein vertragswidriges Verhalten des Vertragspartners dar. Diese Tatsache und die tatsächliche Gefährdung der Forderungssicherung begründen ein überwiegendes Interesse des Vorbehaltsverkäufers, welches der Vorbehaltskäufer zu respektieren hat, mithin einen sachlichen Rücktrittsgrund. Da die Klausel hinreichend bestimmt formuliert ist und für den Vertragspartner der Eintritt des Rücktrittsrechts klar erkennbar ist, ist sie auch nicht unverhältnismäßig benachteiligend.

8. Abwicklung bei Rücktritt

Die Musterklausel Ziff. 10.8 regelt das Schicksal der Eigentumsvorbehaltsware bei 354
einem Rücktritt des Verwenders und gibt insofern zunächst die gesetzlichen Regelungen wieder. Abweichend davon werden gemäß dieser Musterklausel die Transportkosten für die Rücknahme dem Kunden auferlegt. Zwar fallen auch nach der gesetzlichen Regelung die Aufwendungen für die Rückgewähr dem Schuldner zu Last, jedoch sind diese Leistungen beim Erfüllungsort zu erbringen. Wurde mit dem Vertragspartner eine Bringschuld für die ursprüngliche Leistung vereinbart, hätte er im Rahmen des Rückgewährschuldverhältnisses lediglich die Ware zur Abholung bereit zu stellen. Aufgrund der Musterklausel trägt auch in diesem Fall der Kunde die Kosten für den Rücktransport. Da er verantwortlich für das Entstehen des Rücktrittsgrundes ist, stellt diese Regelung keine unangemessene Benachteiligung dar. Die Ergänzung, dass der Klauselverwender berechtigt sei, zu den ordentlichen Geschäftszeiten des Kunden dessen Geschäftsräume zu betreten, um den Bestand festzustellen, beruht auf dem Sicherungsinteresse des Sicherungsgebers und ist dabei nicht unverhältnismäßig benachteiligend.

---

401 BGH, NJW 1982, 164; kritisch dagegen MüKo/*Roth/Kieninger* BGB, § 398 Rn. 166 ff.
402 In dem Sinne BGH, NJW 1982, 164.

355 Die Musterklausel bestimmt ausdrücklich, dass in der Rücknahme der Ware ein Rücktritt vom Vertrag liegt. Teilweise wird die Ansicht vertreten, dass im unternehmerischen Verkehr auch Klauseln wirksam seien, die eine vorläufige Rücknahme der Vorbehaltsware auch ohne Rücktritt erlauben. Die Wirksamkeit dieser Klausel ist umstritten und stellt eine Abweichung von der dispositiven gesetzlichen Regelung des § 449 Abs. 2 BGB dar:

! **§ 449 BGB Eigentumsvorbehalt**

„[...]

(2) Auf Grund des Eigentumsvorbehalts kann der Verkäufer die Sache nur herausverlangen, wenn er vom Vertrag zurückgetreten ist.

[...]"

---

356 Eine Rücknahme der Vorbehaltssache vor Fälligkeit und ohne Rücktritt vom Vertrag dürfte allerdings mit der Natur des Kaufvertrages nicht zu vereinbaren sein. Die Rechtsprechung hat die Wirksamkeit einer AGB-Klausel, die eine Rücknahme in diesen Fällen dennoch ermöglichen soll, bereits für den Geschäftsverkehr mit Verbrauchern entschieden. In diesem Verhältnis sei eine Rücknahme der Ware mit Blick auf § 449 Abs. 2 BGB und der Wertung aus § 508 BGB eine unverhältnismäßige Benachteiligung. Dem Verbraucher bereits die Nutzung der noch nicht bezahlten Ware einzuräumen, ihm dann die Ware wieder wegzunehmen, gleichwohl die Zahlung zu verlangen und ihn somit zur Vorleistung zu verpflichten, widerspricht gerade der vereinbarten Risikoverteilung beim Eigentumsvorbehalt.[403] Der Unternehmer hat die Sache so lange beim Verbraucher zu belassen, wie der darüber geschlossene Vertrag in Geltung sei. Dieser Überlegung liegen nicht nur Zweckmäßigkeitserwägungen, sondern auch allgemeine Gerechtigkeitserwägungen zugrunde,[404] weshalb teilweise auch im unternehmerischen Verkehr zu Recht die Wirksamkeit einer Herausgabe- bzw. Wegnahmeklausel verneint wird.[405] Die andere Ansicht wird darauf gestützt, dass § 508 BGB nur gegenüber Verbrauchern gilt, eine daraus abgeleitete Wertung im unternehmerischen Verkehr folglich nicht ausschlaggebend sein kann. Im B2B-Verkehr kann dem Sicherungsinteresse des Vorbehaltsverkäufers mehr Gewicht beigemessen werden, insbesondere da er ohnehin nach § 161 BGB hinsichtlich Verfügungen über die Sache beschränkt ist.[406] Da nicht mit Sicherheit prognostiziert werden kann, dass der BGH sich bei Vorlage eines solchen Falles zugunsten der

---

403 NJW-RR 2008, 818 und OLG Frankfurt, NJW-RR 2005, 1170, wobei die Entscheidung in beiden Urteilen für den unternehmerischen Verkehr ausdrücklich offen gelassen wurde.

404 NJW-RR 2008, 818; BT-Drucks. 14/7052, S. 197.

405 Staudinger/*Beckmann* BGB, § 449 Rn. 67; Dauner-Lieb/Langen/*Büdenbender* BGB/Schuldrecht, § 449 Rn. 30; BeckOK/*Faust* BGB, § 449 Rn. 18 abdingbar nur in Individualvereinbarung.

406 MüKo/*Westermann* BGB, § 449 Rn. 35.

zweiten Ansicht entscheiden wird, wurde im Mustertext die sicherere Formulierung gewählt.

Unabhängig von diesem Streit ist anerkannt, dass im erklärten Herausgabe**verlangen** allein noch keine Rücktrittserklärung liegt.[407] Der Meinungsstreit bezieht sich also nur auf die Rücknahmehandlung. 357

9. Übersicherungsklausel

Sichert der AGB-Verwender seine Forderungen mit so vielen Sicherungsgütern, dass der Wert der Sicherungsgüter jenen der zu sichernden Forderung weit übersteigt, liegt ein Fall der Übersicherung vor. Da es dem Kunden verwehrt ist, die Sicherungsgüter anderweitig zur Sicherung zu übereignen bzw. abzutreten, wird seine wirtschaftliche Bewegungsfreiheit gegenüber Lieferanten oder anderen Kreditgebern in unzumutbarer Weise beschränkt. Die Sicherungsabrede wäre wegen Sittenwidrigkeit nichtig. Eine solche Übersicherung kann schon anfänglich bei Vertragsschluss oder nachträglich in den Fällen, in denen schon ein Teil der gesicherten Forderungen erfüllt worden ist, entstehen. 358

Die Musterklausel Ziff. 10.9 gibt insofern gesetzliche und rechtspolitische Erwägungen wieder und hat **deklaratorischen Charakter**. Jeder Vertrag über sicherheitshalber abgetretene Forderungen und Sicherungseigentum begründet auch ohne ausdrückliche Vereinbarung ein Treuhandverhältnis. Aus dieser Natur des Sicherungsvertrages ergibt sich die Pflicht des Sicherungsnehmers, die Sicherheit schon vor Beendigung des Vertrages zurück zu gewähren, wenn und soweit sie endgültig nicht mehr benötigt wird. Wenn und soweit eine nicht nur vorübergehende nachträgliche Übersicherung eintritt, ist eine **(Teil-)Freigabe** der Sicherheiten **zwingend erforderlich**. Aus den Rechtsgedanken des § 262 BGB und § 1230 BGB folgt, dass der Sicherungsnehmer, also der Vorbehaltsverkäufer, das Wahlrecht hat, welche Sicherheit er freigibt. Ein solcher ermessensunabhängiger Freigabeanspruch besteht auch ohne eine ausdrückliche vertragliche Regelung.[408] Der Sicherungswert ist dabei der Erlös, der bei einer Verwertung der Sicherheiten erzielt werden kann.[409] Die **Deckungsgrenze von 110%** ist damit zu begründen, dass erfahrungsgemäß bei der Verwertung von Sicherheiten Feststellungs- und Verwertungskosten und in Einzelfällen auch Rechtsverfolgungskosten entstehen. Wie hoch diese tatsächlich ausfallen, ist zwar einzelfallabhängig, jedoch wurden diese Kosten zugunsten der Rechtssicherheit pauschalisiert.[410] Die Vereinbarung, dass die Freigabe erst auf Ver- 359

407 Staudinger/*Beckmann* BGB, § 449 Rn. 68.
408 BGH, NJW 1998, 671.
409 BGH, NJW 1998, 671.
410 BGH, NJW 1998, 671.

langen des Kunden erfolgt, ist unbedenklich. Sie ist auch zweckmäßig, da er in der Regel sehr viel einfacher den Wert des jeweiligen Bestands feststellen kann als der Vorbehaltsverkäufer.[411]

10. Verarbeitungs- und Verbindungsklausel

360 § 950 BGB regelt die Eigentumsverhältnisse an einem beweglichen Gegenstand nach dessen Verarbeitung:

! **§ 950 BGB Verarbeitung**

„(1) Wer durch Verarbeitung oder Umbildung eines oder mehrerer Stoffe eine neue bewegliche Sache herstellt, erwirbt das Eigentum an der neuen Sache, sofern nicht der Wert der Verarbeitung oder der Umbildung erheblich geringer ist als der Wert des Stoffes. Als Verarbeitung gilt auch das Schreiben, Zeichnen, Malen, Drucken, Gravieren oder eine ähnliche Bearbeitung der Oberfläche.

(2) Mit dem Erwerb des Eigentums an der neuen Sache erlöschen die an dem Stoffe bestehenden Rechte."

---

361 Neben der Verbindung zweier Sachen werden demnach zusätzlich ein gewisser Verarbeitungswert und das Entstehen einer „neuen" Sache vorausgesetzt. Um diese dispositive Norm und ihre rechtliche Konsequenz abzuändern, bietet sich eine **Verarbeitungsklausel** wie Ziff. 10.10 der Muster-AGB an, denn derjenige, in dessen Namen und Interesse nach Auffassung eines mit den Verhältnissen vertrauten objektiven Betrachters die Herstellung erfolgt ist, gilt als Hersteller der Sache. Diese Verhältnisse werden nun mittels Parteivereinbarung so beeinflusst, dass der Vertragspartner die Ware **für den Verwender verarbeitet**, dieser mithin **als Hersteller anzusehen** ist.[412] Insofern ist eine Verarbeitungsklausel ein Unterfall des verlängerten Eigentumsvorbehalts.[413] Der Vorbehaltsverkäufer erwirbt folglich das Eigentum an der neuen Sache ohne Durchgangserwerb des Verarbeiters. Eine Vertragsklausel, die dem Verwender Alleineigentum an der neu hergestellten Sache zuweisen soll, obwohl der Wert des beigetragenen Stoffes erheblich geringer ist, als der Wert der Verarbeitung, ist dagegen unwirksam.[414]

362 Wird die Vorbehaltsware mit fremden Gegenständen verarbeitet oder untrennbar verbunden, sieht die Musterklausel vor, dass der Verwender **Miteigentum** an

---

411 BGH, NJW 1985, 1836.

412 BGH, NJW 1991, 1480. Gegen die freie Vereinbarkeit der Herstellereigenschaft BeckOK/*Kindl* BGB, § 950 Rn. 9, 13 f.; Palandt/*Bassenge* BGB, § 950 Rn. 6, 9; MüKo/*Füller* BGB, § 950 Rn. 27: Hersteller sei demnach, wer das Verarbeitungsrisiko trage, wobei eine dementsprechende Änderung der Rechtsprechung nicht zu erwarten ist.

413 BGH, BB 1972, 197

414 BGH, BB 1972, 197.

der **neuen Sache** erhält. In dieser Form der Verarbeitungsklausel zeigt sich die Wertung[415] des gegenüber § 950 BGB subsidiären § 947 BGB:

---

§ 947 BGB Verbindung mit beweglichen Sachen

„(1) Werden bewegliche Sachen miteinander dergestalt verbunden, dass sie wesentliche Bestandteile einer einheitlichen Sache werden, so werden die bisherigen Eigentümer Miteigentümer dieser Sache; die Anteile bestimmen sich nach dem Verhältnis des Wertes, den die Sachen zur Zeit der Verbindung haben.

(2) Ist eine der Sachen als die Hauptsache anzusehen, so erwirbt ihr Eigentümer das Alleineigentum.“

Zur Einhaltung des Bestimmtheitsgrundsatzes bemisst sich der Bruchteil des Eigentums an der neuen Sache nach dem Netto-Rechnungsbetrag der Vorbehaltsware im Verhältnis zu den Netto-Rechnungsbeträgen der anderen verarbeiteten oder verbundenen Gegenstände. Dies ist nicht nur die am zuverlässigsten festzustellende Größe, sondern es entspricht auch genau dem, was der Vorbehaltsverkäufer bezweckt hat: er erhält, anstelle des Eigentums am nicht mehr existierenden Rohstoff, den Anteil am Fertigfabrikat, den er durch Lieferung seines Rohstoffes wertmäßig beigetragen hat.[416] So wird das am Rohstoff vorbehaltene Eigentum in die neue Sache „hinein verlängert“ und die Sicherung des Vorbehaltsverkäufers gewährleistet.[417] 363

Eine andere anerkannte Möglichkeit zur Bestimmung des Bruchteileigentums ist, dem Vorbehaltsverkäufer in der Verbindungsklausel einen Miteigentumsanteil zuzusprechen, der dem Wert des von ihm gelieferten Rohstoffes zuzüglich des Verarbeitungswertes entspricht. Damit bliebe noch ein Miteigentumsanteil entsprechend dem Wert von Fremdrohstoffen anderer Lieferanten übrig. Die im Mustertext gewählte Formulierung ist jedoch vorzugswürdig, da es bei der zweiten Möglichkeit zu Konflikten mit anderen Sicherungsgläubigern kommen kann, die ebenfalls ihr Miteigentumsanteil auf dem Verarbeitungswert erstrecken wollen. Zudem kann der Verarbeitungswert so hoch ausfallen, dass ein Fall der nachträglichen Übersicherung eintritt. Durch die Formulierung in der Musterklausel werden Konflikte mit möglichen Sicherungsnehmern an anderen Rohstoffen vermieden und dadurch, dass die Klausel den Verwender nicht am durch die Verarbeitung entstandenen Wertzuwachs beteiligt, das Risiko der Übersicherung umgangen. 364

Die Musterklausel gibt insofern die gesetzliche Regelung wieder, als dass der Erwerb von Miteigentum auch dann vorgesehen ist, wenn die Sache verbunden wird i.S.v. § 947 Abs. 1 BGB, wenn also ein Eigentumserwerb nach § 950 Abs. 1 BGB nicht infrage kommt, weil der Wert der Verarbeitung erheblich hinter jenem des Rohstof- 365

---

415 BGH, NJW 1967, 34.

416 BGH, NJW 1967, 34; BGH, NJW 1964, 149 dazu ausführlich.

417 BGH, NJW 1981, 816.

fes zurückbleibt. § 947 BGB stellt zwingendes Recht dar und kann nicht vertraglich abbedungen werden. Eine Klausel, die auch in den Fällen des § 947 Abs. 1 BGB dem Verwender das Alleineigentum zusprechen soll, ist folglich unwirksam. Außerdem kann ein Eigentumsverlust in den Fällen des § 947 Abs. 2 BGB nicht verhindert werden. Hauptsache im Sinne dieser Norm ist eine solche, die keinen von den verbundenen Sachen abweichenden Verwendungszweck erfüllt und deswegen nicht „neu" i.S.d. § 950 Abs. 1 BGB ist. Dieser ohnehin sehr enge Anwendungsbereich wird von der Rechtsprechung zudem sehr restriktiv ausgelegt.[418]

11. Auslandsbezug des Vertrags

366 Im Handelsverkehr über Ländergrenzen hinaus ist regelmäßig die Wirksamkeit eines Eigentumsvorbehalts zu klären. Das UN-Kaufrecht selbst enthält nach Art. 4 Satz 2 lit. b) CISG keine Bestimmungen zu den für eine Eigentumsübertragung zu erfüllenden Voraussetzungen:

! **Art. 4 CISG Gegenstand des Übereinkommens**
„Dieses Übereinkommen regelt ausschließlich den Abschluss des Kaufvertrages und die aus ihm erwachsenden Rechte und Pflichten des Verkäufers und des Käufers. Soweit in diesem Übereinkommen nicht ausdrücklich etwas anderes bestimmt ist, betrifft es insbesondere nicht
[...]
b) die Wirkungen, die der Vertrag auf das Eigentum an der verkauften Ware haben kann."

367 Dingliche Voraussetzungen können dem UN-Kaufrecht folglich ausdrücklich nicht entnommen werden. In schuldrechtlicher Hinsicht führt die Vereinbarung eines Eigentumsvorbehaltes zur Abänderung der Verkäuferpflichten aus Art. 30 CISG.[419] Eine solche Modifizierung, dass der Verkäufer nur zur Eigentumsübertragung nach vollständiger Kaufpreiszahlung verpflichtet sei, ist nach Art. 6 CISG möglich:

! **Art. 6 CISG Parteivereinbarung**
„Die Parteien können die Anwendung dieses Übereinkommens ausschließen oder, vorbehaltlich des Artikels 12, von seinen Bestimmungen abweichen oder deren Wirkung ändern."

! **Art. 30 CISG Pflichten des Verkäufers**
„Der Verkäufer ist nach Maßgabe des Vertrages und dieses Übereinkommens verpflichtet, die Ware zu liefern, die sie betreffenden Dokumente zu übergeben und das Eigentum an der Ware zu übertragen."

---

418 MüKo/*Füller* BGB, § 947 Rn. 11.
419 Staudinger/*Beckmann* BGB, § 449 Rn. 182.

In Art. 43 EGBGB heißt es zu dinglichen Rechten an einer Sache bei länderübergreifenden Transaktionen: 368

Art. 43 EGBGB Rechte an einer Sache

„(1) Rechte an einer Sache unterliegen dem Recht des Staates, in dem sich die Sache befindet.

(2) Gelangt eine Sache, an der Rechte begründet sind, in einen anderen Staat, so können diese Rechte nicht im Widerspruch zu der Rechtsordnung dieses Staates ausgeübt werden.

(3) Ist ein Recht an einer Sache, die in das Inland gelangt, nicht schon vorher erworben worden, so sind für einen solchen Erwerb im Inland Vorgänge in einem anderen Staat wie inländische zu berücksichtigen."

Demnach richtet sich die **dingliche Wirksamkeit** eines Eigentumsvorbehaltes bei einem internationalen Versendungskauf **bis zur Grenzüberschreitung nach dem Recht des Herkunftslandes** und **ab diesem Zeitpunkt nach der Rechtsordnung des Bestimmungslandes.** Vor Vertragsschluss sollte man sich daher über **besondere Voraussetzungen an den Eigentumsvorbehalt im Ausland informieren.** Häufig sind für eine wirksame Vereinbarung eines Eigentumsvorbehaltes Urkunden oder Registereintragungen notwendig. In diesem Fällen ist zu klären, wer die Pflicht trägt, solche Notwendigkeiten vorzunehmen und wer die Kostenlast für mögliche Behördengebühren trägt. 369

Zum Abschluss eines wirksamen Eigentumsvorbehaltes im internationalen Geschäftsverkehr und somit auch letztlich zur Sicherung der Kaufpreisforderungen, sind bei Verträgen mit Auslandsbezug **Erkundigungen im Vorfeld des Vertragsschlusses** und die Aufnahme einer entsprechenden Vertragsregelung unabdingbar. 370

12. Pfändung

Eine Pfändung in das Vermögen des Vorbehaltskäufers birgt regelmäßig eine Gefahr für den Vorbehaltsverkäufer. Für den Gerichtsvollzieher sind die Eigentumsverhältnisse regelmäßig nicht auf den ersten Blick erkennbar und es gilt gem. § 1006 BGB die gesetzliche Vermutung, dass alle beweglichen Sachen, die im Besitz des Kunden sind, auch in dessen Eigentum stehen. So kann es durchaus geschehen, dass in das Sicherungseigentum des Vorbehaltsverkäufers gepfändet wird. Diesem steht zwar einerseits die Möglichkeit zu, eine Drittwiderspruchsklage nach § 771 ZPO zu erheben, andererseits kann er davon nur Gebrauch machen, wenn er von der Pfändung weiß. Eine AGB-rechtliche **Informationspflicht** des Kunden ist daher nur gerecht und allgemein zulässig. Verstößt der Kunde dagegen, macht er sich nach §§ 280 Abs. 1, 241 Abs. 2 BGB schadensersatzpflichtig. 371

Der Erfolg einer solchen Drittwiderspruchsklage liegt zum einen im Interesse des Vorbehaltsverkäufers, da er dadurch den Eigentumsverlust durch Verwertung des gepfändeten Gegenstandes verhindert. Zum anderen profitiert auch der Vorbehaltskäufer von einer erfolgreichen Intervention, da ihm dann Besitz und Nutzung der Sache wieder eingeräumt werden. Bedenkt man zudem, dass die Pfändung 372 vom Vorbehaltskäufer ausgelöst worden ist, ist es nicht unverhältnismäßig benachteiligend, wenn der AGB-Verwender sich für die **entstandenen Kosten der Rechtsverfolgung** beim Vertragspartner schadlos halten will. Voraussetzung an die Zulässigkeit einer solchen AGB-rechtlichen Regelung ist jedoch, dass die Drittwiderspruchsklage berechtigterweise erhoben wurde und die Kosten nicht bei dem Beklagten beigetrieben werden können.[420]

N. Haftungsausschluss und -begrenzung

I. Mustertext

Klauselmuster

373 **11. Haftungsausschluss/-begrenzung**

11.1 Wir haften vorbehaltlich nachstehender Ausnahmen nicht, insbesondere nicht für Ansprüche des Kunden auf Schadensersatz oder Aufwendungsersatz – gleich aus welchem Rechtsgrund – bei Verletzung von Pflichten aus dem Schuldverhältnis.

11.2 Vorstehender Haftungsausschluss gemäß Ziff. 11.1 gilt nicht, soweit gesetzlich zwingend gehaftet wird, sowie:
- für eigene vorsätzliche oder grob fahrlässige Pflichtverletzung und vorsätzliche oder grob fahrlässige Pflichtverletzung von gesetzlichen Vertretern oder Erfüllungsgehilfen;
- für die Verletzung von wesentlichen Vertragspflichten; „wesentliche Vertragspflichten" sind solche Verpflichtungen, die vertragswesentliche Rechtspositionen des Kunden schützen, die ihm der Vertrag nach seinem Inhalt und Zweck gerade zu gewähren hat; wesentlich sind ferner solche Vertragspflichten, deren Erfüllung die ordnungsgemäße Durchführung des Vertrages überhaupt erst ermöglicht und auf deren Einhaltung der Kunde regelmäßig vertraut hat und vertrauen darf;
- im Falle der Verletzung von Leib, Leben und Gesundheit, auch durch gesetzliche Vertreter oder Erfüllungsgehilfen;
- im Falle des Verzuges, soweit ein fixer Liefer- und/oder fixer Leistungszeitpunkt vereinbart war;
- soweit wir die Garantie für die Beschaffenheit unserer Ware oder das Vorhandensein eines Leistungserfolges, oder ein Beschaffungsrisiko im Sinne von § 276 BGB übernommen haben;
- bei einer Haftung nach dem Produkthaftungsgesetz oder anderen gesetzlich zwingenden Haftungstatbeständen.

11.3 Im Falle, dass uns oder unseren Erfüllungsgehilfen nur leichte Fahrlässigkeit zur Last fällt und kein Fall vorstehender Ziff. 11.2, dort 4, 5 und 6 Spiegelstrich vorliegt, haften wir auch bei der Verletzung wesentlicher Vertragspflichten nur für den vertragstypischen und vorhersehbaren Schaden.

11.4 Unsere Haftung ist der Höhe nach für jeden einzelnen Schadensfall begrenzt auf eine Haftungshöchstsumme in Höhe von EUR [...]. Dies gilt nicht, wenn uns Arglist, Vorsatz oder grobe

---

420 BGH, NJW 1993, 657.

Fahrlässigkeit zur Last fällt, für Ansprüche wegen der Verletzung von Leib, Leben oder Gesundheit sowie im Falle einer Forderung, die auf einer deliktischen Handlung oder einer ausdrücklich übernommenen Garantie oder der Übernahme eines Beschaffungsrisikos nach § 276 BGB beruht oder in Fällen gesetzlich zwingend abweichender höherer Haftungssummen. Eine weitergehende Haftung ist ausgeschlossen.

11.5 Die Haftungsausschlüsse bzw. -beschränkungen gemäß der vorstehenden Ziff. 11.1 bis 11.4 und Ziff. 11.6 gelten im gleichen Umfang zu Gunsten unserer Organe, unserer leitenden und nichtleitenden Angestellten und sonstigen Erfüllungsgehilfen sowie unseren Subunternehmern.

11.6 Ansprüche des Kunden auf Schadensersatz aus diesem Vertragsverhältnis können nur innerhalb einer Ausschlussfrist von einem Jahr ab dem gesetzlichen Verjährungsbeginn geltend gemacht werden. Dies gilt nicht, wenn uns Vorsatz oder grobe Fahrlässigkeit zur Last fällt, für Ansprüche wegen der Verletzung von Leib, Leben oder Gesundheit, sowie im Falle einer Forderung, die auf einer deliktischen Handlung oder einer ausdrücklich übernommenen Garantie oder der Übernahme eines Beschaffungsrisikos nach § 276 BGB beruht, oder im Falle, dass gesetzlich zwingend eine längere Verjährungsfrist gilt.

[Etwaig Regelung zur nicht gegebenen Beweislastumkehr ergänzen]

II. Erläuterungen

1. Grundsätzliches

Das Thema Haftungsausschluss und/oder Haftungsbegrenzung gehört schon nach 374 den geltenden Compliance-Grundsätzen für jedes Unternehmen zu den elementaren Aufgaben. Dies nicht erst, seitdem die Rechtsprechung Tendenzen entwickelt hat, die Geschäftsleitung von Unternehmen für solche Geschäfte, die für das Unternehmen existenzbedrohend sind, einer persönlichen Haftung zu unterwerfen. Insbesondere davon betroffen sind seit der Schuldrechtsreform im Jahre 2002 die Verwender von Produkten, die nach der gesetzlichen Regelung des § 280 BGB – anders als vormals – ohne zusätzliche Vereinbarung in Form einer Garantie oder Zusicherung von Eigenschaften bei Vorsatz und Verschulden auf Schadensersatz haften. Demgemäß ist die Sorge vieler Unternehmen begründet, sich dem strengen Haftungssystem des BGB ausgesetzt zu sehen, bei dem die Lieferung einer mangelhaften Ware bereits eine Haftung auf Schadensersatz bei einfacher Fahrlässigkeit der Höhe nach unbeschränkt immanent ist und die auch mittelbare Schäden, d.h. auch Produktions- und Stillstandsschäden sowie entgangenen Gewinn, oder weitergeleitete Vertragsstrafen umfasst. Die in diesem Abschnitt vorgeschlagene Haftungsausschluss- und Haftungsbegrenzungsklausel dürfte sich dabei unter Berücksichtigung der aktuellen AGB-Rechtsprechung – mit allen sich daraus ableitenden Wertungsgefahren für die Wirksamkeit einer AGB-Klausel – am Rande dessen bewegen, was AGB-rechtlich zulässig ist.

Es darf allerdings nicht die Frage ungestellt bleiben, ob derartige, lange Zeit 375 etablierte Haftungsausschluss- und Haftungsbegrenzungslösungen – zumindest alleine – geeignet sind, den anzustrebenden Zweck einer angemessenen Enthaftung und/oder einer angemessenen Schadensbegrenzung zu erreichen. Dies deshalb, weil derartig etablierte Haftungsausschluss- und Haftungsbegrenzungsthemen in ein Gesamtgefüge einzuordnen sind, bei dem Unternehmen im Rahmen von Produkt- und Leistungsbeschreibungen mehr versprechen, als sie halten können und versuchen, diesen Überschuss angeblich vorhandener Vorteile des Produktes durch Haftungsausschluss- und Haftungsbegrenzungsklauseln wieder einzufangen. Vor dem Hintergrund der besonders restriktiven Rechtsprechung des BGH zu Haftungsausschluss- und Haftungsbegrenzungsklauseln kann dies allerdings nur noch sehr begrenzt gelingen.

376 Es ist daher zu empfehlen, den vorbeschriebenen reaktiven Weg des Haftungsausschlusses und der Haftungsbeschränkung – jedenfalls für sich gesehen isoliert – zu verlassen und eine Haftungsbeschränkung mit einer zutreffenden und einhaltbaren Leistungsbeschreibung in transparenter Form zu suchen.

2. Enthaftung

377 Ob man im Rahmen einer etablierten Haftungsausschluss- und Haftungsbegrenzungsklausel diese zunächst formulierungstechnisch beginnen lässt mit einem Hinweis auf die bestehenden Haftungstatbestände oder – wie in vorstehendem Beispiel – mit dem Hinweis auf die Nichthaftung und die davon gegebenen Ausnahmen, bleibt redaktionelle Geschmackssache, soweit die jeweils gewählte Lösung dem AGB-rechtlichen Transparenzgebot des § 307 Abs. 1 Satz 2 BGB Genüge tut.

378 In den Muster-AGB findet in Ziff. 11.3 im Falle der **leichten Fahrlässigkeit** auch bei der Verletzung wesentlicher Vertragspflichten eine Haftungsbeschränkung auf den vertragstypischen und vorhersehbaren Schaden statt. Entgegen einem vorausgehenden Streit kann diese Regelung als in zulässiger Weise geklärt gelten, nachdem der BGH auch für den unternehmerischen Verkehr entschieden hat, dass eine Haftungsbeschränkung auf vorhersehbare und vertragstypische Schäden in diesen Fällen mit § 307 BGB vereinbar und hinreichend transparent ist.[421]

379 Die Musterklausel sieht bewusst **keinen Ausschluss mittelbarer Schäden** vor. Die derartige in vielen Allgemeinen Verkaufs- und Lieferbedingungen im B2B-Verkehr auftretende Klausel, die bestimmte Schadensarten und mittelbare Schäden in Form von entgangenem Gewinn, weitergeleiteten Vertragsstrafen, Produktionsausfallschäden oder ähnliches ausschließen, scheitert nach der Rechtsprechung des BGH als unzulässige Benachteiligung des Vertragspartners nach § 307 BGB.[422] Als Grund führt der BGH an, dass der nach §§ 249 ff. BGB zu ersetzende vertragstypische

421 BGH, NJW 2013, 291.
422 BGH, NJW 2005, 424.

und vorhersehbare Schaden als Kern des Vertragsgefüges auch mittelbare Schäden umfasst.[423]

Die Musterklausel sieht in Ziff. 11.4 eine Haftungsbeschränkung der Höhe nach vor. Eine derartige **Haftungshöchstsummenbegrenzung** ist im wirtschaftlichen B2B-Verkehr weitgehend geläufig und jahrzehntelang erprobt. Insoweit besteht grundsätzlich im Bereich fahrlässiger Pflichtverletzung – wohl auch von wesentlichen Vertragspflichten – nicht nur individualvertraglich, sondern auch AGB-rechtlich die Regelungsmöglichkeit, die Haftung der Höhe nach zu beschränken. Allerdings hat die Rechtsprechung des BGH insoweit bisher ausdrücklich offen gelassen, inwieweit eine Haftungsbegrenzung für grobe Fahrlässigkeit zulässig ist.[424] 380

Der in der Musterklausel gem. Ziff. 11.4 einzusetzende **Haftungshöchstbetrag** hat dabei zu reflektieren, dass nach der Rechtsprechung des BGH die verbleibende Schadenshaftung mindestens den **vertragstypisch vorhersehbaren Durchschnittsschaden** umfassen muss.[425] Insoweit haben die höchstrichterliche Rechtsprechung des BGH und die Obergerichte mehrfach deutlich gemacht, dass eine Enthaftungsrelation zum „Auftragswert“ (ein Begriff, der in sich selbst schon am AGB-rechtlichen Transparenzgebot nach § 307 Abs. 1 Satz 2 BGB scheitern dürfte) oder zur geschuldeten Netto-Vergütung oder eines Vielfachen hiervon an § 307 BGB scheitert.[426] Die Begründung ist darin zu finden, dass die vorgenannte Relation typischerweise nicht dem vertragstypischen Durchschnittsschaden entspricht und auch mit dem AGB-rechtlichen Transparenzgebot kollidiert, da die Hinweise auf die Ersatzpflicht von Folgeschäden unterbleiben. Zudem wird in der Begrenzung auf die Netto-Vergütung oder ein Vielfaches hiervon oft der Fall gegeben sein, in dem ohne Klarstellung ein Verstoß gegen § 309 Nr. 7 lit. b) BGB, der auch im B2B-Verkehr Indizwirkung entfaltet, vorliegt, da der Schaden auch bei grober Fahrlässigkeit bzw. bei vorsätzlichem Pflichtverstoß nicht in voller Höhe ersetzt wird.[427] 381

Wie bei jeder Enthaftungsklausel müssen darüber hinaus die maßgeblichen Fälle, in denen eine derartige Regelung eine unzulässige Benachteiligung des Vertragspartners darstellt, d.h. die Fälle arglistigen, vorsätzlichen und grob fahrlässigen Handelns, der Übernahme einer Garantie oder eines Beschaffungsrisikos, der Fall der Körperschäden sowie **gesetzlich zwingende Haftungstatbestände**, von der Enthaftung ausgenommen werden. 382

Wegen der damit einhergehenden Gestaltungsprobleme aus AGB-rechtlicher Sicht, verzichtet die Musterklausel bewusst darauf, eine Relation zum Deckungsum- 383

---

423 Zu Handlungsmöglichkeiten im Hinblick auf die AGB-rechtliche Regelungsunzulässigkeit siehe Schmitt/*Schmitt* Gestaltung von Wirtschaftsverträgen, Kap. 8 Rn. 22.

424 BGH, NJW 2007, 1374.

425 BGH, NJW 1998, 1644.

426 BGH, NJW-RR 1989, 955; OLG Köln, JurionRS 2012, 20850; BGH, NJW 2013, 2502.

427 OLG Köln, BeckRS 2002, 18158.

fang der Betriebshaftpflichtversicherung des Verwenderunternehmens vorzunehmen, obwohl derartige Klauseln im B2B-Verkehr weit verbreitet sind.[428]

384 Sinnvoll kann es auch sein, die Wirkung der vorgesehenen Haftungsausschluss- und Haftungsbegrenzungsklauseln nicht nur auf das Unternehmen selbst, sondern – **im Sinne eines Vertrages zugunsten Dritter** – auch auf dessen Organe und die leistungsverpflichteten Subunternehmer zu erstrecken, wie dies in Ziff. 11.5 der Muster-AGB geschehen ist.

385 Grundsätzlich sinnvoll kann es auch sein, eine an sich AGB-rechtlich zulässige Beschränkung der Verjährungsfrist für Schadensersatz- und Aufwendungsersatzansprüche wegen Pflichtverletzung i.S.v. Ziff. 11.6 der Muster-AGB vorzunehmen. Hierbei ist allerdings darauf zu achten, dass entgegen landläufig im B2B-Verkehr verwandten Klauseln sämtliche vorbezeichnete Rückausnahmen vorgesehen werden und die Klausel nicht auf deliktische Pflichtverletzungen zu erstrecken, da sie ansonsten an § 307 BGB scheitert.

386 Ergänzend zu der vorgesehenen Musterklausel kann es darüber hinaus auch sinnvoll sein, eine Klarstellung aufzunehmen, dass mit der vorgesehenen Haftungsausschluss- und Haftungsbegrenzungsklausel eine **Beweislastumkehr** nicht verbunden sein soll. Dies deshalb, da wertungsmäßig jede Haftungsausschluss- und Haftungsbegrenzungsklausel grundsätzlich auch verwenderfeindlich dahingehend ausgelegt werden kann, dass sie eine Regelung enthält, die Beweislast werde insoweit umgekehrt, dass der Anspruchsteller nicht wie der Leistungsschuldner die Enthaftung, sondern die rückausgehandelte Enthaftung zu beweisen hat. Da der **BGH** AGB-rechtlich weitgehend einer Beweislastumkehr über § 307 BGB die **Gefolgschaft verweigert**, macht also eine derartige Klausel Sinn.

3. Zwingend vorzusehende Ausnahmen von der Enthaftung

387 Der BGH ist auf Basis der von ihm in der sog. Gleichschritt-Entscheidung[429] vertretenen Auffassung, Unternehmer und Verbraucher seien grundsätzlich gleich schutzwürdig, eine Indizwirkung der Verbraucherregelung des § 309 Nr. 7 BGB dahingehend zu entnehmen, dass die dort geregelten Tatbestände regelmäßig ein Indiz für eine unzulässige Benachteiligung des Vertragspartners nach § 307 BGB darstellen, soweit nicht wegen besonderer Interessen und Bedürfnisse im B2B-Verkehr derartige Regelungen ausnahmsweise als angemessen anzusehen sind.[430]

---

428 Siehe zu den Problemen einer derartigen Gestaltung Schmitt/*Schmitt* Gestaltung von Wirtschaftsverträgen, Kap. 8 Rn. 25 ff.

429 BGH, NJW 2007, 3774.

430 BGH, a.a.O.

Demgemäß legt der BGH dem Klauselverbot des § 309 Nr. 7 lit. b) BGB im unternehmerischen Geschäftsverkehr ebenfalls grundlegende Bedeutung dahingehend bei, dass nach seiner Auffassung ein **vollständiger Ausschluss der Haftung für Vorsatz und grobe Fahrlässigkeit** auch im B2B-Verkehr **unzulässig** ist.[431] Vor diesem Hintergrund wurde die Enthaftung für vorsätzliche und grob fahrlässige Pflichtverletzung des Unternehmens, seiner gesetzlichen Vertreter oder Erfüllungsgehilfen in Ziff. 11.2 erster Spiegelstrich ausgenommen. 388

Die Haftungsausschlussklausel im B2B-Verkehr hat darüber hinaus die Wertung der höchstrichterlichen Rechtsprechung zu berücksichtigen, dass es eine unangemessene Benachteiligung des Vertragspartners nach § 307 BGB darstellt, wenn der Verwender der Vertragsklauseln seine Haftung für die schuldhafte **Verletzung wesentlicher Vertragspflichten (sog. Kardinalpflichten)** entweder ausschließt oder zumindest dergestalt beschränkt, dass dadurch die Erreichung des Vertragszwecks gefährdet wird.[432] Mit einer Entscheidung aus dem Jahre 2005[433] hat der BGH darüber hinaus bei Haftungsausschlussklauseln bisherige Standardklauseln, die eine Ausnahme der Enthaftung bei leichter Fahrlässigkeit für die Verletzung von sog. Kardinalpflichten oder wesentlichen Vertragspflichten vorsahen, diese jedoch nicht näher definiert haben, eine Absage erteilt. Dies gilt sowohl für Klauseln, die auf den Begriff der Kardinalpflichten als auch der wesentlichen Vertragspflichten aufsetzen, die in der Rechtsprechung als Synonym verwendet werden.[434] 389

Aus den vorgenannten Gründen wurde in der Musterklausel der Ziff. 11.2 zweiter Spiegelstrich im Rahmen der Enthaftung für leichte Fahrlässigkeit eine Ausnahme für die Verletzung „wesentlicher Vertragspflichten" definiert. Dabei reicht die abstrakte Erläuterung des Begriffs „Kardinalpflichten" oder „wesentliche Vertragspflichten" aus.[435] Insoweit sieht der BGH als „Kardinalpflichten" oder „wesentliche Vertragspflichten" solche Vertragspflichten an, deren Erfüllung die ordnungsgemäße Vertragsdurchführung erst ermöglicht und auf deren Einhaltung der Kunde vertraut und auch vertrauen darf.[436] 390

Die in Ziff. 11.2 dritter Spiegelstrich vorgesehene Rückausnahme für die **Verletzung sog. Körperschäden** (Verletzung von Leib, Leben und Gesundheit) basiert darauf, dass der BGH den umfassenden Haftungsausschluss für Körperschäden nach § 309 Nr. 7 lit. a) BGB auch im B2B-Verkehr wegen unangemessener Benachtei- 391

431 BGH, a.a.O.
432 BGH, NJW-RR 2000, 1496.
433 BGH, NJW-RR 2005, 1496.
434 Siehe auch Schmitt/*Schmitt* Gestaltung von Wirtschaftsverträgen, Kap. 8 Rn. 14 ff. m.w.N.
435 OLG Celle, MDR 2000, 371.
436 BGH, NJW 2013, 291.

ligung des Vertragspartners des Klauselverwenders im Sinne des § 307 Abs. 1, Abs. 2 Nr. 2 BGB für unwirksam hält.[437]

392 Die Musterklausel nimmt in Ziff. 11.2 vierter Spiegelstrich den **Verzugsfall bei Vereinbarung eines fixen Liefertermins** aus. Dies aufgrund des wertenden Gedankens, dass derjenige, der ein festes Leistungsversprechen für einen bestimmten Zeitpunkt abgibt, wie bei der Übernahme eines Beschaffungsrisikos nach § 276 BGB (siehe hierzu nachstehend Rn. 393), das Versprechen der Leistung nicht durch einen Haftungsausschluss entwerten kann, vielmehr eine solche Regelung eine unzulässige Benachteiligung des Vertragspartners im Sinne von § 307 BGB darstellen muss.

393 Bei der Formulierung der Haftungsausschluss- und Haftungsbegrenzungsklauseln ist zudem zu beachten, dass seit der Neufassung des § 276 BGB im Rahmen der Schuldrechtsreform (2002) – soweit sich aus dem Schuldverhältnis nicht etwas anderes ergibt – der Schuldner neben der etablierten Verantwortlichkeit für Vorsatz und Fahrlässigkeit verschuldensunabhängig für eine übernommene **Garantie** oder ein übernommenes **Beschaffungsrisiko** einzustehen hat. Dabei hat der Gesetzgeber im Rahmen der Neufassung des § 276 BGB das Beschaffungsrisiko einer verschuldensunabhängigen Garantiehaftung gleichgestellt. In beiden Fällen haftet der Schuldner auch für Zufall. Es stellt eine unangemessene Benachteiligung des Vertragspartners nach § 307 BGB im Rahmen derartiger Haftungsausschluss- und Haftungsbegrenzungsklauseln dar, wenn der Klauselverwender diese uneingeschränkte Einstandspflicht abschwächt.[438]

394 Da es stets eine unzulässige Benachteiligung des Klauselverwenders darstellt, den Versuch zu unternehmen, gesetzlich zwingende Haftungstatbestände durch vertragliche Regelungen zu umgehen, müssen gemäß der Regelung in Ziff. 11.2 letzter Spiegelstrich diese **gesetzlich zwingenden Haftungstatbestände** ausgenommen werden. Zwar zwingt grundsätzlich das AGB-rechtliche Transparenzgebot, AGB-Klauseln so klar und bestimmt zu formulieren, dass auch der Rechtsunkundige die Risiken und Tragweite der Klauseln erkennen kann und damit an sich dazu, sämtliche gesetzlich zwingende Haftungstatbestände hier aufzuführen. Allerdings hat der BGH bereits zutreffend entschieden, dass eine Transparenz nur im Rahmen des Möglichen verpflichtend herzustellen ist.[439] Da die Aufnahme sämtlicher Haftungstatbestände gesetzlich zwingender Art wegen ihrer großen Anzahl selber die Intransparenz herbeiführen würde, muss ein Verweis im Sinne der **Musterklausel** ausreichend sein. Es sollte jedoch der Fehler vermieden werden, lediglich auf das Produkthaftungsgesetz zu verweisen.

---

437 BGH, NJW 2007, 374, 375.

438 Siehe zum Handling des Beschaffungsrisikos auch Schmitt/*Schmitt* Gestaltung von Wirtschaftsverträgen, Kap. 8 Rn. 10 ff.

439 BGH, WM 2004, 663.

O. Erfüllungsort

I. Mustertext

Klauselmuster

12. Erfüllungsort/Gerichtsstand/Anwendbares Recht 395

12.1 Erfüllungsort für alle vertraglichen Verpflichtungen ist mit Ausnahme des Falles der Übernahme einer Bringschuld oder anderweitiger Vereinbarung der Sitz unserer Gesellschaft.

[...]

II. Erläuterungen

Wie schon aus dem Begriff hervorgeht, ist der Erfüllungsort (auch Leistungsort) der 396
Ort, an dem der jeweilige Schuldner seine Leistung erbringen, also vornehmen muss. Davon zu unterscheiden ist der Erfolgsort, an dem der Leistungserfolg eintritt. Zwar können diese Orte zusammenfallen (z.B. bei der Hol- und Bringschuld),[440] sie müssen es jedoch nicht. Abgesehen davon, wo die Leistung richtigerweise und vertragsgemäß vorzunehmen ist, hat der Erfüllungsort Bedeutung für den Schuldner- und Annahmeverzug, die Konkretisierung von Gattungsschulden, die Frage des Gefahrübergangs sowie das Zurückbehaltungsrecht des anderen Vertragsteils. Dementsprechend sollte ein dem AGB-Verwender günstiger Erfüllungsort gewählt werden.

Zusätzlich kann bei Bedarf auch eine gesonderte Regelung zum sog. Nacherfül- 397
lungsort getroffen werden; die insbesondere bei internationalen Verträgen ratsam ist. Eine solche Regelung kann den Streit über die Übernahme von Transport- und Lieferkosten im Rahmen der Nacherfüllung vermeiden.

1. Gesetzliche Regelung

Nach § 269 Abs. 1 BGB kommt es zur Bestimmung des Erfüllungsortes zunächst auf 398
eine etwaige Parteivereinbarung an. Fehlt eine solche, so ist der Erfüllungsort nach den Umständen des Einzelfalles, insbesondere nach der **Natur des Schuldverhältnisses** zu bestimmen. Zu den wesentlichen Umständen gehört dabei die Verkehrssitte sowie bei Geschäften im B2B-Verkehr der Handelsbrauch (§ 346 HGB). Gerade bei gegenseitigen Verträgen wie dem Kaufvertrag können die Erfüllungsorte für die synallagmatischen Leistungen auseinanderfallen (z.B. bei Holschuld: Erfüllungsort am Sitz des Verkäufers; bei Geldschuld: Erfüllungsort am Sitz des Kunden). Dass die

---

440 Vgl. ausführlich zu den verschiedenen Schuldformen Rn. 174 ff.

beiderseitigen Leistungen Zug um Zug zu erbringen sind, begründet mithin keinen gemeinsamen Leistungsort; vielmehr ist der Leistungsort für jede Verpflichtung gesondert zu bestimmen.[441] Hinsichtlich der Anerkennung eines gemeinsamen Erfüllungsortes bei Kaufverträgen und anderen gegenseitigen Verträgen hat sich mittlerweile eine Reihe von Einzelfalljudikaturen entwickelt.[442]

399 Kommt eine Anknüpfung an die Natur des Schuldverhältnisses nicht in Betracht, so liegt im Zweifel der Erfüllungsort am Wohnsitz bzw. **Sitz der gewerblichen Niederlassung** (§ 269 Abs. 2 BGB) des Schuldners. Als Besonderheit wird die Geldschuld auch heute noch als sog. qualifizierte Schickschuld bezeichnet. Nach §§ 270 Abs. 1, 2 BGB muss der Schuldner, hier der Kunde, das Geld auf seine Gefahr und Kosten an den Klauselverwender als Gläubiger übermitteln.

2. Regelung in AGB

400 Von den gesetzlichen Regelungen kann angemessen abgewichen werden. Die Festlegung eines Erfüllungsortes (vgl. Ziff. 12.1 der Muster-AGB) bietet sich an, damit – insbesondere bei wechselseitigen Leistungen – im Zweifel kein Streit darüber entsteht, wo die vertraglichen Pflichten zu erfüllen sind.

401 Die Zulässigkeit einer Erfüllungsortvereinbarung ergibt sich schon aus dem Gesetz (§ 269 Abs. 1.BGB). Sie ist zweckmäßig, um bei gegenseitigen Verträgen Auslegungsschwierigkeiten zu vermeiden und Klarheit hinsichtlich eines bestimmten Erfüllungsortes zu schaffen, auf den sich die Vertragsparteien von Anfang an einstellen können.

402 Eine Erfüllungsortvereinbarung treffen die Parteien, indem sie ausdrücklich oder stillschweigend einen Leistungsort bestimmen. Es muss sich um eine vertragliche Einigung handeln; einseitige Erklärungen nach Vertragsschluss sind regelmäßig unbeachtlich.[443] Dies gilt selbst bei einer ständigen Geschäftsverbindung unter Kaufleuten. Im B2B-Verkehr kann allerdings die Festlegung eines Erfüllungsortes in einem kaufmännischen Bestätigungsschreiben ausreichend sein.[444] Darüber hinaus können im B2B-Verkehr Handelsklauseln sowie insbesondere die **Incoterms** eine Rolle im Rahmen der Vereinbarung des Erfüllungsortes spielen. Die **Bestimmung** muss schließlich **eindeutig** sein und darf nicht von der künftigen Entwicklung des Vertragsverhältnisses oder sonstigen Umständen abhängen.[445] Ein Klausel, in der der Erfüllungsort geregelt wird, ist nicht als überraschend i.S.v. § 305c Abs. 1 BGB zu

---

441 U.a. BGH, NJW 1995, 1546; BGH, NJW 2012, 860.

442 Vgl. Palandt/*Grüneberg* BGB, § 269 Rn. 14 f.

443 MüKo/*Krüger* BGB, § 269 Rn. 15 unter Verweis auf RGZ 52, 133.

444 RGZ 57, 408.

445 Dauner-Lieb/Langen/*Schwab*, BGB/Schuldrecht, § 269 Rn. 9.

werten und hält jedenfalls im B2B-Verkehr der Inhaltskontrolle nach §§ 307 ff. BGB stand.[446]

Mit der Musterklausel Ziff. 12.1 wird eine Regelung getroffen, mit der im Regelfall der Sitz der Gesellschaft des Klauselverwenders als Erfüllungsort benannt wird. Zur Wahrung des Transparenzgebotes wird ausdrücklich festgehalten, dass der Erfüllungsort gerade nicht in jedem Fall der Sitz der Gesellschaft ist, sondern nur dann, wenn keine Bringschuld oder anderweitige Abrede getroffen wurde. Auch hier gilt der **Vorrang der Individualabrede** gem. § 305b BGB. Eine Leistungsortbestimmung in AGB, die der Natur des Schuldverhältnisses zu wider läuft, soll nach § 307 Abs. 2 BGB unzulässig sein.[447] **403**

Die Musterklausel Ziff. 12.1 ergänzt damit die Regelung in Ziff. 7.1 der Muster-AGB. Nach der dort festgelegten EXW-Klausel der Incoterms[448] muss der Klauselverwender die Ware auf seinem Betriebsgelände oder einem sonstigen vereinbarten Abholort zur Abholung durch den Kunden bereitstellen, womit dann auch der Gefahrübergang erfolgt. **404**

3. Prozessuale Auswirkungen

Über die Bestimmung des Leistungsortes hinaus kann die Erfüllungsortvereinbarung eine Gerichtsstandswirkung entfalten, wenn die Vertragsparteien – wie hier im B2B-Bereich – Kaufleute sind (vgl. § 29 Abs. 2 ZPO, Art .7 lit. b) EuGVVO). Das bedeutet, eine zivilprozessuale Klage kann an dem besonderen Gerichtsstand des vereinbarten Erfüllungsortes erhoben werden. Dies entspricht der in der Musterklausel Ziff. 12.2 getroffenen Regelung, wonach der Gerichtsstand für sämtliche Streitigkeiten der Gesellschaftssitz des AGB-Verwenders ist.[449] **405**

P. Gerichtsstand und anwendbares Recht

I. Mustertext

Klauselmuster

12. Erfüllungsort/Gerichtsstand/Anwendbares Recht **406**

12.1 [...]

12.2 Ausschließlicher Gerichtsstand für alle Streitigkeiten ist – soweit der Kunde Kaufmann im Sinne des Handelsgesetzbuches ist – der Sitz unserer Gesellschaft. Diese Zuständigkeitsregelung der Sätze 1 und 2 gilt klarstellungshalber auch für solche Sachverhalte zwischen uns und dem

---

446 OLG Hamm, NJOZ 2015, 1369.

447 MüKo/*Krüger* BGB, § 269 Rn. 13.

448 Für weitere Ausführungen zu den Incoterms siehe Rn. 464 ff.

449 Ausführlich zum Gerichtsstand siehe Rn. 407 ff.

Kunden, die zu außervertraglichen Ansprüchen im Sinne der VO (EG) Nr. 864/2007 führen können. Wir sind jedoch auch berechtigt, den Kunden an seinem allgemeinen Gerichtsstand zu verklagen.

12.3 Für alle Rechtsbeziehungen zwischen dem Kunden und uns gilt ausschließlich das Recht der Bundesrepublik Deutschland, insbesondere unter Ausschluss des UN-Kaufrechtes (CISG). Es wird ausdrücklich klargestellt, dass diese Rechtswahl auch als eine solche im Sinne von Art. 14 Abs. 1 lit. b) VO (EG) Nr. 864/2007 zu verstehen ist und somit auch für außervertragliche Ansprüche im Sinne dieser Verordnung gelten soll. Ist im Einzelfall zwingend ausländisches Recht anzuwenden, sind unsere AGB so auszulegen, dass der mit ihnen verfolgte wirtschaftliche Zweck weitest möglich gewahrt wird.

II. Erläuterungen

1. Gerichtsstand

407 Die Vereinbarung eines einheitlichen Gerichtsstandes bietet beiden Parteien erhebliche Vorteile. Zum einen kann z.B. bei Sachverhalten mit internationalem Bezug eine ausländische Prozesssprache und vor allem ein Auseinanderfallen von Gerichtsstand und anwendbarem Recht vermieden werden. Zum anderen kann der Klauselverwender bei entsprechender Kenntnis solche Gerichte auswählen, die in der Vergangenheit besonders günstig geurteilt haben, z.B. arbeitnehmer- oder eben arbeitgeberfreundlich.

a) Gesetzeslage

408 Sofern die Parteien im Vertrag keine – oder eine unwirksame – Regelung darüber getroffen haben, welches Gericht im Falle von Streitigkeiten zuständig sein soll, gelten bei reinen Inlandsfällen die Regelungen der Zivilprozessordnung (ZPO) und bei grenzüberschreitenden Verträgen die Regelungen der „Verordnung über die gerichtliche Zuständigkeit und die Anerkennung und Vollstreckung von Entscheidungen in Zivil- und Handelssachen“, kurz EuGVVO.

409 Nach beiden Regelungen ist der „Normalfall“, der **sog. allgemeine Gerichtsstand** am **Wohnsitz/Sitz des Beklagten**.

410 Daneben gibt es eine Fülle von besonderen Gerichtsständen, die dazu führen, dass neben dem Sitz des Beklagten auch an anderen (z.B. heimischen/inländischen) Gerichten geklagt werden kann.

411 Bei Ansprüchen aus einem Vertrag kommt regelmäßig ergänzend der Gerichtsstand des Erfüllungsortes (§ 29 ZPO), bei einer deliktischen Handlung der Ort des schädigenden Ereignisses (§ 32 ZPO) oder bei Streitigkeiten mit einer Niederlassung der Ort der Niederlassung (§ 21 ZPO) in Betracht.

412 Was die Zuordnung bei Streitigkeiten aus und im Zusammenhang mit Handelsvertreterverträgen angeht, sind sich BGH und EuGH zwischenzeitlich einig: Beide ordnen Vertriebsverträge, also auch Handelsvertreterverträge, als Dienstleistungs-

verträge ein, bei welchen maßgeblich für den Gerichtsstand der Ort der Dienstleistung ist, beim Handelsvertretervertrag also der Tätigkeitsbereich des Handelsvertreters (Vertriebsgebiet).

Vergleichbare Sonderanknüpfungstatbestände finden sich auch in der EuGV-VO. Der Regelfall ist aber immer noch die Klage am Sitz/Wohnsitz des Beklagten, was insbesondere dann zu Problemen führt, wenn bei internationalen Verträgen das anwendbare Recht (z.B. laut AGB) nicht mit dem Gerichtsstand korrespondiert. 413

b) Gerichtsstandsklausel

Eine Gerichtsstandsvereinbarung (vgl. Musterklausel Ziff. 12.2) ist, im grenzüber- 414
schreitenden Rechtsverkehr, ohne weiteres zulässig, sofern mindestens eine der Parteien ihren Wohnsitz im Hoheitsgebiet eines Mitgliedsstaates hat. Anders als in den reinen Inlandsfällen, in welchen gemäß § 38 ZPO eine Vereinbarung über den Gerichtsstand den **Kaufleuten** vorbehalten ist, trifft Art. 23 EuGVVO keine entsprechende Differenzierung.

Zulässig sind sowohl die **Zuweisung an bestimmte Gerichte**, was der Regelfall 415
ist, als auch der **Ausschluss bestimmter Gerichte**.

Eine Gerichtsstandsvereinbarung kann gemäß Art. 23 schriftlich oder mündlich 416
mit schriftlicher Bestätigung geschlossen werden. Auch eine Vereinbarung im Rahmen von AGB ist ohne weiteres zulässig.

Es sollte allerdings darauf geachtet werden, dass die in AGB enthaltene Ge- 417
richtsstandsklausel bei grenzüberschreitenden Verträgen im Individual-Vertragstext, soweit vorhanden, **ausdrücklich in Bezug genommen** wird und die AGB dem ausländischen Vertragspartner bei Vertragsschluss körperlich vorliegen, da es anderenfalls an einer wirksamen Einbeziehung fehlen kann.

2. Rechtswahl/Anwendbares Recht

Insbesondere bei Abschluss internationaler Verträge ist zudem darauf zu achten, 418
dass der Vertrag bzw. die AGB auch eine Rechtswahlklausel enthalten.

Um Risiken in Bezug auf die Einbeziehung einer solchen Klausel zu vermeiden, 419
ist es ebenfalls erforderlich, im Individualteil des Vertrages (Angebot, Rahmenvertrag etc.) darauf **hinzuweisen**, dass die einbezogenen AGB eine Rechtswahl- und Gerichtsstandsklausel enthalten. Auch sollte immer eine Aussage zu beidem (Rechtswahl und Gerichtsstand) getroffen werden, da die Klauseln einander nicht ersetzen und ein Gerichtsstand Deutschland im Grundsatz noch nichts darüber sagt, ob auch deutsches Recht anwendbar sein soll. Der **Gerichtsstand** kann – wenn überhaupt – **nur Indiz einer Rechtswahl** sein.

Wird eine solche Klausel nicht aufgenommen, kann es im Ernstfall dazu kom- 420
men, dass sich der Vertrag (unerkannt) nach dem Rechtsstatut des Käufers richtet,

auch wenn gesetzlicher „Normalfall“ die Anwendbarkeit von Verkäufer-Recht ist. Besonders schwierig wird die Situation dann, wenn eine fehlende vertragliche Regelung zu einem Auseinanderfallen von Rechtswahl und Gerichtsstand führt.

421 Sofern keine oder eine unwirksame Rechtswahl getroffen wurde, bestimmt sich das auf ein vertragliches Schuldverhältnis anzuwendende Recht nach der sog. Rom I-Verordnung (nachfolgend Rom I-VO). Die Rom I-VO hat insoweit die gesetzlichen Regelungen des EGBGB abgelöst, das im Hinblick auf die Frage des anwendbaren Rechts durchaus ähnliche Kriterien enthielt.

422 Die in der Praxis wichtigsten Regelungen zur Frage des anwendbaren Rechts finden sich in Art. 4 Abs. 1 Rom I-VO, der Regelbeispiele enthält, die jedoch nur scheinbar eine Verbesserung darstellen.

423 Denn geregelt sind dort letztendlich ohnehin nur die einfach gelagerten bzw. eindeutigen Fälle (z.B. Kaufvertrag = Recht des Verkäufers).

424 Schon beim Beispiel eines einfachen Kooperationsvertrages mit verschiedenen wechselseitigen Leistungspflichten findet sich in Art. 4 Abs. 1 Rom I-VO kein passendes Regelbeispiel. Nach dem dann einschlägigen Art. 4 Abs. 2 Rom I-VO unterliegt der Vertrag dann dem Recht des Staates, in dem die Partei, welche „die für den Vertrag charakteristische Leistung“ zu erbringen hat, ihren gewöhnlichen Aufenthalt hat. Hilfreich ist dieser Auffangtatbestand in den genannten Fällen wohl kaum. Bei komplex gelagerten Vertragskonstruktionen verbleibt also regelmäßig eine Rechtsunsicherheit, sofern die Parteien keine Rechtswahl getroffen haben.

425 Es ist daher **zwingend** anzuraten, eine Rechtswahlklausel, vergleichbar der Musterklausel Ziff. 12.3 in den Vertrag bzw. die AGB aufzunehmen und die besonderen Einbeziehungserfordernisse (s.o.) bei AGB-Rechtswahlklauseln zu beachten.

Q. Schutzrechte

426 Schutzrechte bieten ihrem Inhaber die Möglichkeit, seine Produkt- oder Verfahrensidee für einen bestimmten Zeitraum ausschließlich allein zu verwerten. Sie stellen damit einen großen wirtschaftlichen Wert dar, weswegen sie im Geschäftsverkehr eine wichtige Rolle spielen. Insbesondere im Rahmen von Kauf- und Lieferverträgen ist darauf zu achten, dass keine Schutzrechte anderer Wettbewerber durch das Liefergut verletzt werden. Für den Fall, dass es trotzdem einmal zu einer Verletzung eines der unzähligen Schutzrechte kommt, sollte bereits durch AGB-Klauseln Vorsorge getroffen werden, um die Auswirkungen auf das vorliegende Vertragsverhältnis zu seinem Kunden in einem überschaubaren Rahmen zu halten. Darüber hinaus können Regelungen für die Nutzung der verkauften, von einem eigenen Schutzrecht des AGB-Verwenders erfassten Ware getroffen werden.

I. Gewerbliche Schutzrechte

Die gewerblichen Schutzrechte stellen einen Sammelbegriff für die **geistigen und gewerblichen Leistungen** dar, die sonderrechtsschutzfähig sind. Zu den gewerblichen Schutzrechten zählen insbesondere: 427

- **Patente**: durch das Patentgesetz (PatG) werden Erfindungen auf allen Gebieten der Technik geschützt, sofern sie neu sind, auf einer erfinderischen Tätigkeit beruhen und gewerblich anwendbar sind (z.B. Maschinen, Kunstdünger, Antiblockiersysteme);
- **Gebrauchsmuster** (sog. kleines Patent): durch das Gebrauchsmustergesetz (GebrMG) werden technische Erfindungen geschützt, die neu sind, auf einem erfinderischen Schritt beruhen und gewerblich anwendbar sind (z.B. Maschinen, Vorrichtungen, chemische Erzeugnisse);
- **eingetragenes Design**: durch das Designgesetz (DesignG; früher: Geschmacksmustergesetz) werden graphische Gestaltungen der äußeren Form von Mustern und Modellen geschützt, die neu sind und eine Eigenart haben (z.B. Einrichtungsgegenstände, Textilmuster);
- **Marke**: durch das Markengesetz (MarkenG) werden Kennzeichen geschützt, mit deren Hilfe Waren und Dienstleistungen mehrerer Wettbewerber unterscheidbar sind.

Neben dem gewerblichen Rechtsschutz werden vom Urheberrecht die individuell geistigen Leistungen geschützt, die sich in einem Werk der Literatur, Kunst, Wissenschaft oder Software wiederspiegeln. Zwar gehört das Urheberrecht nicht zum gewerblichen Rechtsschutz im engeren Sinne. Allen gemein ist allerdings der **Schutz eines unkörperlichen, immateriellen Gegenstandes.**[450] 428

II. Umfang und Reichweite von Schutzrechten

Gewerbliche Schutzrechte zeichnen sich durch die **Exklusivität der Rechtsposition** aus, wonach ausschließlich dem Inhaber die Nutzung und Verwertung an dem jeweiligen Schutzrecht zusteht.[451] Für alle gewerblichen Schutzrechte gilt das sog. **Territorialprinzip.**[452] Danach wirken die gewerblichen Schutzrechte grundsätzlich nur in dem Land, in dem sie angemeldet wurden. Schutzrechte können aber auch so angemeldet werden, dass sie praktisch europaweit oder sogar weltweit wirksam sind. Die Schutzdauer der gewerblichen Schutzrechte ist regelmäßig **zeitlich be-** 429

---

450 Dreier/Schulze/*Dreier* UrhG, Einleitung Rn. 29.
451 Hasselblatt/*Hasselblatt* GewRS, § 1 Rn. 34.
452 BGH, GRUR 2008, 621 (in Bezug auf das Markenrecht).

grenzt.[453] Als sog. absolute Rechte (Immaterialgüterrechte) genießen die gewerblichen Schutzrechte ebenso wie das Urheberrecht den Eigentumsschutz nach Art. 14 GG.

430 In Deutschland gilt – außerhalb der vorstehenden gewerblichen Schutzrechte – der Grundsatz der **sog. Nachahmungsfreiheit**. Das bedeutet, es ist grundsätzlich zulässig, Produkte zu vertreiben, auch wenn sie sich an Produkten von Wettbewerbern anlehnen und diesen ähnlich sind. Denn die wirtschaftliche Betätigung soll außerhalb des Sonderrechtsschutzes nicht eingeschränkt werden. Im Einzelfall kann es eine unlautere wettbewerbsrechtliche Handlung i.S.v. § 4 Nr. 3 UWG n.F. (§ 4 Nr. 9 UWG a.F.) darstellen, wenn bestimmte zusätzliche Kriterien vorliegen, die z.B. bei Herstellung eines vollständigen (d.h. 1:1) Nachbaus angenommen werden.

431 An fremden Schutzrechten kann einem Dritten gegen **Lizenz** die Befugnis eingeräumt werden, die dem Rechtsinhaber zustehenden Verwertungsrechte auszuüben (Nutzungsrecht).

III. Regelungsbedarf und -möglichkeiten in AGB

432 Der AGB-Verwender in seiner Rolle als Verkäufer hat dem Kunden die Ware **frei von** Sach- und **Rechtsmängeln** zu verschaffen (§ 433 Abs. 1 Satz 2 BGB). Rechte Dritter wie die gewerblichen Schutzrechte begründen jedoch einen Rechtsmangel i.S.v. § 435 BGB.[454] Bei Bestehen von gewerblichen Schutzrechten an der Ware kann der Kunde demzufolge regelmäßig die Gewährleistungsrechte aus § 437 BGB geltend machen.[455] Eine diesbezügliche Haftung des AGB-Verwenders einzuschränken ist in engen Grenzen auch in AGB möglich.

433 In seiner Rolle als Verkäufer kann sich der Klauselverwender bspw. verpflichten, die Lieferung nur innerhalb der Bundesrepublik Deutschland frei von gewerblichen Schutzrechten zu erbringen. Dies geht einher mit der Ansicht, dass angesichts der unüberschaubaren Anzahl von Schutzrechten der Rechtsmangelbegriff i.S.v. § 435 BGB derart verstanden werden muss, dass lediglich solche Rechte Dritter der Rechtsmängelfreiheit entgegenstehen, die nicht in die vertraglich vorausgesetzte Risikosphäre des Kunden fallen.[456] Die **Beschränkung auf ein bestimmtes Liefergebiet** darf aber nicht dazu führen, dass der Vertragszweck vereitelt wird. Daher ist

---

453 Schutzdauer beträgt beim Patent 20 Jahre (§ 16 PatG), beim Gebrauchsmuster max. 10 Jahre (§ 3 GebrauchsmusterG), beim Geschmacksmuster max. 25 Jahre (§ 27 DesignG) und beim Markenrecht grundsätzlich 10 Jahre (§ 47 MarkenG), wobei dieses zeitlich unbegrenzt aufrechterhalten werden kann; vgl. Hasselblatt/*Hasselblatt* GewRS, § 1 Rn. 44 f.

454 Palandt/*Weidenkaff* BGB, § 435 Rn. 9. Teilweise wird auch von dem Vorliegen eines Sachmangels ausgegangen; vgl. Staudinger/*Matusche-Beckmann* BGB, § 435 Rn. 18 f.

455 Siehe hierzu Rn. 213 ff.

456 Vgl. ausführlich dazu *Möller*: Das Patent als Rechtsmangel der Kaufsache, in: GRUR 2005, 468.

eine derartige Beschränkung wohl nur zulässig, wenn die Ware bestimmungsgemäß lediglich in diesem Gebiet verwendet werden soll. Befindet sich das vertraglich vereinbarte Erstlieferland nicht in der Bundesrepublik Deutschland, so sollte dieses ebenfalls von der Beschränkung ausgenommen werden, um die Gefahr einer überraschenden Klausel i.S.v. § 305c Abs. 1 BGB zu vermeiden. Insofern ist dem Klauselverwender zu empfehlen, eine Produkt- bzw. Schutzrechtsrecherche zu betreiben, die das (gesamte) Liefergebiet umfasst.

Kommt es dennoch zur **Verletzung von Schutzrechten**, so führt dies regelmä- 434
ßig dazu, dass der verletzte Schutzrechtsinhaber die sofortige Unterlassung jedweder Nutzung, insbesondere des Vertriebs und der Bewerbung der Ware verlangen kann. Zudem bestehen in der Regel Auskunfts- und Schadensersatzansprüche, ggf. sogar Vernichtungsansprüche, die auch eine Abschöpfung des bislang erzielten Gewinns zum Inhalt haben können. In Bezug auf die dann ausgelösten Gewährleistungsrechte des Kunden kann eine Regelung zur Nacherfüllung durch den Klauselverwender insofern getroffen werden, als Letzterer versuchen wird, das **Nutzungsrecht zu erwirken** oder die **Ware zu verändern oder auszutauschen**, sodass sie das Schutzrecht nicht mehr verletzt. Darüber hinaus haftet der Klauselverwender nach den gesetzlichen Vorschriften, wie sie zulässig in diesen Muster-AGB eingeschränkt sind. Hat der Klauselverwender die Haftung für Ansprüche Dritter wegen der Verletzung gewerblicher Schutzrechte Dritter übernommen, so kann darin ebenfalls die Verpflichtung gegenüber dem Kunden liegen, diesen von Ansprüchen Dritter freizustellen und unbegründete Ansprüche Dritter von dem Kunden abzuwehren.[457] Zulässig ist hingegen der Haftungsausschluss für von dem Kunden zu vertretende Schutzrechtsverletzungen. Da die Geltendmachung von Schutzrechtsverletzungen durch Dritte die Interessen der Vertragsparteien erheblich beeinträchtigen kann, ist es darüber hinaus sinnvoll, beide Vertragsparteien für diesen Fall zu einer **unverzüglichen schriftlichen Anzeige** zu verpflichten. Die Regelung einer einseitigen Anzeigepflicht nur des Kunden würde zur Unangemessenheit der Klausel führen.

Ist der Klauselverwender in seiner Rolle als Verkäufer selbst Inhaber eines 435
Schutzrechts an der Ware, so muss er dem Kunden das Recht zur vertragsgemäßen Nutzung der verkauften Ware einräumen. Dabei kann er sich allerdings sämtliche Urheberrechte und sonstigen gewerblichen Schutzreche vorbehalten, es sei denn, es wird diesbezüglich eine abweichende Individualabrede getroffen.

---

457 BGH, GRUR 1970, 567; OLG München, BeckRS 1995, 07159.

R. Exportkontrolle und Produktzulassung

I. Mustertext

Klauselmuster

436 **13. Exportkontrolle/Produktzulassung/Einfuhrbestimmungen**

13.1 Die gelieferte Ware ist mangels abweichender vertraglicher Vereinbarungen mit dem Kunden zum erstmaligen Inverkehrbringen innerhalb der Bundesrepublik Deutschland oder bei Lieferung außerhalb der Bundesrepublik Deutschland ins vereinbarte Land der Erstauslieferung (Erstlieferland) bestimmt.

13.2 Die Ausfuhr bestimmter Güter durch den Kunden von dort kann – z.B. aufgrund ihrer Art oder ihres Verwendungszweckes oder Endverbleibs – der Genehmigungspflicht unterliegen. Der Kunde ist selbst verpflichtet, dies zu prüfen und die für diese Güter einschlägigen Ausfuhrvorschriften und Embargos, insbesondere der Europäischen Union (EU), Deutschlands beziehungsweise anderer EU-Mitgliedsstaaten sowie gegebenenfalls der USA oder asiatischer oder arabischer Länder und aller betroffener Drittländer, strikt zu beachten, soweit er die von uns gelieferten Produkte ausführt, oder durch Dritte ausführen lässt.
Zudem ist der Kunde verpflichtet sicherzustellen, dass vor der Verbringung in ein anderes als das mit uns vereinbarte Erstlieferland durch ihn die erforderlichen nationalen Produktzulassungen oder Produktregistrierungen eingeholt werden und dass die im nationalen Recht des betroffenen Landes verankerten Vorgaben zur Bereitstellung der Anwenderinformationen in der Landessprache und auch alle Einfuhrbestimmungen erfüllt sind.

13.3 Der Kunde wird insbesondere prüfen und sicherstellen, und uns auf Aufforderung nachweisen, dass

- die überlassenen Produkte nicht für eine rüstungsrelevante, kerntechnische oder waffentechnische Verwendung bestimmt sind;
- keine Unternehmen und Personen, die in der US-Denied Persons List (DPL) genannt sind, mit US-Ursprungswaren, US-Software und US-Technologie beliefert werden;
- keine Unternehmen und Personen, die in der US-Warning List, US-Entity List oder US-Specially Designated Nationals List genannt sind, ohne einschlägige Genehmigung mit US-Ursprungserzeugnissen beliefert werden;
- keine Unternehmen und Personen beliefert werden, die in der Liste der Specially Designated Terrorists, Foreign Terrorist Organizations, Specially Designated Global Terrorists oder der Terroristenliste der EU oder anderer einschlägiger Negativlisten für Exportkontrolle genannt werden;
- keine militärischen Empfänger mit den von uns gelieferten Produkten beliefert werden;
- keine Empfänger beliefert werden, bei denen ein Verstoß gegen sonstige Exportkontrollvorschriften, insbesondere der EU oder der ASEAN-Staaten vorliegt;
- alle Frühwarnhinweise der zuständigen deutschen oder nationalen Behörden des jeweiligen Ursprungslandes der Lieferung beachtet werden.

13.4 Der Zugriff auf und die Nutzung von unsererseits gelieferten Gütern darf nur dann erfolgen, wenn die oben genannten Prüfungen und Sicherstellungen durch den Kunden erfolgt sind; anderenfalls hat der Kunde die beabsichtigte Ausfuhr zu unterlassen und sind wir nicht zur Leistung verpflichtet.

13.5 Der Kunde verpflichtet sich, bei Weitergabe der von uns gelieferten Güter an Dritte diese Dritten in gleicher Weise wie in den Ziff. 13.1–13.4 zu verpflichten und über die Notwendigkeit der Einhaltung solcher Rechtsvorschriften zu unterrichten.

13.6 Der Kunde stellt bei vereinbarter Lieferung außerhalb der Bundesrepublik Deutschland auf seine Kosten sicher, dass hinsichtlich der von uns zu liefernden Ware alle nationalen Einfuhrbestimmungen des Erstlieferlandes erfüllt sind.

13.7 Der Kunde stellt uns von allen Schäden und Aufwänden frei, die aus der schuldhaften Verletzung der vorstehenden Pflichten gem. Ziff. 13.1–13.6 resultieren.

II. Erläuterungen

Insbesondere national sowie auf europäischer Ebene gilt allgemein der Grundsatz des freien Warenverkehrs. Dieser unterliegt jedoch Beschränkungen, sofern es zur Wahrung bestimmter höherrangiger Schutzgüter erforderlich ist. Hier spielen Regelungen zur Exportkontrolle und Produktzulassung eine Rolle, in die sowohl der AGB-Verwender als Verkäufer/Lieferant als auch der Kunde mit einbezogen werden können, da einer alleine regelmäßig nicht alle diesbezüglichen Fragen beantworten kann. 437

Ein Verstoß gegen produktzulassungs- und exportkontrollrechtliche Bestimmungen kann erhebliche Folgen für den AGB-Verwender, sein Unternehmen und die verantwortlichen Mitarbeiter haben. Neben dem Verlust von Exportprivilegien durch die Aufnahme in Sanktionslisten drohen ihm die wirtschaftliche Isolation (z.B. durch Einfrieren von Konten, Einreise- und Durchreiseverbote) und ein Imageschaden. Auch vor strafrechtlichen Konsequenzen sollte sich der AGB-Verwender als Wirtschaftsunternehmer versuchen zu bewahren. 438

1. Inverkehrbringen der Ware im Erstlieferland

Wird eine Ware erstmalig in der Bundesrepublik Deutschland in den Verkehr gebracht, also auf dem Markt bereitgestellt, so sind bestimmte allgemeine und produktspezifische Voraussetzungen zu beachten. Die Ware muss vor allem derart beschaffen sein, dass sie bei bestimmungsgemäßer oder vorhersehbarer Verwendung die Sicherheit und Gesundheit von Personen nicht gefährdet (vgl. § 3 Abs. 2 Produktsicherheitsgesetz (ProdSG)). Handelt es sich um ein Verbraucherprodukt, so sind zusätzliche Anforderungen zu stellen (vgl. § 6 ProdSG; z.B. Sicherheitshinweise zum Umgang mit der Ware, eindeutige Kennzeichnung des Herstellers). Diese Voraussetzungen zu erfüllen, obliegt mithin dem AGB-Verwender als Verkäufer,[458] der als Hersteller des Produkts angesehen werden kann (vgl. § 4 Produkthaftungsgesetz (ProdHaftG)). 439

458 Vgl. Ziff. 4.3 Absatz 2 dieser Muster-AGB, wonach der Klauselverwender lediglich verpflichtet ist, die bestellten Produkte als in der Bundesrepublik Deutschland verkehrs- und zulassungsfähige Ware zu liefern.

440 Wenn auch die Voraussetzungen für die Bereitstellung der Ware auf dem inländischen Markt bekannt sind, dürfen daraus jedoch keine endgültigen Schlüsse für ein Inverkehrbringen der Ware in einem anderen Land gezogen werden. Um den jeweiligen **Anforderungen** an ein Produkt gerecht zu werden und die **Haftungsrisiken** überblicken zu können, muss der AGB-Verwender wissen, wo seine Ware in den Verkehr gebracht wird. Aus diesem Grund sollte – wie in Ziff. 13.1. dieser Muster-AGB – das **Erstlieferland festgelegt** werden.

2. Kundenseitige Ausfuhr und Exportkontrolle

441 Bei grenzüberschreitenden Verkaufs- und Lieferverträgen sind Besonderheiten hinsichtlich des Exports zu beachten. Aufgrund ihrer Art, ihres Verwendungszwecks, des Empfängers oder des Endverbleibs bedürfen z.B. **bestimmte Waren** zur Ausfuhr aus der Bundesrepublik Deutschland bzw. aus dem vereinbarten Erstlieferland einer **Genehmigung**. Das betrifft regelmäßig nur solche Waren, bei denen es sich um Kriegswaffen oder sog. Dual-use-Güter handelt, also solchen Gütern, die sowohl im zivilen Bereich genutzt, als auch einem militärischen Zweck zugeführt werden können. Darunter fallen u.a. Güter aus den Bereichen kerntechnische Materialien, Anlagen und Ausrüstungen, Werkstoffe, Chemikalien, Mikroorganismen und Toxine, Werkstoffbearbeitung sowie allgemeine Elektronik, Sensoren, Laser und Antriebssysteme.[459]

442 Zu den relevanten Vorschriften gehören auf nationaler Ebene das **Außenwirtschaftsgesetz** (AWG) in Verbindung mit der Außenwirtschaftsverordnung (AWV) sowie das Kriegswaffenkontrollgesetz (KrWaffKontrG) und das Waffengesetz (WaffG). Auf europäischer Ebene befinden sich wichtige Regelungen u.a. in der **Dual-use-Verordnung** sowie in EG-Embargo-Verordnungen (z.B. **Embargobestimmungen** bzgl. der Ausfuhr von Gütern in den Iran und nach Russland).[460] Darüber hinaus gibt es eine Vielzahl an internationalen Vorgaben, die sich aus **multilateralen Abkommen** ergeben. Dabei haben sich insbesondere **vier sog. Exportkontrollregimes** gebildet: Nuclear Suppliers Group (NSG), Australische Gruppe (AG), Missile Technology Control Regime (MTCR), Wassenaar Arrangement (WA), deren Beschlüsse wegen ihrer Bedeutung im Zusammenhang mit der Exportkontrolle aufmerksam zu beobachten sind. Ziel aller dieser Regelungen ist die Kontrolle von Gütern, die zur Herstellung von atomaren, biologischen oder chemischen Waffen, Trägerraketen und konventionellen Waffen und Rüstungsgütern verwendet

---

459 Vgl. z.B. Anhang I der Verordnung (EG) Nr. 428/2009 des Rates vom 5. Mai 2009 über eine Gemeinschaftsregelung für die Kontrolle der Ausfuhr, der Verbringung, der Vermittlung und der Durchfuhr von Gütern mit doppeltem Verwendungszweck (sog. Dual-use-Verordnung).

460 Auf der Internetseite des Bundesamts für Wirtschaft und Ausfuhrkontrolle (BAFA) sind Informationen über aktuell bestehende Embargomaßnahmen zu finden.

werden können. Sie dienen dazu, die Verbreitung von Massenvernichtungswaffen zu verhindern und den Terrorismus zu bekämpfen. Es soll der Handel verhindert werden, durch den z.B. Sicherheitsinteressen sowie das friedliche Zusammenleben der Völker gefährdet wird.

Dementsprechend haben sich Unternehmer zu verhalten und sollten im Rah- 443
men ihres Compliance Systems Vorsorgemaßnahmen treffen, um einen Missbrauch zu vermeiden und den Erhalt des Versicherungsschutzes abzusichern, sowie ihre Vertragsgestaltung mit Kunden entsprechend anpassen.

Hinsichtlich von **Exportkontrollklauseln** – wie sie in den Ziff. 13.2–13.5 der 444
Muster-AGB aufgeführt sind – ist das **Transparenzgebot** gem. § 307 Abs. 1 Satz 2 BGB zu beachten. Außerdem dürfen die Klauseln zu **keiner unangemessenen Benachteiligung** des Kunden i.S.v. § 307 Abs. 1 und 2 BGB führen. Diesen Anforderungen wird eine Klausel im B2B-Verkehr gerecht, nach der dem exportierenden Kunden die Pflicht zur Prüfung, Beachtung und der Einhaltung der einschlägigen Ausfuhrvorschriften, Embargos und Beantragung etwaig erforderlicher Produktzulassungen bzw. -registrierungen im Ausland auferlegt wird. Eine Gefährdung des Liefervertrags ist daraus jedenfalls nicht ersichtlich; und zwar auch nicht deswegen, weil der AGB-Verwender den Zugriff, die Nutzung und die Ausfuhr seiner Waren durch den Kunden unter den Vorbehalt der Prüfung und Sicherstellung der exportrechtlich relevanten Bestimmungen stellt (vgl. Musterklausel Ziff. 13.4). Denn der Export liegt im Risikobereich des Kunden, wenn dieser die Ware in ein anderes Land als dem Erstlieferland verbringen möchte. Der Klauselverwender als Verkäufer und Lieferant ist insoweit wegen des hohen Sanktionsniveaus erheblich schutzbedürftig.

Schließlich ist die Einhaltung der einschlägigen Vorschriften nicht nur für den 445
Kunden, sondern auch für den AGB-Verwender von großer Bedeutung. Bei einem Verstoß gegen Ausfuhrbestimmungen kann dies – abgesehen von einem Imageschaden – eine strafrechtliche Verfolgung, empfindliche Bußgelder und eine Verfallserklärung des Bruttoerlöses des Geschäfts zur Folge haben.[461] Zu den möglichen Rechtsfolgen eines Verstoßes gegen das strenge US-Exportkontrollrecht gehören ein Eintrag auf der Denied Persons List (DPL, sog. „Schwarze Liste"), der für bis zu 25 Jahre ein Verbot für US-Unternehmen bedeutet, mit dem gelisteten Unternehmen weiterhin Geschäfte jeglicher Art abzuschließen, sowie das Einfrieren von Vermögen in den USA, Verwaltungssanktionen und hohe Geldstrafen für Unternehmen und Einzelpersonen sowie Haftstrafen gegen die Geschäftsführung.[462] Selbst wenn der Klauselverwender die Ware nicht selbst ausführt, so treffen ihn die **Sanktions-**

---

461 Umnuß/*Schlegel/Cammerer*, Kap. 4 Rn. 11 ff.
462 Umnuß/*Schlegel/Cammerer*, Kap. 4 Rn. 15.

maßnahmen, wenn er ein Unternehmen in dem Bewusstsein mit Waren beliefert, dass diese zum illegalen Export bestimmt sind.[463]

3. Kostentragung und Freistellung

446 Vor dem Hintergrund, dass eine Exportkontrollklausel anerkanntermaßen dem Schutz des Lieferanten zur Absicherung und Sicherstellung der Exportkontrolle dient, erscheint es weder unbillig noch überraschend dem Kunden, der die Ware außerhalb der Bundesrepublik Deutschland geliefert bekommen möchte, die Pflicht aufzuerlegen, auf seine Kosten für die Erfüllung der Einfuhrbestimmungen des Erstlieferlandes zu sorgen (vgl. Musterklausel Ziff. 13.6). Dies entspricht im Übrigen der in Ziff. 7.1 dieser Muster-AGB getroffenen Regelung zur Lieferung ex works, sodass der Kunde ohnehin die Kosten des Transports inkl. der Exportkosten zu tragen hat.[464]

447 Die Freistellung des AGB-Verwenders von Schäden und Aufwendungen für den Fall der schuldhaften Verletzung einer vorstehend vereinbarten Pflicht (vgl. Musterklausel Ziff. 13.7) ist gesetzeskonform. Nach den §§ 280 ff. BGB bestehen bei einer schuldhaften Pflichtverletzung Schadens- und Aufwendungsersatzansprüche. Nicht zulässig ist hingegen die Begründung einer schuldunabhängigen Haftung, da dies eine unangemessene Benachteiligung des Kunden i.S.v. § 307 Abs. 2 Nr. 1 BGB darstellen würde.[465]

S. Lösung vom Vertrag

448 Droht ein Vertrag fehlzuschlagen oder kommt es zu Liefer- oder Zahlungsschwierigkeiten, haben beide Vertragsparteien regelmäßig ein Interesse daran, das gegenseitige Vertragsverhältnis vorzeitig zu beenden. Zwar gilt im Zivilrecht der wichtige Grundsatz „pacta sunt servanda", sodass die Vertragsparteien an einen privatautonom einmal geschlossenen Vertrag grundsätzlich gebunden sind. Abgesehen von den gesetzlichen Lösungsmöglichkeiten, können die Vertragsparteien auch schon vorab vertragliche Vereinbarungen treffen, um sich vom Vertrag zu lösen und diesen nicht mehr durchführen zu müssen.

---

463 Z.B. Strafbarkeit wegen der Förderung einer fremden Tat gem. § 34 Abs. 3 AWB; vgl. Umnuß/*Schlegel/Cammerer*, Kap. 4 Rn. 68.
464 Baumbach/Hopt/*Hopt* HGB, Teil 2 Handelsrechtliche Nebengesetze, IV. AGB und (nicht branchengebundene) Vertragsklauseln, (6) Incoterms und andere Handelskaufklauseln Einl. Rn. 21.
465 BGH, NJW, 2006, 47.

I. Gesetzliche Lösungsmöglichkeiten

Abgesehen von den bereits dargestellten Lösungsmöglichkeiten vom Vertrag im Zusammenhang mit den Mängelgewährleistungsrechten,[466] hat der Gesetzgeber generell die folgenden Möglichkeiten vorgesehen, sich von einem bestehenden Vertrag nachträglich wieder zu lösen: 449

- Anfechtung, §§ 119 ff. BGB (z.B. bei Vorliegen eines Irrtums),
- Rücktritt, §§ 323, 324, 326 Abs. 5 BGB (z.B. bei fortgesetzter Vertragsverletzung),
- Widerruf, §§ 312 ff. i.V.m. §§ 355 ff. BGB (z.B. bei Fernabsatzverträgen oder Haustürgeschäften),
- Störung der Geschäftsgrundlage, § 313 BGB (z.B. bei gravierender Änderung der Vertragsgrundlage),
- Kündigung, § 314 BGB (z.B. bei Unzumutbarkeit),
- Unsicherheitseinrede, § 321 BGB (z.B. bei offensichtlicher Nichterfüllung durch die Gegenseite),
- Aufhebungsvertrag, § 311 Abs. 1 BGB (z.B. bei Einigung über die Aufhebung/Nichtdurchführung).

Liegen die Voraussetzungen eines Lösungsrechts vor, so kann jede Vertragspartei durch ausdrückliche oder konkludente Erklärung gegenüber dem Vertragspartner die Auflösung des Vertrags herbeiführen. 450

II. Regelungsmöglichkeiten in AGB

Sollen die Lösungsmöglichkeiten in AGB geregelt werden, so ist dies zwar vor dem Hintergrund der Privatautonomie möglich. Insofern ist über die gesetzlich vorgesehenen Lösungsmöglichkeiten hinaus die Aufnahme von Verfallsklauseln, Widerrufsvorbehalten, Anfechtungsvorbehalten, Befreiungsvorbehalten, auflösenden Bedingungen sowie besonderen Kündigungsrechten denkbar. Es sind allerdings gewisse Rahmenbedingungen und Grenzen einzuhalten, wie sie insbesondere nachfolgend dargestellt sind. 451

Nicht zulässig ist eine Klausel, die den Klauselverwender in die Lage versetzt, sich **ohne sachlich gerechtfertigten Grund** vom Vertrag zu lösen, ohne dass der Kunde sich darauf einstellen bzw. das Vorliegen der Voraussetzungen dieses Lösungsrechts überprüfen kann.[467] Das Klauselverbot des § 308 Nr. 3 BGB ist insofern Ausdruck des Transparenzgebotes (§ 307 Abs. 1 Satz 2 BGB).[468] 452

---

466 Ausführlich hierzu Rn. 241 ff.

467 Vgl. dazu auch ausführlich Schmitt/*Köhl* Gestaltung von Wirtschaftsverträgen, Kap. 8 Rn. 139 ff.

468 BeckOK/*Becker* BGB, § 308 Nr. 3 Rn. 2.

! **§ 308 Klauselverbote mit Wertungsmöglichkeit**
„In Allgemeinen Geschäftsbedingungen ist insbesondere unwirksam
Nr. 2 (Rücktrittsvorbehalt)
die Vereinbarung eines Rechts des Verwenders, sich ohne sachlich gerechtfertigten und im Vertrag angegebenen Grund von seiner Leistungspflicht zu lösen; dies gilt nicht für Dauerschuldverhältnisse;
[...]"

---

453 Anwendung findet das Klauselverbot aus § 308 Nr. 3 BGB über §§ 310 Abs. 1, 307 Abs. 2 Nr. 1 BGB im B2B-Bereich.[469] Danach ist eine formularmäßig eingeräumte Möglichkeit, jederzeit und **ohne sachlich angemessenen Grund sich vom Vertrag lösen zu können**, jedenfalls auch gegenüber einem Unternehmer **unwirksam**.[470] Eine Klausel, die dem AGB-Verwender z.B. ein Rücktrittsrecht für den Fall gewährt, dass dieser selbst den Rücktrittsgrund zu vertreten hat, ist ebenfalls im B2B-Verkehr unwirksam.[471] Im Übrigen ist der Begriff des „sachlich gerechtfertigten Grundes" unter Berücksichtigung der kaufmännischen Gepflogenheiten auszulegen, jedoch großzügiger als bei Verbraucherverträgen.[472] Dementsprechend sind häufig Rücktrittsmöglichkeiten im Zusammenhang mit einer Selbstbelieferungsklausel in zwischen Unternehmern verwendeten AGB zu finden. Ohnehin nicht von dem Klauselverbot erfasst sind Dauerschuldverhältnisse[473], wozu auch der Sukzessivliefervertrag, nicht aber Teil- bzw. Ratenlieferungsverträge mit zuvor fest bestimmter Liefermenge gehören.

454 Des Weiteren ist es nicht zulässig, das auf einer **vom Klauselverwender zu vertretenden Pflichtverletzung** beruhende Lösungsrecht des Kunden vom Vertrag formularmäßig einzuschränken oder auszuschließen (§ 309 Nr. 8 lit. a) BGB).

! **§ 309 Klauselverbote ohne Wertungsmöglichkeit**
„Auch soweit eine Abweichung von den gesetzlichen Vorschriften zulässig ist, ist in Allgemeinen Geschäftsbedingungen unwirksam
[...]
Nr. 8 (Sonstige Haftungsausschlüsse bei Pflichtverletzung)
a) (Ausschluss des Rechts, sich vom Vertrag zu lösen)
eine Bestimmung, die bei einer vom Verwender zu vertretenden, nicht in einem Mangel der Kaufsache oder des Werkes bestehenden Pflichtverletzung das Recht des anderen Vertragsteils, sich

---

469 BGH, NJW 2009, 575.
470 Staudinger/*Coester-Waltjen* BGB, § 308 Nr. 3 Rn. 32 unter Hinweis auf die allgemeine Meinung und BGH, NJW 2000, 1191.
471 BGH, NJW 2009, 575.
472 Palandt/*Grüneberg* BGB, § 308 Rn. 23.
473 Bei einem Dauerschuldverhältnis ist über längere Zeit hinweg ein dauerndes Verhaltens bzw. eine dauernde Leistung geschuldet.

vom Vertrag zu lösen, ausschließt oder einschränkt; dies gilt nicht für die in der Nummer 7 bezeichneten Beförderungsbedingungen und Tarifvorschriften unter den dort genannten Voraussetzungen;
[...]"

Wegen des die Natur des Kaufvertrags besonders prägenden Gerechtigkeitsgehalts der Lösungsrechte muss das Klauselverbot aus § 309 Nr. 8 lit. a) BGB auch für den B2B-Verkehr gelten.[474] Das Klauselverbot erstreckt sich auf leicht fahrlässige Pflichtverletzungen des Klauselverwenders, bei der ein Lösungsrecht ebenso wenig durch AGB ausgeschlossen werden darf.[475] 455

Bei Dauerschuldverhältnissen, wie z.B. dem Sukzessivliefervertrag, ist bei formularmäßigen **Laufzeitregelungen** das Klauselverbot des § 309 Nr. 9 BGB zu beachten. Unzulässig ist es danach, den Kunden **unangemessen lange an den Vertrag zu binden** und ihm die Lösung vom Vertrag durch eine **unangemessen lange Kündigungsfrist** zu erschweren. 456

§ 309 Klauselverbote ohne Wertungsmöglichkeit !
„Auch soweit eine Abweichung von den gesetzlichen Vorschriften zulässig ist, ist in Allgemeinen Geschäftsbedingungen unwirksam
[...]
Nr. 9 (Laufzeit bei Dauerschuldverhältnissen)
bei einem Vertragsverhältnis, das die regelmäßige Lieferung von Waren oder die regelmäßige Erbringung von Dienst- oder Werkleistungen durch den Verwender zum Gegenstand hat,
a) eine den anderen Vertragsteil länger als zwei Jahre bindende Laufzeit des Vertrags,
b) ein den anderen Vertragsteil bindende stillschweigende Verlängerung des Vertragsverhältnisses um jeweils mehr als ein Jahr oder
c) zu Lasten des anderen Vertragsteils eine längere Kündigungsfrist als drei Monate vor Ablauf der zunächst vorgesehenen oder stillschweigend verlängerten Vertragsdauer;

dies gilt nicht für Verträge über die Lieferung als zusammengehörig verkaufter Sachen, für Versicherungsverträge sowie für Verträge zwischen den Inhabern urheberrechtlicher Rechte und Ansprüche und Verwertungsgesellschaften im Sinne des Gesetzes über die Wahrnehmung von Urheberrechten und verwandten Schutzrechten;
[...]"

Das Klauselverbot aus § 309 Nr. 9 BGB kann jedoch im B2B-Verkehr keine Anwendung finden, da die dortige Regelung vielmehr spezifisch auf den Schutz des Endverbrauchers bezogen ist, der vor einer Überrumpelung geschützt werden soll.[476] Eine derart starre Fristenregelung würde den Erfordernissen des Handelsverkehrs im Hinblick auf die wirtschaftliche Bewegungsfreiheit und Selbstständigkeit nicht ge- 457

474 BGH, NJW 2009, 575.
475 BGH, NJW-RR 2003, 1056.
476 Staudinger/*Coester-Waltjen* BGB, § 309 Nr. 9 Rn. 25.

recht werden. Das bedeutet nunmehr nicht, dass im B2B-Bereich Laufzeit und Kündigungsfristen ohne jegliche Schranken vereinbart werden können; solche Regelungen sind vielmehr an § 307 BGB zu messen. Die Auslegung der unangemessenen Benachteiligung orientiert sich unter dem Gesichtspunkt der zur sittenwidrigen Knebelung entwickelten Grundsätze zudem an der Rechtsprechung zu § 138 BGB.[477] Ob eine die Laufzeit eines Vertrags betreffende Klausel den Vertragspartner des Klauselverwenders entgegen den Geboten von Treu und Glauben unangemessen benachteiligt, ist letztlich mit Hilfe einer umfassenden Abwägung der schützenswerten Interessen beider Parteien im Einzelfall festzustellen.[478] Bei dieser **Abwägung** sind nicht nur die auf Seiten des Verwenders getätigten Investitionen, sondern der gesamte Vertragsinhalt zu berücksichtigen; notwendig ist eine **Gegenüberstellung der insgesamt begründeten gegenseitigen Rechte und Pflichten.**[479] Z.B. wird man heute wohl davon ausgehen müssen, dass jedenfalls eine längere Erstvertragslaufzeit als 10 Jahre gegen § 307 BGB verstößt.[480] Es ist schließlich zu beachten, dass im Falle einer unangemessenen Benachteiligung des Kunden infolge einer zu langen Vertragslaufzeit, der Vertrag regelmäßig insgesamt unwirksam ist, da eine Reduzierung der Vertragslaufzeit auf das zulässige Höchstmaß wegen des Verbots der geltungserhaltenden Reduktion nicht in Betracht kommt.

458 Im Übrigen ist wie immer bei der Klauselgestaltung zu berücksichtigen, dass sie zu keiner unangemessenen Benachteiligung des Kunden, insbesondere durch einseitige Interessendurchsetzung ohne Nachteilsausgleich für den Vertragspartner, i.S.v. § 307 BGB führt, was jeweils im Einzelfall zu beurteilen ist. Im Zweifelsfall kann eine Individualabrede getroffen werden, die gem. § 305b BGB stets Vorrang hat.

III. Sonderkündigungsrecht bei Insolvenz des Vertragspartners

459 In vielen AGB ist darüber hinaus ein Sonderkündigungsrecht des Klauselverwenders für den Fall der kundenseitigen Eröffnung eines Insolvenzverfahrens oder der Insolvenzantragsstellung bzw. der Ablehnung der Eröffnung mangels Masse vorgesehen. Aus der Perspektive des Unternehmers kann dies zwar wirtschaftlich sinnvoll und ggf. sogar notwendig sein, da die Befriedigungsquote bei der Durchführung eines Insolvenzverfahrens regelmäßig sehr niedrig ist. Allerdings schadet eine solche Kündigung dem sanierungsbedürftigen Unternehmen des Kunden noch mehr.

477 Staudinger/*Coester-Waltjen* BGB a.a.O.

478 BGH, NJW 2003, 886.

479 BGH a.a.O.

480 BGH, NJW 2000, 1100; BGH, NJW-RR 2012, 249.

Der BGH hat daher bereits im Jahr 2012 **insolvenzbedingte Lösungsklauseln** wegen des Verstoßes gegen § 119 InsO für in der Regel **unwirksam** erklärt, weil sie im Voraus das Wahlrecht des Insolvenzverwalters nach § 103 InsO ausschließen.[481] Maßgebliches Argument für diese Entscheidung ist, dass es die sanierungsfeindliche Wirkung solcher insolvenzabhängiger Lösungsklauseln zu verhindern gilt.[482] 460

Dennoch sind nunmehr nicht sämtliche mit der Eröffnung eines Insolvenzverfahrens des Kunden zusammenhängenden Lösungsmöglichkeiten vom Vertrag ausgeschlossen. Zulässig bleibt vielmehr eine Klausel, die bei Abweisung mangels Masse eine Vertragsbeendigung oder ein Sonderkündigungsrecht des Vertragspartners vorsieht. Ebenso ist eine Klausel, die nicht unmittelbar auf die Insolvenz, sondern auf eine Pflichtverletzung des Kunden (z.B. Verzug oder ausbleibende Lieferung) abstellt, wirksam. 461

Für den Fall einer in AGB enthaltenen unwirksamen insolvenzabhängigen Lösungsklausel wird dies nicht zur Gesamtnichtigkeit des jeweiligen Vertrags führen (vgl. § 139 BGB). Es wird daher empfohlen, die bestehenden AGB dahingehend zu überprüfen und eine rechtlich einwandfreie Gestaltung zu wählen, um so dem Vertragspartner bei einer Krise oder Insolvenz des Kunden alle anderweitigen Kündigungsmöglichkeiten zu bewahren. 462

T. Incoterms

I. Mustertext

Klauselmuster

14. Incoterms/Schriftform/Salvatorische Klausel 463

14.1 Soweit Handelsklauseln nach den International Commercial Terms (INCOTERMS) vereinbart sind, gelten die INCOTERMS 2010.

[...]

II. Erläuterungen

Die Incoterms (international commercial terms) sind **internationale Handelsklauseln**, die die Internationale Handelskammer (ICC) seit 1936 aufstellt und ungefähr alle zehn Jahre überarbeitet. Die aktuellen Incoterms 2010 bestehen aus elf 464

481 BGH, NJW 2013, 1159.

482 Schmitt/*Hees* Gestaltung von Wirtschaftsverträgen, Kap. 9 Rn. 515.

Handelsklauseln. Sie sind auf den internationalen Handelsverkehr zugeschnitten, können aber auch im nationalen Verkehr Anwendung finden. Sie sind in zahlreiche Sprachen übersetzt worden und finden im internationalen Warenverkehr große Akzeptanz. Dies liegt auch daran, dass sie erfahrungsgemäß als „neutrale" Klauseln empfunden werden. Sie sind zudem gut geeignet, um Kollisionen zwischen unterschiedlichen nationalen Rechtsordnungen zu überbrücken. Dadurch sind sie in Vertragsverhandlungen **leichter durchsetzbar** als die Vereinbarung des eigenen nationalen Rechts, die meist der jeweiligen Partei einen „Heimvorteil" verschafft.

465 Die Incoterms regeln ausschließlich den Kauf von Waren i.S.v. beweglichen Sachen im B2B-Verkehr.[483] Sie regeln die gegenseitigen Pflichten von Käufern und Verkäufern bezüglich Lieferung, Gefahrübergang und Kostentragung. Insofern umfassen sie nur Teilregelungen für den Kaufvertrag, sodass sie lediglich Teil eines solchen sein können, nicht aber als vollständige Vertragsvorlage vorgesehen sind. Der genaue Wortlaut der Klauseln sowie einige weitere Erläuterungen hierzu finden sich u.a. im Internet auf der deutschen Präsenz der Internationalen Handelskammer (http://www.iccgermany.de).

466 Damit die Incoterms Anwendung finden, müssen die Parteien ihre **Inbezugnahme vereinbaren**. Die Incoterms erfüllen die Merkmale von Allgemeinen Geschäftsbedingungen und unterliegen daher der **AGB-Kontrolle.**[484] Daher kommt es auf eine wirksame Einbeziehung nach Maßgabe der §§ 305 ff. BGB an.[485] Soll eine Incoterms-Klausel genutzt werden, ist ihr entsprechendes **Kürzel** anzugeben, nach § 305 BGB klarzustellen, dass es sich hierbei um eine Klausel der **Incoterms 2010** handelt – wie in den Muster-AGB geschehen – und sodann der **Lieferort** und **Bestimmungsort** anzugeben.

467 Individualvereinbarungen gehen den Incoterms gemäß § 305b BGB vor. Die Gefahr einer unangemessenen Benachteiligung durch die Verwendung von Incoterms-Klauseln im B2B-Verkehr ist, wenn nicht individuelle Abweichungen erfolgen, als gering einzuschätzen.[486] Soweit die Incoterms für bestimmte Fragen keine Regelungen treffen, bleibt es bei der Anwendbarkeit des Gesetzesrechts.

468 Die Klauseln der Incoterms sind nach ihrer Eignung für bestimmte Transportarten gegliedert. Während vier der Klauseln (FAS, FOB, CFR und CIF) auf den See- und

---

483 Zu erfassten und nicht erfassten Geschäften vgl. Baumbach/Hopt/*Hopt* HGB, Teil 2 Handelsrechtliche Nebengesetze, IV. AGB und (nicht branchengebundene) Vertragsklauseln, (6) Incoterms und andere Handelskaufklauseln, Einl. Rn. 10.

484 Baumbach/Hopt/*Hopt* HGB, Teil 2 Handelsrechtliche Nebengesetze, IV. AGB und (nicht branchengebundene) Vertragsklauseln, (6) Incoterms und andere Handelskaufklauseln, Einl. Rn. 14.

485 Vgl. zur Einbeziehung von AGB Kap. 2. Rn. 48 ff.

486 Baumbach/Hopt/*Hopt* HGB, Teil 2 Handelsrechtliche Nebengesetze, IV. AGB und (nicht branchengebundene) Vertragsklauseln, (6) Incoterms und andere Handelskaufklauseln, Einl. Rn. 15.

Binnenschifftransport zugeschnitten sind, können die übrigen sieben auf alle Transportarten Anwendung finden.

Die Gruppen unterscheiden sich durch die Risiko- und Pflichtenverteilung zwischen den Parteien. Die Pflichten des Verkäufers nehmen beginnend bei Gruppe E über die Gruppen F und C bis zur Gruppe D immer weiter zu, die Käuferpflichten reduzieren sich entsprechend. 469

Gruppe E besteht nur aus der Klausel **EXW** („**EX W**orks"; zu Deutsch: „Ab Werk"). Sie ist eine reine Abholklausel und die für den Verkäufer günstigste Ausgestaltung. Er muss lediglich die verkaufte Ware am vereinbarten Ort zur Abholung bereitstellen. Der Kunde hat die Ware auf eigene Kosten beim angegebenen Ort abzuholen und trägt von diesem Zeitpunkt an die Gefahr für den zufälligen Untergang der Ware. Diese ist die einzige Klausel, bei welcher der Kunde eventuell anfallende Exportkosten trägt (Zollanmeldung etc.), die ansonsten dem Verkäufer aufgebürdet werden. In Ziff. 7.1 der Muster-AGB ist geregelt, dass die Lieferung **im Zweifel** nach der EXW-Klausel erfolgen soll. Zu beachten ist, dass die EXW-Klausel nicht regelt, wer die Verladung der Ware auf das Transportfahrzeug zu erbringen hat und ob erst vor oder nach Verladung der Gefahrübergang eintritt. Dieser Punkt sollte von den Parteien zusätzlich vereinbart werden, beziehungsweise in den AGB geregelt werden. 470

Die Klauseln der **Gruppe F** regeln, dass der Verkäufer die Ware bis zu einem Lieferort bringt und von dort aus der Haupttransport auf Kosten und Gefahr des Kunden durchgeführt wird. Der Verkäufer hat die Ware entweder an den Frachtführer zu übergeben (**FCA** = „**F**ree **CA**rrier"), an die Längsseite des Transportschiffes zu liefern (**FAS** = „**F**ree **A**longside **S**hip") oder an Bord des Schiffes zu übergeben (**FOB** = „**F**ree **O**n **B**oard"). Der Verkäufer trägt die Transportkosten, auch eventuell anfallende Exportkosten, bis zu diesem Zeitpunkt, aber nicht darüber hinaus. Die Gefahr des zufälligen Untergangs der Ware geht mit diesem Zeitpunkt unter bzw. auf den Kunden über. 471

Bei den Regelungen der **Gruppe C** fallen Gefahrübergang und Kostentragungspflicht auseinander. Die Gefahrübertragung findet zwar nach wie vor mit Übergabe der Ware an den Frachtführer statt, jedoch zahlt der Verkäufer die Transportkosten über diesen Zeitpunkt hinaus. Der Verkäufer zahlt bei **CFR** (= „**C**ost and **FR**eight") die Kosten des Transportes bis zum Bestimmungshafen. Wird die Klausel **CIF** (= „**C**ost, **I**nsurance, **F**reight") gewählt, hat der Verkäufer diesen Transport auch zu versichern. Soll die Ware nicht an einen Bestimmungshafen, sondern einen anderen Bestimmungsort geliefert werden, bspw. schon deswegen, weil der Transport nicht via Schiff erfolgt, bietet sich die Klausel **CPT** (= „**C**arried **P**aid **T**o") an. Soll auch dieser Transport versichert werden, ist die Klausel **CIP** (= „**C**arriage and **I**nsurance **P**aid") zu wählen. 472

Die Klauseln der **Gruppe D** umfassen die für den Kunden günstigsten Klauseln. 473
Welche Klausel zu wählen ist, ist abhängig davon, ob der Verkäufer die Sache an einen bestimmten Bestimmungsort (**DAP** = „**D**elivered **A**t **P**lace") oder an ein Termi-

nal eines Bestimmungshafens zu liefern hat (**DAT** = „**D**elivered **A**t **T**erminal"). Soll der Verkäufer in Abgrenzung zu allen anderen Incoterms-Klauseln auch noch die Importkosten bezahlen (Einfuhrverzollung, Einfuhrversteuerung etc.), dann ist die Klausel **DDP** (= „**D**elivered **D**uty **P**aid") zu wählen.

U. Schriftform

I. Mustertext

Klauselmuster

474 **14. Incoterms/Schriftform/Salvatorische Klausel**

14.1 [...]

14.2 Alle Vereinbarungen, Nebenabreden, Zusicherungen und Vertragsänderungen bedürfen der Schriftform. Dies gilt auch für die Abbedingung der Schriftformabrede selbst. Der Vorrang der Individualabrede in schriftlicher, textlicher oder mündlicher Form (§ 305b BGB) bleibt unberührt.

[...]

II. Erläuterungen

475 Schriftformklauseln werden in Allgemeinen Verkaufs- und Lieferbedingungen schon deshalb gerne aufgenommen, um zu vermeiden, dass unbedachte mündliche Aussagen von vertretungsberechtigten Mitarbeitern und/oder solchen, deren Erklärungen nach den Grundsätzen der Anscheins- und Duldungsvollmacht dem Unternehmen zuzurechnen sind, rechtliche Relevanz erlangen.

1. Verschiedene Arten von Schriftformklauseln

476 Auch im Rahmen Allgemeiner Verkaufs- und Lieferbedingungen ist hinsichtlich des jeweiligen Typus einer Schriftformklausel zu unterscheiden:

477 Nach der sog. **einfachen Schriftformklausel** bedürfen Änderungen des Vertragsinhalts als Wirksamkeitserfordernis der Schriftform i.S.d. § 125 BGB. Dabei ist allerdings stets zu empfehlen, dass die Schriftformklausel als Wirksamkeitserfordernis für die Vertragsabrede transparent und deutlich formuliert wird, da ansonsten die Formklausel auch als sog. deklaratorische Schriftformklausel bei verwenderfeindlicher Auslegung ausgelegt werden kann.[487]

---

487 Vgl. BGH, NJW 1964, 1269; BGH, NJW 1964, 1970.

Nicht unüblich sind auch sog. **Kombinationsklauseln**, die sowohl ein Wirksamkeitserfordernis hinsichtlich der Schriftform als auch Regelungen für eine Übermittlung (z.B. per Fax, E-Mail oder Einschreiben) vorsehen. In diesem Fall nimmt die Rechtsprechung häufig an, dass das eigentliche Schriftformerfordernis konstitutive, die Übermittlungsform eher deklaratorische Wirkung hat.[488] 478

Am weitesten verbreitet in Allgemeinen Verkaufs- und Lieferbedingungen ist die sog. qualifizierte Schriftformklausel in Form der sog. **doppelten Schriftformklausel**. Diese setzt einerseits als Wirksamkeitserfordernis für eine Vertragsänderung die Schriftform als konstitutives Element fest. Andererseits knüpft sie bei der standardisiert vorgesehenen Schriftform hinsichtlich deren Abweichung ebenfalls an das konstitutive Schriftformerfordernis an. 479

2. Verhältnis der Schriftformklausel zur Individualabrede

Abweichend vom individualvertraglichen Bereich, in dem derartige doppelte Schriftformklauseln unproblematisch sind, können im Bereich Allgemeiner Verkaufs- und Lieferbedingungen derartige Klauseln regelmäßig mit der zwingenden Vorschrift des § 305b BGB kollidieren. Hierin hat der Gesetzgeber das gesetzliche Postulat formuliert, dass **individuelle Vertragsabreden Vorrang** vor Allgemeinen Geschäftsbedingungen haben. 480

Die doppelte Schriftformklausel bezweckt auch in Allgemeinen Verkaufs- und Lieferbedingungen grundsätzlich die Folge, dass solche abweichenden vertraglichen Abreden, die nicht schriftlich erfolgen – unabhängig davon, ob sie standardisiert oder individualvertraglich ausgehandelt erfolgen – unwirksam sind. Demgegenüber steht das gesetzliche Postulat des § 305b BGB, dass Individualvereinbarungen Allgemeinen Geschäftsbedingungen – auch in Form von Allgemeinen Verkaufs- und Lieferbedingungen – auch bei einer wirksamen AGB-Schriftformklausel vorgehen. Dies unabhängig davon, ob die Individualvereinbarung schriftlich oder mündlich getroffen wurde.[489] 481

Demgemäß hat sich in der Rechtsprechung die verfestigte und zutreffende Meinung gebildet, dass solche standardisierten Schriftformklauseln als intransparent und unangemessene Benachteiligung des Vertragspartners im Sinne des § 307 BGB angesehen werden, die nicht ausdrücklich klarstellen, dass es beim Vorrang der Individualvereinbarung nach § 305b BGB verbleibt.[490] 482

Die vorgesehene Musterklausel trägt der oben aufgeführten Problematik des Vorrangs der Individualabrede insoweit Rechnung, als dass sie klarstellt, dass im Kollisionsfall zwischen der Schriftformklausel mit ihrem konstitutiven Formelement 483

488 Vgl. BGH, NJW 2000, 139.
489 Vgl. BGH, NJW-RR 1995, 180.
490 Vgl. BAG, NZA 2008, 1233; OLG Rostock, NJW 2009, 3376.

und dem gesetzlichen Postulat des Vorrangs von Individualvereinbarungen gemäß § 305b BGB Letzterem der Vorzug zu gewähren ist.

484 Aus den vorstehenden Ausführungen wird deutlich, dass die Bedeutung qualifizierter Schriftformklauseln auch in Form einer doppelten Schriftformklausel wie im Mustertext vorgesehen durch den zwingenden gesetzlichen Vorrang von Individualabreden nach § 305b BGB untergeordnet ist. Letztlich besteht der einzige Schutz durch eine solche Klausel noch darin, dass jedenfalls wenigstens der Vertragspartner die vorgehende Individualabrede im Sinne des § 305b BGB darlegen und beweisen muss.

V. Salvatorische Klausel

I. Mustertext

Klauselmuster

485 **14. Incoterms/Schriftform/Salvatorische Klausel**

14.1 [...]

14.2 [...]

14.3 Sollte eine Bestimmung dieses Vertrages aus Gründen des Rechtes der Allgemeinen Geschäftsbedingungen nach §§ 305 bis 310 BGB ganz oder teilweise unwirksam/nichtig oder nicht durchführbar sein oder werden, gelten die gesetzlichen Regelungen.

Sollte eine gegenwärtige oder zukünftige Bestimmung des Vertrages aus anderen Gründen als den Bestimmungen betreffend das Recht der Allgemeinen Geschäftsbedingungen nach §§ 305 bis 310 BGB ganz oder teilweise unwirksam/nichtig oder nicht durchführbar sein oder werden, so wird hiervon die Gültigkeit der übrigen Bestimmungen dieses Vertrages nicht berührt, soweit nicht die Durchführung des Vertrages – auch unter Berücksichtigung der nachfolgenden Regelungen – für eine Partei eine unzumutbare Härte darstellen würde. Das Gleiche gilt, wenn sich nach Abschluss des Vertrages eine ergänzungsbedürftige Lücke ergibt.

Entgegen einem etwaigen Grundsatz, wonach eine Salvatorische Erhaltensklausel grundsätzlich lediglich die Beweislast umkehren soll, soll die Wirksamkeit der übrigen Vertragsbestimmungen unter allen Umständen aufrecht erhalten bleiben und damit § 139 BGB insgesamt abbedungen werden.

Die Parteien werden die aus anderen Gründen als den Bestimmungen betreffend das Recht der Allgemeinen Geschäftsbedingungen nach §§ 305 bis 310 BGB unwirksame/nichtige/undurchführbare Bestimmung oder ausfüllungsbedürftige Lücke durch eine wirksame Bestimmung ersetzen, die in ihrem rechtlichen und wirtschaftlichen Gehalt der unwirksamen/nichtigen/undurchführbaren Bestimmung und dem Gesamtzweck des Vertrages entspricht. § 139 BGB (Teilnichtigkeit) wird ausdrücklich ausgeschlossen. Beruht die Nichtigkeit einer Bestimmung auf einem darin festgelegten Maß der Leistung oder der Zeit (Frist oder Termin), so ist die Bestimmung mit einem dem ursprünglichen Maß am Nächsten kommenden rechtlich zulässigen Maß zu vereinbaren.

II. Erläuterungen

Verträge bilden in aller Regel ein in sich geschlossenes System an Regelungen, die ineinander greifen. Im individualvertraglichen Bereich wird gem. § 139 BGB das gesamte Rechtsgeschäft nichtig, wenn ein Teil nichtig ist und nicht anzunehmen ist, dass die Parteien es auch ohne den nichtigen Teil vorgenommen hätten. Bei Allgemeinen Geschäftsbedingungen als standardisierte Vertragsbedingungen hat der Gesetzgeber sich aus gutem Grund für eine andere Lösung entschieden. Massengeschäfte müssen schnell und rechtssicher abgewickelt werden. Regelmäßig fehlt es an der Möglichkeit hier nachzuverhandeln. Deshalb hat der Gesetzgeber in § 306 Abs. 1 BGB festgelegt, dass in dem Fall, in dem Allgemeine Geschäftsbedingungen ganz oder teilweise nicht Vertragsbestandteil geworden (z.B. nach § 305c BGB) oder unwirksam sind, der **Vertrag im Übrigen wirksam** bleibt. Es bedarf damit im Bereich von Allgemeinen Verkaufs- und Lieferbedingungen gerade nicht der ansonsten im Vertragswesen verwandten Formulierung, nach der § 139 BGB ausgeschlossen sein soll. 486

1. Notwendigkeit einer salvatorischen Klausel

Ist eine Vertragsbestimmung nicht Vertragsbestandteil geworden oder ist sie als AGB-Klausel unwirksam, richtet sich der Inhalt des Vertrages gemäß § 306 Abs. 2 BGB nach den gesetzlichen Vorschriften. Auch insoweit bedarf es grundsätzlich im Bereich der Verwendung von Allgemeinen Geschäftsbedingungen keiner salvatorischen Klausel. 487

Problematisch ist allerdings der Fall, in dem eine gesetzliche Bestimmung gerade nicht besteht. Dies ist insbesondere in einer Vielzahl in der Wirtschaft verwandten Vertragsarten, die der Gesetzgeber auch nach der Schuldrechtsreform im BGB nicht abgebildet hat, wie z.B. im Bereich von Franchiseverträgen, Kooperationsverträgen, Individualisierungsverträgen, Energy-Saving-Verträgen, etc. der Fall. In diesem Fall ist die durch die Nichteinbeziehung oder Unwirksamkeit einer AGB-Klausel entstehende Lücke im Wege der Vertragsauslegung nach §§ 133, 157 BGB zu füllen.[491] Auch insoweit bedarf es daher an sich im Bereich von Allgemeinen Verkaufs- und Lieferbedingungen keiner klassischen salvatorischen Klausel. 488

Gleichwohl ist zu berücksichtigen, dass Allgemeine Verkaufs- und Lieferbedingungen im B2B-Verkehr regelmäßig dergestalt verwandt werden, dass sie mit anderen, individualvertraglich ausgehandelten Klauseln einhergehen. Da diese individualvertraglichen Regelungen ebenfalls unwirksam sein und/oder Lücken aufweisen können, macht es Sinn, **zur Vermeidung der vorstehend wiedergegebenen Rechtsfolge von § 139 BGB** auch insoweit in Allgemeinen Verkaufs- und Lieferbedingungen eine salvatorische Klausel aufzunehmen. 489

---

491 Ständige Rechtsprechung des BGH; vgl. BGH, NJW 1984, 1177; NJW-RR 2007, 1697; NJW 2013, 991.

2. Grenzen der Gestaltung von salvatorischen Klauseln

490 Bei der Gestaltung solcher salvatorischer Klauseln ist jedoch zu beachten, dass es sich bei § 306 Abs. 1 und § 306 Abs. 2 BGB jeweils um eine zwingende gesetzliche Rechtsfolge handelt, die durch die übliche Formulierung einer salvatorischen Klausel nicht aus den Angeln gehoben werden darf. Die Folge hiervon ist, dass salvatorische Klauseln in Allgemeinen Verkaufs- und Lieferbedingungen **gänzlich anders formuliert** werden müssen, als dies **im individualvertraglichen Bereich** der Fall ist.

491 Aus diesem Grund stellt die salvatorische Musterklausel klar, dass es bei der Unwirksamkeit des Vertragsteils, der Allgemeine Geschäftsbedingungen im Sinne des § 305 Abs. 1 BGB darstellt, bei der gesetzlichen Rechtsfolge des § 306 BGB verbleibt.

492 Weiterhin ist darauf zu achten, dass nach der Rechtsfolge des § 306 Abs. 3 BGB der Vertrag unter Eingreifen der gesetzlichen Vorschriften bei nicht einbezogenen oder unwirksamen AGB-Klauseln selbst unwirksam ist, wenn das Festhalten an ihm auch unter Berücksichtigung der gesetzlichen Ersatzregelungen eine unzumutbare Härte für eine Vertragspartei darstellen würde. Auch diesem Umstand wurde bei der salvatorischen Musterklausel insoweit ausdrücklich Rechnung getragen.

493 Aus den vorgenannten Gründen ist es sinnvoll, wenn man sich für die Einbindung einer salvatorischen Klausel in Allgemeinen Verkaufs- und Lieferbedingungen entscheidet, dass diese sich – wie in der Musterklausel Ziff. 14.3 geschehen – ausdrücklich auf die individualvertragliche Abrede des Auftrages bzw. Liefergeschäftes bezieht.

Stichwortverzeichnis

Die Zahlen und Buchstaben in Fettdruck beziehen sich auf die Kap. des Werkes, die Ziffern beziehen sich auf die Randnummern innerhalb der Kap.

A

Abnahme **Kap.** 3 197
Abwehrklausel **Kap. 3** 8
Angebot **Kap. 3** 37, 40, 66, 127, 184
– Abweichung von Mustern **Kap. 3** 45
– Änderungsvorbehalt **Kap. 3** 80
– Angebotsunterlagen **Kap. 3** 37
– Annahmefrist **Kap. 3** 76
– Auslegung **Kap. 3** 38
– Bindungsfristen **Kap. 3** 67
– Bindungswirkung **Kap. 3** 36
– Eigentumsvorbehalt an Mustern **Kap. 3** 54
– Freibleibend **Kap. 3** 66
– Invitatio ad offerendum **Kap. 3** 39
– Muster- und Probeexemplare **Kap. 3** 38
– Öffentliche Angaben **Kap. 3** 39
– Stellvertretung **Kap. 3** 70
– Urheberrecht an Mustern **Kap. 3** 55
– Verwertungs- und Weitergabeverbot von Mustern **Kap. 3** 43
Annahmeverzug **Kap. 3** 126
Anwendungsbereich
– Persönlich **Kap. 2** 5
– Sachlich **Kap. 2** 4
Aushandeln **Kap. 2** 32 f.
Auskünfte **Kap. 3** 18
– Auslegung **Kap. 3** 21
– Beratungspflicht **Kap. 3** 26
– Beratungsvertrag **Kap. 3** 28
– Haftungsausschluss **Kap. 3** 25
– Informatorische Mitteilungen **Kap. 3** 18
– Übernahme einer Garantie **Kap. 3** 31
Auslegung
– Mehrdeutig **Kap. 2** 21
– Zweifel **Kap. 2** 19

B

Beschaffenheitsvereinbarung **Kap. 3** 216
Beschaffungsrisiko **Kap. 3** 89, 392
Bringschuld **Kap. 3** 175

D

Dauerschuldverhältnis **Kap. 3** 456

E

Eigentumsvorbehalt **Kap. 2** 64, **Kap. 3** 335
– Einfacher **Kap. 3** 339
– Einwilligung zur Weiterveräußerung **Kap. 3** 343
– Factoring **Kap. 3** 351
– Pfändung **Kap. 3** 371
– Rücktritt **Kap. 3** 354
– Übersicherung **Kap. 3** 358
– Verarbeitungsklausel **Kap. 3** 360
– Verlängerter Eigentumsvorbehalt **Kap. 3** 339, 347
– Versicherung für die Vorbehaltsware **Kap. 3** 342
Einbeziehung **Kap. 2** 16, 48
– Einbeziehungshinweis **Kap. 2** 55
– Geschäftsbeziehung **Kap. 2** 52
– International **Kap. 2** 59
– Internet **Kap. 2** 56 ff.
– Kaufmännisches Bestätigungsschreiben **Kap. 2** 55
– National **Kap. 2** 49
– Rahmenvereinbarung **Kap. 2** 52
– Verhandlungssprache **Kap. 2** 59
Erfüllungsort **Kap. 3** 172, 395
Erfüllungsortvereinbarung **Kap. 3** 401
Ersatz vergeblicher Aufwendungen **Kap. 3** 11, 261
Erstlieferland **Kap. 3** 439
Essentialia negotii **Kap. 2** 24
Exportkontrollklausel **Kap. 3** 444

F

Factoring **Kap. 3** 351

G

Garantie **Kap. 3** 31, 94
Gefahrübergang **Kap. 3** 171
– Bringschuld **Kap. 3** 175
– Erfolgsort **Kap. 3** 172
– Erfüllungsort **Kap. 3** 172
– Gefahrtragung **Kap. 3** 185
– Gegenleistungs-/Preisgefahr **Kap. 3** 185
– Holschuld **Kap. 3** 174

– Mitteilung der Versand-/Leistungsbereitschaft **Kap. 3** 193
– Sachherrschaft **Kap. 3** 172
– Schickschuld **Kap. 3** 176
– Teillieferungen **Kap. 3** 192
– Übergabe **Kap. 3** 188
– Untergang der Ware **Kap. 3** 186
– Verlassen des Werkes **Kap. 3** 189
– Versendungskauf **Kap. 3** 191
– Zufall **Kap. 3** 186
Geltungsbereich
– Persönlich **Kap. 3** 3
– Sachlich **Kap. 3** 4
– Verhältnis zu anderen Verträgen **Kap. 3** 13
Gerichtsstand **Kap. 3** 407
Gerichtsstandvereinbarung **Kap. 3** 414
Geschäftsbeziehung **Kap. 2** 52
Gesetzliche Regelung **Kap. 2** 27
Gewährleistung **Kap. 3** 241, 265
– Ausschluss **Kap. 3** 275
– Gewährleistungsfrist **Kap. 3** 265
– Minderung **Kap. 3** 253
– Nacherfüllung **Kap. 3** 243
– Rücktritt **Kap. 3** 250
– Schadensersatz **Kap. 3** 256
– Selbstvornahme **Kap. 3** 263
Gewährleistungsausschluss **Kap. 3** 275
gewerbliche Schutzrechte **Kap. 3** 426

H
Haftung **Kap. 3** 373
– Beschaffungsrisiko **Kap. 3** 393
– Enthaftung **Kap. 3** 377
– Garantie **Kap. 3** 393
– Gesetzlich zwingend **Kap. 3** 394
– Haftungshöchstsummenbegrenzung **Kap. 3** 380
– Leichte Fahrlässigkeit **Kap. 3** 378
– Mittelbare Schäden **Kap. 3** 379
– unzulässige Benachteiligung **Kap. 3** 387
– Verletzung sog. Körperschäden **Kap. 3** 391
– Verletzung wesentlicher Vertragspflichten **Kap. 3** 389
– Verzugsfall **Kap. 3** 392
– Vorsatz und grobe Fahrlässigkeit **Kap. 3** 388
Haftungsausschluss **Kap. 3** 238
Höhere Gewalt **Kap. 3** 153
– Informationspflicht **Kap. 3** 161
– Kongruentes Deckungsgeschäft **Kap. 3** 155
– Nicht nur vorübergehende Leistungshindernisse **Kap. 3** 163
– Objektive Betrachtungsweise **Kap. 3** 153
– Selbstbelieferung **Kap. 3** 154
Holschuld **Kap. 3** 174

I
Incoterms **Kap. 3** 463
– EXW (ex works) **Kap. 3** 470
Individualvereinbarungen **Kap. 2** 31
Individualvertrag **Kap. 2** 30
Inhaltskontrolle **Kap. 2** 17
Insolvenzverfahren **Kap. 3** 459
Internet **Kap. 2** 56 ff.

K
Kaufmännisches Bestätigungsschreiben **Kap. 2** 55
Kollidierende AGB **Kap. 3** 8
– Abwehrklausel **Kap. 3** 8
– Ausschließlichkeitsklausel **Kap. 3** 8
– Konsensprinzip **Kap. 3** 9
– Theorie des letzten Wortes **Kap. 3** 9
Kollision von AGB **Kap. 2** 62, 66, **Kap. 3** 169
– Allgemeine Einkaufsbedingungen **Kap. 2** 62, **Kap. 3** 169
– Eigentumsvorbehalt **Kap. 2** 64
– International **Kap. 2** 66
– Last shot rules **Kap. 2** 66
Kostenanschlag **Kap. 3** 59
Kostenanschlag
– Geistige Schöpfung **Kap. 3** 64
– Vergütung **Kap. 3** 62
Kündigung **Kap. 3** 456
– Kündigungsfrist **Kap. 3** 456

L
Last shot rules **Kap. 2** 66
Lieferantenregress **Kap. 3** 282
Lieferung **Kap. 3** 99
– Abladen der Ware **Kap. 3** 112
– Abnahme **Kap. 3** 114
– Ex works Incoterms 2010 **Kap. 3** 178
– Lagerkosten **Kap. 3** 118
– Lieferfrist **Kap. 3** 108
– Lieferzeit **Kap. 3** 100
– Nachfrist **Kap. 3** 139
– Schadenspauschale **Kap. 3** 147 f.

– Sofortige **Kap. 3** 100
– Transportkosten **Kap. 3** 117
– Ungefähre Lieferzeit **Kap. 3** 106
– Unverbindliche Liefertermine **Kap. 3** 101, 103
– Verpackung **Kap. 3** 115
– Verpackungskosten **Kap. 3** 116
– Versendung **Kap. 3** 180
– Verzug **Kap. 3** 132
– Verzugsschaden **Kap. 3** 145

M
Mangel **Kap. 3** 215
– Aliudlieferung **Kap. 3** 224
– Beschaffenheitsvereinbarung **Kap. 3** 216
– Geeignetheit der Sache zur gewöhnlichen Verwendung **Kap. 3** 219
– Minderlieferung **Kap. 3** 224
– Montage **Kap. 3** 222
– Montageanleitung **Kap. 3** 223
– Öffentliche Äußerung **Kap. 3** 220
– Rechtsmangel **Kap. 3** 226
– Verdacht **Kap. 3** 225
– Vom Vertrag vorausgesetzte Verwendung **Kap. 3** 218
Mängelrüge **Kap. 3** 228
Minderung **Kap. 3** 253
Mitwirkungspflichten **Kap. 3** 121

N
Nacherfüllung **Kap. 3** 243
– Kosten **Kap. 3** 244
– Leistungsverweigerungsrecht **Kap. 3** 245
– Wahlrecht **Kap. 3** 247
Nichtigkeit **Kap. 2** 23

P
Preis **Kap. 3** 287
– Aufrechnung **Kap. 3** 328
– Fällige Kaufpreiszahlung **Kap. 3** 300
– Fälligkeitszinsen **Kap. 3** 318
– Festpreisabreden **Kap. 3** 311
– Geldschuld **Kap. 3** 293
– Kontokorrent **Kap. 3** 350
– Nettopreisabrede **Kap. 3** 290
– Preisanpassung **Kap. 3** 304
– Preisnebenabrede **Kap. 3** 287
– Skonto **Kap. 3** 302
– Tilgungsbestimmung **Kap. 3** 332
– Unsicherheitseinrede **Kap. 3** 320
– Währung **Kap. 3** 292
– Wechsel **Kap. 3** 330
– Zahlungsfristen **Kap. 3** 314
– Zahlungsmethoden **Kap. 3** 294
– Zurückbehaltungsrecht **Kap. 3** 325

R
Rahmenvereinbarung **Kap. 2** 52, 67
– Geschäftsbeziehung **Kap. 2** 67
Rechtswahl **Kap. 3** 418
Rückgriffsanspruch in der Lieferkette **Kap. 3** 239
Rücktritt **Kap. 3** 250, 354, 451
Rücktritt
– Rücktrittsvorbehalt **Kap. 3** 451

S
Salvatorische Klausel **Kap. 3** 488
Schadensersatz **Kap. 3** 256
– Aufwendungsersatz **Kap. 3** 261
– Neben der Leistung **Kap. 3** 258
– Statt der Leistung **Kap. 3** 259
Schickschuld **Kap. 3** 176
Schriftform **Kap. 3** 474
– Doppelte Schriftformklausel **Kap. 3** 479
– Einfache Schriftformklausel **Kap. 3** 477
– Kombinationsklausel **Kap. 3** 478
Schuldnerverzug **Kap. 3** 132
Selbstvornahme **Kap. 3** 263

T
Transparenzgebot **Kap. 2** 42
Transport **Kap. 3** 117
– Transportkosten **Kap. 3** 117
– Transportversicherung **Kap. 3** 182

Ü
Überraschend **Kap. 2** 36, 40
– Irreführende Positionierung **Kap. 2** 41
– Schriftgröße **Kap. 2** 41
– Überrumpelung **Kap. 2** 37

U
Umgehungsverbot **Kap. 2** 46
Unangemessene Benachteiligung **Kap. 2** 17
Unlautere Wettbewerbshandlung **Kap. 2** 28
Unsicherheitseinrede **Kap. 3** 320
Unwirksamkeit **Kap. 2** 26

V

Verjährung **Kap. 3** 267
Verpackung **Kap. 3** 115
Versand **Kap. 3** 180
Vertragsauslegung
– Unzumutbare Härte **Kap. 2** 25
– Verbot der geltungserhaltenden Reduktion **Kap. 2** 25
Vertragsbedingungen
– Stellen **Kap. 2** 13
– Vielzahl **Kap. 2** 12
– Vorformulierte **Kap. 2** 11
Verzugsschaden **Kap. 3** 145

Z

Zahlung
– siehe Preis **Kap. 3** 287